紀伊の霊場と近世社会

佐藤顕

清文堂

紀伊の霊場と近世社会　目次

三部　藩権力と霊場

序章　本書の目的と方法

本書は、紀伊国（和歌山県全域と三重県南部）の霊場へ参詣した民衆や受け入れた霊場の動向、民衆の思想・日常生活、藩権力の宗教政策を把握することにより、近世の霊場とそれを取り巻く社会の様相を考察することを目的とする。霊場とは、一般に霊験あらたかな寺院・神社を指すが、本書では特に複数の律制国に及ぶ広範な地域の民衆が宗教的な関係を有し、そこから得る収益に経営上大きく依存した寺社を指す（ただし、文章の前後関係により霊場をより包括的に寺社と表記する場合もある）。

著名な霊場には、移動に数日あるいは数十日かかるほど遠方からも参詣者が訪れたため、数多くの研究がその参詣の実態解明に注力してきた。歴史学では宗教史・交通史・文化史・地域史・都市史などで取り上げられ、民俗学や人類学、地理学、文学、観光学などでの研究も数多く見られる学際的な領域であるが、本書は主に宗教史の視角から論述する。民衆の旅は、多くの場合（名目的であったとしても）霊場への参詣を目的に行われたため、本書で言う参詣とは単に霊場を参詣することだけでなく、より広義にそれらを含めた一連の旅も指す。

全国で見れば、伊勢神宮・熊野三山・高野山・金毘羅・出羽三山・富士山・大山・江ノ島・榛名山・鹿島神宮・香取神宮・熱田神宮・津嶋神社・朝熊山・筑波山・高尾山・三峯山・妙義山・御嶽山・戸隠山・愛宕山などの有力な寺社が霊場として挙げられるが、本書は紀伊国の霊場を対象とする。紀伊の寺社については、熊野三山や高野山、根来寺を中心に古代から近世初期までの研究は多くの蓄積が見られるが、近世は近年多くの成果を挙げている熊野本願の研究[1]を除くと依然蓄積は少ない。

以下、霊場参詣（先行研究では「寺社参詣」という）に関する主要な先行研究の成果を確認し、本書の具体的課題を設定していきたい。近年の当該研究を総括した論稿が複数見られるため[2]、ここでは網羅的に述べることは避け、近年の主要な著書を中心に取り上げた。そのため、ここで取り上げない研究でも、個々の事実や視点の発見などで、参照すべきものも少なくないことを断っておく。また、本書の内容は、近世宗教史研究の課題にも応じたものだが、目的を多く掲げては、かえって本題の理解の妨げになるため、各章の記述の中で言及することとしたい。

一　先行研究

寺社参詣の研究において質・量ともに金字塔を打ち立てたのは、中世に関する研究を中心とする新城常三『社寺参詣の社会経済史的研究』（一九六四年）と、そこに近世に関する論稿を大幅に加えた『新稿社寺参詣の社会経済史的研究』（一九八二年）である[3]。それ以前にも、民間信仰の一端として寺社参詣を扱った研究は見られるものの、自治体史編纂の成果も踏まえ、各地の霊場の史料を多数分析し、総合的に参詣像を描き出した研究は存在しなかった。また、それまでの研究が、古代・中世を中心に扱うものが多かったのに対して、近世を本格的に扱った研究としても他に類を見ないものであった。新城以後の寺社参詣研究は、現在にいたるまで、新城の研究の細かい部分での検証を余儀なくされているとも評価されている(4)。

新城の研究の特徴は、研究対象として扱った霊場の数が膨大な事であるが、最も根幹となるのは、熊野三山と伊勢神宮の研究である。なぜなら、古代末から中世においては熊野三山、中世中期から近世にかけては伊勢神宮が最も広範囲にその信仰圏を広げ、多く者が参詣したためである。

新城の研究の概要は、以下の通りである。古代における霊場への参詣は、僧侶を除けば、貴族の参詣とともに始まった。白河上皇以降は、上皇や女院の熊野参詣が盛んに行われた。承久の乱後は、貴族から武士へ熊野参詣の中心が移り、その数や信仰圏も飛躍的に上昇・拡大したものの、民衆の参詣者は依然少なかった。中世中期以降は、伊勢神宮や高野山への参詣が盛んになり、近世になると①民衆の経済的上昇、②交通環境の好転、③参詣の遊楽化、④乞食参詣の横行、⑤御師・宿坊の発達、⑥講の発展を要因として、封建的規制のなかでも民衆の寺社参詣は盛んになった。その結果、「参詣が本質的に具有する信仰的意義は、しだいに薄れて、参詣は遊楽化する。それは参詣の質的低下を意味するものにほかならないが、しかしそのような高価な代償と引き替えに、はじめて近世参詣の飛躍的な発展が実現されたのである」と結論する。中世の寺社参詣を評価するなかでも、「中世の参詣は、参詣の本源的動機である信仰の純粋性をまだ多分に内包して」おり、参詣は「本来純粋な信仰行事であるから、他事にかかわらず対象社寺に直行し、何処にも寄らず、真直ぐ帰家するのが神仏への礼であり、参詣の本義」とする。近世には参詣が遊楽化し、途中の寄り道が普通となり、「参詣量は、中世をはるかに越えて飛躍的に発展した。だが江戸時代の参詣の量的発達は、その質的低下の代償によってあがなわれたのである」とする。近世にも中世ながらの純粋な篤心者も多く、「参詣の遊楽化を説く余り、敬虔な参詣の存在を過少評価してはならない」と述べ、一定の注意が払われるものの、中世までは少なかった遊楽目的の参詣の増加が、近世寺社参詣の隆盛につながったと評価した。

新城の研究は、その後、自治体史編纂に伴って数多く発見された道中日記の分析によって補強されることとなった。新城は寺社参詣を寺社ごとに論じ、そのルートには言及しなかったが、実際の旅は複数の寺社や都市を巡る行程である。道中日記が多く活字化されることで比較・分類が容易になり、旅の行動を分節することなく把握することも可能になった。一九八〇年代、小松芳郎・山本光正・桜井邦夫が複数の伊勢参宮道中日記を分析し、その行程の類型化を試みた。(5) その後、小野寺淳がさらに多くの道中日記を分析し（小野寺が未読のものを含めて二六九点）、関東を出立した旅行者の定型化したルートを解明した。(6) 伊勢参宮のルートは、参宮後にすぐに帰路につく「伊勢切り」もあったが、多くは①参宮後に、伊勢から紀伊半島を南下し、西国巡礼一番札所の青岸渡寺を参詣し、西国三十三所を巡り、三十三番札所の谷汲寺から中山道に出るルート（伊勢＋西国巡礼ルート）、②参宮後、奈良へ出て奈良・大坂・京都の寺社を巡り、草津から中山道に出るルート（伊勢参宮モデルルート）を選択した。これらのルートは、一八〇〇年頃を境に、それぞれのルートに瀬戸内海を海路で渡り、金毘羅参詣を加えたルートが一般的になり、同時に東海道では秋葉山・鳳来寺参詣、中山道では善光寺を経由するルートが選択されたという。小野寺の研究は、新城が「途中に寄り道するのが普通」と述べた寺社参詣の旅を具体化した点で、結果として新城の研究を補強することとなった。また、近世での段階的変容を明示したことにより、寺社参詣が「信仰から遊山へ」という図式で描かれる根拠ともなった。こうした状況下で、地方史研究協議会は、「信仰から遊山、遊山から観光への変化」をキーワードに、一九九八年に第四九回大会「都市・近郊の交流と変容―信仰と遊山」を開催している。

一方、近世宗教史研究において、圭室文雄は大山不動信仰を事例に、民衆が現世の悩みの解決を霊場信仰に求めたことを明らかにした。檀家制度の確立により、選択権のない菩提寺よりは信仰の対象として選択余地のある現世利益の祈禱寺院に心惹かれていくと指摘している。(7) また、出羽三山信仰を研究する岩鼻通明は、それまでの寺社参詣の「物見遊山」論を、「単に参詣の旅の表層のみを分析した結果にすぎないのではなかろうか」と批判した。(8) 近世の旅の循環的行程を寺社の聖性の喪失を回復すべく創意されたものと解釈し、その行程を「聖なる円環の旅」とした。また、「旅日記に記されなかった聖地における宗教体験に関する検討を行わずして、旅日記の表面的な記載から、近世の社寺参詣を物見遊山ときめつけることは、早計に過ぎるのではなかろうか」と述べた。この見解は、新城が目的寺社のみを訪れる単線的行程に信仰性を見出したのとは正反対の評価であり、その評価の実証性は十分説得力を持つものとは言い難いが、新城以降の研究が「物見遊山」の側面ばかりに注目してきたこともまた事実であり、特筆すべき見解と言える。

これらの成果を受けて、一九九〇年代後半から現在にいたるまで寺社参詣研究は活況を呈しており、史料紹介なども含めれば枚挙に暇がない。各地の霊場で史料の調査・研究が進展し、(9) 地方文書も踏まえて、寺社参詣を近世史研究一般に位置づけて論じるようになった。

青柳周一は、富士山麓地域（静岡県駿東郡小山町・御殿場市・裾野市）を事例に、旅行者を受け入れる地域の実態とその変容を解明している。(10) 観光人類学の成果をもとに「観光地域史」を標榜し、地元の住民たちと地域外から訪れた旅行者たちが出会う中で発生する様々な事件を分析することで、地域が大量の旅行者を恒常的に受け入れることで再生産を維持し、あわせてその内部の社会的秩序も保ちうる能力を有する地域（「観光地」）に成熟する過程を描き出す試みを行っている。宗教者と参詣者の師檀・定宿関係は、一八世紀後半頃から弱体していくことを指摘し、「参詣旅行自体はますます娯楽化の色彩を強め、参詣者たちは旅先にあって快適で奇麗な宿舎、質のいい食事や酒による饗応、また安全かつ平易な旅程をますます望むようになっていった。そして参詣者は、自分たちの多様化する要望に対してもっともよく応じる信仰登山集落を自主的に選び、そこへ宿泊した上で登山しようとする姿勢をしだいにあらわにしてゆく」という。参詣者を受け入れる地域の研究はこれまでも行われており、目新しいものではないという評価もある[11]。しかし、参詣者と寺社周辺地域の住民との表層的関係の指摘にとどまらず、領主などの動向も踏まえた「観光地域」像を描き出した点は、これまでの成果を飛躍的に進展させたものと言えよう。その後、青柳は近江国の唐崎社とその周辺村落(滋賀県大津市)を事例に、寺社の「名所化」と地域の「観光地化」を考察している[12]。

原淳一郎は、南関東の寺社、特に大山や江ノ島、鎌倉、成田山新勝寺などを検討対象として『近世寺社参詣の研究』をまとめた[13]。主な特徴として、①参詣者と寺社の両者の視点から分析していること、②多様な参詣者を一括して論じることなく、「紀行文」を記した「都市知識人」(特に江戸の知識人)と「道中日記」を記した「村落内上位層」を分類して論じていること、③近世の旅が全体として俗化したか聖性を維持しているかを二者択一的に論じるよりも、どういう側面で俗化し、どういう側面では聖性を維持しているかを論じようと試みていることである。また、新城の研究で近世の評価が平面的であり、近世内における段階的な把握が充分でないことを批判し、自身の研究をもとに段階的な寺社参詣像を提示している。第Ⅰ期は一七世紀半ばで、相模国大山において江戸の上層町人の参詣が確認できる一方で、相模国など近隣の参詣者も見られる時期。第Ⅱ期は一七世紀末の元禄期で、江戸から関東周縁部に位置する山岳の寺社や江ノ島、成田山新勝寺などへ多くの参詣者が訪れるようになる時期。第Ⅲ期は一八世紀後期の明和・安永期で、伊勢参宮が爆発的に増加し、関東の各地で「参詣地の複合化」が起こり、街道沿いで争論が頻発した時期。第Ⅳ期は一九世紀初期の文化・文政期で、寺社参詣の大衆化の最盛期。第Ⅴ期は天保期で、出版文化が庶民の参詣行為に強く影響を与えた時期。そして、幕末期になると全国的に参詣者は減少したという。このように段階的な状況を提示したうえで、「参詣地の複合化」が起こった明和・安永期の画期性を強調した（その後の研究では、やや時期を拡大させて宝暦・天明期を画期と述べている）[14]。

高橋陽一も、旅行者とそれを迎える地域の両方の視点から研究を重ねている[15]。主な特徴として、①「近世の旅＝観光」という見解を批判し、道中日記・紀行文の精緻な分析を主張した。原が「基本的には聖なる旅」と評した点をさらに追及し[16]、庶民の旅には信仰性と観光性が共存するが、旅の基本的な目的は信仰にあり、観光がその行程の中で時折付随的に体感できる経験であったとする。紀行文の分析からは、知識人の旅は庶民の旅と異なる「追憶」や「養生」という性質が見られることを指摘している。②旅行者が訪れる地域の研究が寺社を内包する地域に限られているため、温泉地を事例に地域の在り様を明らかにしている。領主の動向も視野に入れ、領主が観光産業を成長戦略の中に位置づけ、その促進によって領内経済の活性化を図ろうとするような恒常的な経済政策を発想として持ち合わせていないことを指摘している。高橋の研究対象は寺社参詣にとどまらないが、旅行者を迎える側の視点から地域像を描き出す試みとして重要である。

二　課題と方法

以上のように、近世の霊場参詣に関する先行研究の概括したうえで、その問題点や課題を挙げ、本書の三つの方法を述べていきたい。

一つ目は、参詣における信仰の問題である。前述のように、新城常三の研究では、「近世の参詣＝遊楽」と評価したため、参詣者数の推移などには言及するものの、信仰的営為はほとんど明らかにされなかった。こうした評価の背景には、当時の定説になっていた辻善之助の近世仏教論があったと思われる。すなわち、辻は『日本仏教史』近世篇（一九五二年～一九五五年）のなかで「江戸時代になつて、封建制度の立てられるに伴ひ、宗教界も亦その型に嵌り、更に幕府が耶蘇教禁制の手段として、仏教を利用し、檀家制度を定むるに及んで、仏教は全く形式化した。之と共に本末制度と階級制度とに依つて、仏教はいよいよ形式化した。寺院僧侶の格式は固定し、尊卑の階級煩はしく、元来平民的に起つた各宗派も、甚しく階級観念に囚はれ、僧侶は益々貴族的になり、民心は仏教を離れ、廃仏論は凄まじく起つた。仏教は殆ど麻痺状態に陥り、寺院僧侶は惰性に依つて、辛うじて社会上の地位を保つに過ぎなかつた」と述べている。檀家制度・本末制度・階級制度によって仏教は形式化し、信仰は失われたとの見解である。こうした理解が一般的な状況下で提起された新城の「近世の参詣＝遊楽」論は、学界でも受け入れられやすかったと言えよう。幕藩権力によって抑圧された民衆像も一般的な中で、参詣の解放的な側面が注目されたのである。

その後、先述の岩鼻通明らの批判などを経て、現在の研究では、鈴木章生が「信仰と遊山の両面性を持つならば、問題は何が信仰か、何が遊山かの見極めである」と述べ[17]、原淳一郎が「統一的な議論よりもむしろ、個別的にどういう側面では聖性を維持し、どういう側面で俗化したのかに着目」する必要を説くように[18]、霊場参詣における信仰面の検討は重視されつつある。

しかし、現時点で信仰の検討対象は参詣先となる霊場のみで、村落において日常的に接する寺社も踏まえた総合的な議論には至っていない。それは新城の研究が「人々が生涯、朝夕その生活に深い繫がりをもつ氏神や菩提寺などのような郷土・近隣の寺社参詣を問題とするものではなく、交通行為としての参詣、すなわち多くの人々にとり、むしろ人生の稀有な体験である遠隔寺社の参詣」を対象としたことの影響が大きいと思われる。信仰の検討を重視する原でさえ、「氏神や菩提寺が信仰的側面における役割を期待されていないことは明らかである」と述べている。原は檀家制度の確立によって、葬祭寺院以外の寺社が祈禱・祭礼活動を活発化させ、参詣の大衆化を齎したと理解する。宗教社会史を「村落共同体内における寺檀関係を含めた宗教者の役割などに着目したものであるため、宗教本来の意義が一面的すぎる」と批判して、「日常の宗教的社会関係からだけでは幕府の宗教統制論の域を脱し得ない。やはり「信仰」の問題を排除しては宗教史としての意義が達成されない」と述べるものの、研究対象の中心が江戸であることもあって、民衆の居住村落での日常的な信仰的営為の解明は具体性に乏しい。

しかし、こうした理解では、宗教史研究において、霊場参詣における信仰的営為がどこまでも特殊・例外的なものと理解される結果を齎すことになる。近年の宗教社会史研究では、葬祭寺院が宗判権を梃子に民衆から収奪を図り、幕藩権力の支配の一翼を担った以外の様々な社会的な存在意義が明らかにされている。そのため、いかに多くの霊場信仰の事例を蓄積しても、日常の信仰や思想に言及せず、非日常的に接する霊場のみを重視する限り、双方の対話は不可能である。逆に、宗教社会史研究でも、霊場との関係は等閑に扱われることが多い。「近世宗教社会論」を標榜し、信仰の考察を重視した澤博勝でさえ、地域へ訪れる三十三度行者を取り上げるものの、霊場信仰や参詣にはほとんど言及していない(19)。寺社参詣史・宗教社会史の双方ともに歩み寄りが必要である。問題は、宗教者が「堕落」か否かや、信仰が祈禱と葬祭のどちらにあったかという点にとどまらないことは言うまでもないが、今後は民衆の思想や日常生活を踏まえて、霊場参詣像を描く必要があろう。

一方で、霊場での信仰的営為の解明も依然充分とは言い難い。これまで霊場と民衆の関係は、宗判権を梃子にした葬祭寺院の抑圧的な側面と対照的に語られてきたため、檀家がその寺社に参詣していることや、寺社が民衆から初穂などを得ていることで信仰の存在を認めることが多かった。勿論、参詣自体が信仰を含む行為であるが、それを単に信仰と認定するだけでは表層的な理解に留まる。そこでの行動は多様であり、霊場での信仰的営為や霊場の宗教活動に対する民衆の反応を精緻に分析する必要がある。前述のように、岩鼻通明も旅日記の表面的な記載から物見遊山と決めつけることを批判し、霊場での宗教体験の検討の必要性を指摘している。霊場の勧進（勧化・檀廻）も、宗教者がどのように廻り、民衆がどれだけ金銭を納めたかの解明にとどまらず（勿論それも重要であるが）、両者が接触した時の具体的なやり取りを解明する必要がある。すでに大山や富士山、高尾山、出羽三山、立山などの霊場は多くの研究蓄積が見られるが、その点は依然充分に解明されていないと思われる。また、特定の時期の信仰的営為や宗教活動の解明のみならず、その変容にも目を向ける必要がある。

二つ目は、参詣者を受け入れる地域や寺社についてである。先述のように、新城が多数の霊場を取り上げ、青柳周一や高橋陽一が寺社や温泉を含む地域社会の様相を明らかにしている。しかし、そこで扱われるのは、御師やそれに類する宗教者が多数存在し、参詣者が宿泊可能な霊場の動向や、「大量の旅行者が来訪する地域の住民が、旅行者に関わる諸生業を通じて再生産を維持するために旅行者を恒常的に受け入れることが可能な体制[20]」が確立され、旅行者に関わる諸生業が発達した地域である。そうした範疇から外れ、ごく限られた人数で経営された地方の寺社や、旅行者の主たる目的地ではない地域の様相は充分に明らかにされていない。しかし、こうした寺社や地域も民衆の旅を構成する欠かせない存在であったはずであり、旅行者を受け入れた寺社・地域の研究深化のためにも、彼らの活動の解明は重要であろう。

三つ目は、霊場を支配した幕藩権力の動向についてである。近年は諸宗教者の社会集団や本山・本所組織の研究が数多く蓄積されている[21]。一方で、教団組織の編成とは異なる幕藩領主の所領単位での編成や政策の様相は、自治体史等で言及されている地域もあるものの、水戸藩や岡山藩、会津藩の寺院整理など特異な事例[22]を除くと研究蓄積は少ない[23]。前述のように、高橋は領主が観光産業を成長戦略の中に位置づけ、その促進によって領内経済の活性化を図ろうとするような恒常的な経済政策を発想として持ち合わせていないと指摘しており、筆者も同意する。しかし、一方で領主は寺社を支配し、その存立・維持にも深く関わっている。直接旅行者の誘致に関わらなかったとしても、藩の政策が寺社の振興につながり、ひいては旅行者を誘う結果をもたらすことがあったはずである。そうした領主と寺社の関係を地域の実態に即して具体的に解明する必要がある。

三　本書の構成

本書では、上記の課題を克服する一助として、以下の通り考察する。前述の三つの課題に対応して、三部で構成している。

一部「民衆の日常生活と信仰・霊場参詣」（副題は省略、以下同じ）では、民衆の信仰や日常生活を分析し、霊場へ参詣する思想的な背景や日常的な状況を解明する。また、一寺社での参詣の様相とその変容を、高野山金剛峯寺（和歌山県高野町）の塔頭（子院）高室院を事例に検討する。

一章「民衆の世界観と信仰」では、紀伊国名草郡岩橋村（和歌山県和歌山市）の地士・大庄屋であった湯橋長泰を事例に、その思想を分析する。その人生を踏まえ、仏教や神道、儒学をどのように位置づけ、具体的にどのような信仰であったかを解明する。

二章「高野山麓地域の日常生活と信仰」では、紀伊国伊都郡慈尊院村（和歌山県九度山町）の地士であった中橋英元を事例に、民衆の日常生活について分析する。共同体的な制約を受けながら生活を送る中で、どのような信仰的営為を行い、寺社参詣していたのかを解明する。

三章「高野参詣の様相と変容」では、高野参詣の変容過程を数量的な分析をもとに明らかにする。相模国（神奈川県）を事例に、参詣者数の推移や旅の行程・宿泊の有無などを明らかにして参詣の変容を論じる。

四章「高野山における供養の展開」では、民衆が高野参詣した際に行う供養（位牌建立）の展開を考察する。相模西部の民衆による位牌建立を事例に、その数量や内容を分析し、高野山での信仰的営為が具体的にどのように変化したのかを解明する。

五章「高野山塔頭の勧進と民衆」では、多数の勧進宗教者の来訪が地域の財政上大きな負担となり、各地でその対応を定めた議定が作成された一九世紀初頭において、宗教者がどのように勧進していたかを考察する。主に文化期の相模国三浦郡（神奈川県横須賀市・逗子市・葉山町・三浦市）での高室院の勧進を事例とする。

二部「旅行者と地方寺社・地域社会」では、旅行者の行程を具体的に明らかにした上で、旅行者を受け入れた地域・寺社の動向を分析する。寺社参詣が旅行者の主体性のみならず、街道沿いの地域や寺社の影響を受けていたことを考察したい。

六章「道中日記にみる紀伊の旅」では、全国各地に現存する道中日記の中から紀伊国を通行した道中日記を分析する（若干の紀行文も含む）。次章以降の前提として、旅行者が紀伊をどのように巡っていたのかを把握する。また、旅行者を受け入れた各地域の人々の動向も概観する。

七章「西国巡礼と地域社会」では、高野山麓の慈尊院村で安永期に実施された無料での渡船（川渡し）を分析し、実施に至る迄の地域住民や領主・寄進者の動向を解明する。旅行者の誘致を目的に実施された側面に注目したい。また、この無料での渡船が中山道本庄宿（埼玉県本庄市）の戸谷三右衛門によって神流川で実践された事例も提示する。

八章「地方神社の宗教活動」では、紀伊国海士郡加太浦（和歌山県和歌山市）の淡嶋神社の動向を検討し、近世後期に多くの旅行者が参詣する前提となった様々な活動について解明する。領主や藩領内の民衆との関係や江戸での活動にも言及する。

三部「藩権力と霊場」では、紀伊藩を事例に、その寺社支配の在り様や寺社の動向を分析し、寺社が藩領主とどのような関係を構築し、存立維持を図ったかを考察する。

九章「紀伊藩の寺社序列と教団組織」では、紀伊藩の居城和歌山城における殿中儀礼での寺社の序列を明らかにし、支配の基本的構造を考察する。また、天台宗を事例に序列の形成過程を分析し、その中から特に日高郡鐘巻村（和歌山県日高川町）の道成寺と藩の関係を明らかにする。

十章「高野山の再建活動と紀伊藩」は、紀伊藩に隣接して朱印地二一〇〇〇石を支配した高野山金剛峯寺の壇上伽藍に建つ根本大塔の再建活動を分析し、紀伊藩との関係を考察する。
十一章「紀伊藩における修験者の他領宗教者取締」では、多数の勧進宗教者の来訪が地域の財政上大きな負担となった近世後期の紀伊藩において、どのようにその取締が行われたのかを、その担い手となった修験者の動向とともに明らかにする。

【各章の元となった既発表論文】

一章「享保改革期における紀州藩地士の身上り運動と由緒」（『和歌山市立博物館研究紀要』第二七号、二〇一三年）、「近世中期における紀州藩地士の信仰―湯橋長泰を事例に―」（『和歌山地方史研究』六四、二〇一三年）。

二章「高野山麓地域の日常生活と信仰・旅―地士中橋英元を事例に―」（高橋陽一編著『旅と交流にみる近世社会』清文堂出版、二〇一七年）。

三章「近世後期における高野山参詣の様相と変容―相模国からの高室院参詣を中心に―」（『地方史研究』第三三九号、二〇〇九年）。

四章「近世高野山における供養の展開―相模国川西地域を中心に―」（『明治大学文学研究論集』第三〇号、二〇〇九年）。

五章「近世後期における寺院の檀廻―高野山高室院の勧化を中心に―」（『明治大学文学研究論集』第二七号、二〇〇七年）。

六章「江戸時代、紀伊の寺社めぐり」（和歌山市立博物館展示図録『江戸時代を観光しよう』二〇一四年）、「安政期における紀伊山地の霊場と参詣道―高野山を中心に―」（『明治大学文学研究論集』第三二号、二〇一〇年）。

七章「近世後期における西国巡礼と「善根」―紀ノ川の無銭渡を事例に―」（『アジア民衆史研究』第一五号、二〇一〇年）。

八章「近世における淡嶋神社の宗教活動」（『和歌山市立博物館研究紀要』第二八号、二〇一三年）。

九章「紀州藩の寺社序列と教団組織―天台宗を事例に―」（『和歌山市立博物館研究紀要』第三〇号、二〇一六年）。

十章「近世後期の高野山再建活動と紀州藩」（『和歌山市立博物館研究紀要』第二六号、二〇一一年）。

十一章「紀州藩における修験者の他領宗教者取締」（『和歌山市立博物館研究紀要』第三三号、二〇一八年）。

〔註〕

（1）豊島修『熊野信仰史研究と庶民信仰史論』（清文堂出版、二〇〇五年）、熊野本願文書研究会編著『熊野本願所史料』（清文堂出版、二〇〇三年）など。
（2）青柳周一「近世旅行史研究の成果と課題」（『歴史評論』六四二、二〇〇三年）、鈴木章生「社寺参詣をめぐる研究の動向と展望―江戸およびその周辺を中心として―」（『交通史研究』五六、二〇〇五年）、原淳一郎『近世寺社参詣の研究』（思文閣出版、二〇〇七年）序章、同「近世寺社参詣史の現状と展望」（『寺社参詣と庶民文化』岩田書院、二〇〇九年）、高橋陽一『近世旅行史の研究―信仰・観光の旅と旅先地域・温泉―』（清文堂出版、二〇一六年）序章など。
（3）新城常三『社寺参詣の社会経済史的研究』（塙書房、一九六四年）、同『新稿社寺参詣の社会経済史的研究』（塙書房、一九八二年）。
（4）前掲註（2）原『近世寺社参詣の研究』。

（5）小松芳郎「道中日記からみた伊勢への道のり」（『長野』八四—三、一九八四年）、同「道中記にみる伊勢参詣—近世後期から明治期を通して—」（『信濃』三八—一〇、一九八六年）、山本光正「旅日記にみる近世の旅について」（『交通史研究』一三、一九八五年）、桜井邦夫「近世における東北地方からの旅」（『駒沢史学』三四、一九八六年）。
（6）小野寺淳「道中日記にみる伊勢参宮ルートの変遷—関東地方からの場合—」（『人文地理学研究』一四、一九九〇年）。
（7）圭室文雄『日本仏教史』（吉川弘文館、一九八七年）。
（8）岩鼻通明『出羽三山信仰の歴史地理学的研究』（名著出版、一九九二年）、同『出羽三山信仰の圏構造』（岩田書院、二〇〇三年）。
（9）圭室文雄編著『大山信仰』（雄山閣出版、一九九二年）、高埜利彦編『富士山御師の歴史的研究』（山川出版社、二〇〇九年）、外山徹『武州高尾山の歴史と信仰』（同成社、二〇一一年）、望月真澄『身延山信仰の形成と伝播』（岩田書院、二〇一一年）、福江充『立山信仰と立山曼荼羅』（岩田書院、一九九八年）、同『近世立山信仰の展開』（岩田書院、二〇〇二年）など。
（10）青柳周一『富嶽旅百景—観光地域史の試み—』（角川書店、二〇〇二年）、同「人の移動と地域社会史・試論—参詣旅行史研究の視点から—」（『関東近世史研究』四八、二〇〇〇年）。
（11）前掲註（1）鈴木および原『近世寺社参詣の研究』。
（12）青柳周一「近世における寺社の名所化と存立構造—地域の交流関係の展開と維持—」（『日本史研究』五四七、二〇〇八年）、同「十七・十八世紀における近江八景の展開—近世の名所の成立をめぐって—」（高埜利彦・青柳周一・西田かほる編『近世の宗教と社会1　地域のひろがりと宗教』吉川弘文館、二〇〇八年）、同「一八世紀における地域の「成り立ち」と名所—下坂本村と唐崎社について—」（幡鎌一弘編『近世民衆宗教と旅』法蔵館、二〇一〇年）、同「近世の「観光地」における利益配分と旅行者管理体制—近江国下坂本村を事例に—」

(『ヒストリア』二四一、二〇一三年)。旅行者への経済的依存度が高い富士山麓地域と異なる下坂本村も「観光地」として把握しようとしているが(その「観光地」は一般的な観光地を必ずしも意味しない)、地域を成り立たせうる宿泊業の実態を明らかにしえないため、その方法の有用性は十分に発揮されていないと思われる。

(13) 前掲註(2)原『近世寺社参詣の研究』。

(14) 前掲註(2)原「近世寺社参詣史の現状と展望」。

(15) 高橋陽一『近世旅行史の研究—信仰・観光の旅と旅先地域・温泉—』(清文堂出版、二〇一六年)。

(16) 原淳一郎『江戸の寺社めぐり』(吉川弘文館、二〇一一年)。

(17) 前掲註(2)鈴木論文。

(18) 前掲註(2)原『近世寺社参詣の研究』。

(19) 澤博勝『近世の宗教組織と地域社会』(吉川弘文館、一九九九年)、同『近世宗教社会論』(吉川弘文館、二〇〇八年)。

(20) 前掲註(12)。

(21) 高埜利彦『近世日本の国家権力と宗教』(東京大学出版会、一九八九年)、同『近世の朝廷と宗教』(吉川弘文館、二〇一四年)、同編著『民間に生きる宗教者』(吉川弘文館、二〇〇〇年)、朴澤直秀『幕藩権力と寺檀制度』(吉川弘文館、二〇〇四年)、同『近世仏教の制度と情報』(吉川弘文館、二〇一五年)、井上智勝『近世の神社と朝廷権威』(吉川弘文館、二〇〇七年)、林淳『近世陰陽道の研究』(吉川弘文館、二〇〇五年)、梅田千尋『近世陰陽道組織の研究』(吉川弘文館、二〇〇九年)など。

(22) 圭室文雄『日本仏教史　近世』(吉川弘文館、一九八七年)、藤田定興『寺社組織の統制と展開』(名著出版、一九九二年)。

(23) 弘前藩の宗教政策を考察した成果として、田中秀和『幕末維新期における宗教と地域社会』(清文堂出版、一九九七年)。

一部　民衆の日常生活と信仰・霊場参詣

一章　民衆の世界観と信仰
――紀伊国名草郡岩橋村湯橋長泰を事例に――

はじめに

近世を生きた民衆は、どのような思想を持ち、日々暮していたのだろうか。そして、彼らが霊場へ参詣する思想的背景はどのようなものだったのだろうか。

近世の民衆は、元禄・享保期以後、自覚的に勤勉・倹約・孝行などの通俗道徳を形成・展開・伝播し、自己形成を図ったと言われている[1]。民衆は自らが「天地の子」であるとの裏づけを得て、天地と直接向き合うことによって、自らを律し主体形成を行うことができたという[2]。こうした近世中期の民衆思想を明らかにする際、頻繁に引用される史料は、河内国石川郡大ヶ塚村の河内屋可正（一六三六～一七一三）が記した『可正旧記』などであるが、膨大に残る地方文書の中で、民衆が直接その思想を記したものは決して多くない。そのため、そうした史料を用いて思想の具体像を社会状況に留意して明らかにすることは重要であるが、信仰の分析は依然事例が少ない[3]。そこで本章は、紀伊藩の地士・大庄屋を務めた紀伊国名草郡岩橋村（和歌山市岩橋）の湯橋長泰（もとは岩橋里通のちに吉良太夫、湯橋長泰と改名。以後は長泰と記す）が宝暦期に記した「長泰年譜」を分析し、その人生や世界観を踏まえ、霊場へ参詣する思想的な背景を明らかにしたい[4]。

近世仏教史研究では、思想面で信仰の実態を捉える研究も行われており[5]、特に浄土真宗門徒が多い地域の研究が数多く蓄積されている。北陸や中国地方のような真宗優勢地域とは言えない紀伊において、真宗門徒であった長泰の信仰を具体的に明らかにすることにも一定の意義があろう。

一　地士の身上り運動

本節は元禄四年（一六九一）～宝暦一三年（一七六三）を生きた長泰が自身をどのような存在と意識していたのかを概観し、その身上り運動（士分化）の過程を明らかにする[6]。

名草郡岩橋村は、紀伊藩付家老の安藤家（本拠は紀伊田辺）が支配し、田畑高一九二四石程であった[7]。和歌山城からの直線距離は六㎞ほどで、城下町の近郊村落と言えよう。長泰が大庄屋を務めた岩橋組（のちの和佐組）の範囲は、岩橋村・栗栖村・出島村・下和佐村・中村・禰宜村・井ノ口村・関戸村・布施屋村・松嶋村・加納村・新在家村であった。

天保期に成立した『紀伊続風土記』岩橋村の項には、湯橋家の来歴が次のように記されている。その祖は湯橋新大夫秦宿禰と言った。承安・建久期（一二世紀後期）の文書にも記されているという。その後、高橋大神の宮司として代々湯橋荘を治めていた。元弘・建武期（一四世紀前期）には、湯橋行有の妹が吉良左衛門佐義明（長泰が吉良満貞の子と主張する人物）に嫁いで、吉良介里明を生んだ。里明は南朝に仕えたが、南北朝和睦の時に紀伊へやってきて、行有の子である里永の養子となった。以降は、この地に滞在し、同家を相続した。

長泰の祖父・岩橋里政は慶安元年（一六四八）岩橋村を離れて和歌山城下に住むが、承応元年（一六五二）再び岩橋村へ戻って、承応三年に庄屋、寛文五年（一六六五）大庄屋となった。[8] 子の里品（長泰の父）も大庄屋を務め、元禄八年（一六九五）地士になった。湯橋家の勢力は中世の根来寺による押領で次第に衰え、近世前期には湯橋家（当時は岩橋家）の属する宮座の勢力も弱まって座と座外、座内部において闘争が展開された。[9] 地域社会での平均化・均質化の動きは、近世を通じて進展しており、中世的な特権を維持しようとする湯橋家の勢力と、平等を主張する新興勢力との間でしばしば争いが行われた。

長泰は、幼少の頃から地士として様々な教養や武芸を身につけた。[10] 八歳から四書・五経などの素読を始め、藩の儒医官であった水原元亭の門人となった。また、栗栖村の瑞門禅師の講席に出て老荘思想を学んだ。当時、詩会などで瑞門に同伴し、田沼意次の祖父田沼次右衛門（義房）とたびたび出会ったことを後に述懐している。[11] 壮年になると、藩学の湊講館へ通い、藩儒の祇園南海から漢詩を学んだ。正徳三年（一七一三）に開かれた湊講館では、四書・詩経・書経・三体唐詩などが講義され、「出席之面々貴賤士庶をゑらハす」との規則であったため、[12] 一八〇人ほどの聴衆が集まっていた。[13] 祇園南海にはその後もたびたび漢詩の添削指導を受けている。近世において、農民の中上層は文化的なレベルで見れば武士の中下層と原理的にも実態的にも〈兵農未分離〉で、逆転していることもあったと言われている。[14] 和歌山城下には、すでに寛文期に複数の本屋があったことが確認されており、長泰は武士と同等の教養を身につけることが可能な環境で高い教養を身につけようと意識していた。

長泰がとりわけ力を入れたのは和歌である。大正一三年（一九二四）に作成された『西和佐郷土誌』にも「歌人　湯橋吉良太夫源長泰　今から約百八十年前の人で高柳湯橋家の先祖です。歌道には非常におすぐれになられて居たとのことです。當時即ち延享年間に於て日本の三歌人の一人とまでに言はれ作歌の数も非常に多い。湯橋家には今尚その作歌を四千四百八十六首保存してあります。又當家の墓地の長泰氏石碑に四千四百八十六首と記してあります。これ氏の遺言に依って作歌数を記してあるとのことです」とある。長泰は一四歳の時から、坂田村の了法寺で憲順法印から教えを受けた。了法寺は家老三浦家の菩提寺であり、寛文六年（一六六六）日蓮宗不受不施派から天台宗に改宗し、雲蓋院の末寺となっていた。長泰は一九歳で京都の藤谷為信の門人になるが、「取扱不宜」ため、二四歳で久世通夏の門人となった。二七歳で冷泉為久の門人にもなり、冷泉・久世両家の弟子であった。冷泉家はこの時期に急激に門人が増加し、藩主徳川宗直や玉津島神社の高松房隆なども門人になっていた。(15) 和歌の指導は、当主から出された題に基づいて詠んだ歌（詠草）を冷泉家へ送って添削を受ける形式だったので、直接会う必要はなく、各地に門人が存在していた。長泰の和歌集は、『詠百首和歌』、『詠百首和歌（詠堀河初度題百首）』、『詠百首和歌（奉納如意輪寺・観心寺百首）』、『探題詠百首和歌』、『向栄亭八景詩歌』が確認できる。また、たびたび湯橋家で歌会を催しており、例えば享保三年（一七一八）一一月には、父の還暦を祝って一二人で和歌の会を催している。参加者は長泰と同様に冷泉為久の門人が多いが、風早公長や六条有藤、武者小路実陰の門人もおり、この地域では和歌が盛んであったことが窺える。当時は、すでに俳諧も盛んになっていたが、長泰は関心を持っていない。その後も和歌には熱心で、冷泉為久が「田舎の里通者南方之一人」と言って、長泰が詠んだ歌を諸国の門人へ披露したと、後に「長泰年譜」に記している。

長泰は武術も幅広く修得し、一六歳から槍術（高田流）、馬術（大坪流）、剣術（香嶋流）、砲術（駒木根流・小堀流）を学んだ。「馬ヲ乗、武芸等稽古仕義者、地士之たしなみ」(16) と考えており、学問と同様に武士と同程度にたしなんでいた。四三歳からは軍学（楠流）も学んでいる。(17) こうした修得状況は、自身の身分意識と関係していると思われる。例えば、武士であった由緒を持つ河内国石川郡大ヶ塚村の河内屋可正は、自家を「百姓」と意識していたため、自身は武芸を修得するものの、子孫へ武芸は無用と説いている[18]。それに比べると、長泰は地士としての自身を武士に近い存在と意識していたと言えよう。

なお、長泰が身上りの先駆者として特に意識したのは、同郷の和佐大八郎（範遠）である。大八郎は弓術家で、貞享三年（一六八六）京都三十三間堂で通し矢八一三三本を記録して、「弓道惣一」（天下一）になった人物である。長泰の高祖父（四代前）吉政の妻の姉が和佐家へ嫁いでいたため、長泰の遠縁にあたった。大八郎の父・森右衛門（実延）はもともと和佐中村の地士西与介の子だが、和佐家の養子となり、徳川頼宣の入国後に切米三〇石で召し出された。大八郎は「弓道惣一」となった後に、知行五〇〇石を与えられ、その一族も「繁昌」した。しかし、弟の半六が大八郎の妻に恋慕し、露見しそうになると、大八郎弟子の鳥居幸二郎の偽りの艶書を用意して鳥居の仕業にしようとしたため、幸二郎が目付へ訴え出て露見した[19]。その結果、大八郎は知行を召し上げられて、田辺に幽閉され、正徳三年（一七一三）死亡した。取り調べによって、大八郎は「射芸を高慢して、将軍家へ御旗本ニ成可申との巧事いたし、柳沢出羽守殿へ取込内通」していることが発覚したという。長泰は、「和佐大八者、隣郷和佐と申所之地士にて候処、弓道稽古之功を以、国主様江被　召出、終に天下惣一之名を顕シ申候」と敬意を表する[20]。しかし、「誠に結構」に召し抱えられたにも関わらず、不忠心をおこして、旗本を望んだ事は不届千万と非難し、享保元年に徳川吉宗が将軍に就任した際に、もし大八郎が忠勤に励んで仕えていたのなら、間違いなく旗本で召し抱えられたのに残念であると述べている[21]。この大八郎と同様に、長泰は武士として召し抱えられることを志向していた。

次に、長泰が行った身上り運動の顛末を明らかにする。すでに笠原正夫の論稿でも言及されており、重複する部分もあるが、笠原は長泰の活動を「対抗」「たたかい」と述べ、その原動力を「反骨のエネルギー」とするなど藩権力と地士の対立面を強調している。また、享保期に紀伊藩出身の徳川吉宗が将軍になった影響も踏まえられていないため、身上り運動として整理して述べてみたい。

正徳六年（一七一六）三月に父・里品が引退し、長泰は二六歳で大庄屋および岩橋村庄屋となった。藩の行政組織は、郡（奉行）―組（大庄屋）―村（庄屋）と連なっており、紀伊藩の大庄屋は幕領惣代庄屋と比べて、領主権力に近い位置にあったと言われている[22]。大庄屋を補佐する杖突が各組に一名ないし二名おり、大庄屋の下役と位置づけられていた。

同年四月に将軍徳川家継が死去し、吉宗が相続することになった。同年から享保一〇年にかけて計二〇五名の藩士が幕臣になった[23]。吉宗側近の多くが紀伊藩出身で占められ、幕政の新たな権力基盤になった。治水で業績のあった井沢弥惣兵衛（為永）は、享保七年（一七二二）に幕領の新田開発にたずさわり、翌年幕臣として召し抱えられた。享保九年には井沢配下の村松兵蔵・中川伊右衛門ら一五名も召し抱えられ、普請役・五〇俵三人扶持となった[24]。これら一五名の詳細な経歴は不明だが、そのうち五名はもともと杖突であった。大庄屋を補佐する者が幕府に召し抱えられる事態が身近で起こっており、長泰も衝撃を受けたと考えられる。なお、長泰は四、五歳の頃に吉宗（当時は源六）が自宅を訪れて鶏合を見物したことを記憶しており、吉宗に少なからず親近感を持っていた。

享保一一年一二月、藩内に父母状が触れ出され、岩橋組に父母状六五幅が下付された。父母状は、万治三年（一六六〇）に徳川頼宣が起草し、李梅渓が浄書して領民に与えられ、農民教化のテキストとして利用された【図1】[25]。父母状は、頼宣の思想に儒者・那波活所の主張が影響を与えて作成された。頼宣は小農を単に愚民と把握するのではなく、彼らをむしろ積極的に教化することによって、その自立を促がし、大名としての自己の基盤強化を図っており、[26] 当時の藩主徳川宗直もそうした意図から父母状を再度触れ出したと考えられる。

長泰は「予幼年之頃、水原元亭先生之教ヲ受、惣而学問者正心・斉家・治国・平天下之為なれは、浮華を弄ふにあらす[27]」と考えており、組下の庄屋と申し合わせて、雨天の時などに村中の者を呼び集めて、父母状を読み聞かせ、その後に四書・五経から重要と思われる言葉を抜き書きして作成した一冊を読み聞かせていた。長泰は父母状を「古より数百巻之書物有之候へ共、是ニ過たる教者有之間敷候」と考えていた[28]。享保一二年には、その一冊をさらに整えて、父母状の注釈書「御教訓演義」（のちに「猷訓演義」と改題。以下「演義」と記す）を作成した。父母状の本文とともに四書・五経・諸史書から抜粋して記述した。「演義」を天下に広めることで「君上」や「国民」のためになり、結果として仕官が叶うと考えていた。こうした行為は、藩が求めていた民衆の一定の主体性に応じたものと言えよう。祇園南海の門弟であった奥野忠恒（鶴渚）が徳川宗直へ披露し、「軽キ者として能仕り」とされるが、藩主の教えに注釈したことが問題となり、五〇日の閉門と「演義」の焼却を命じられた。

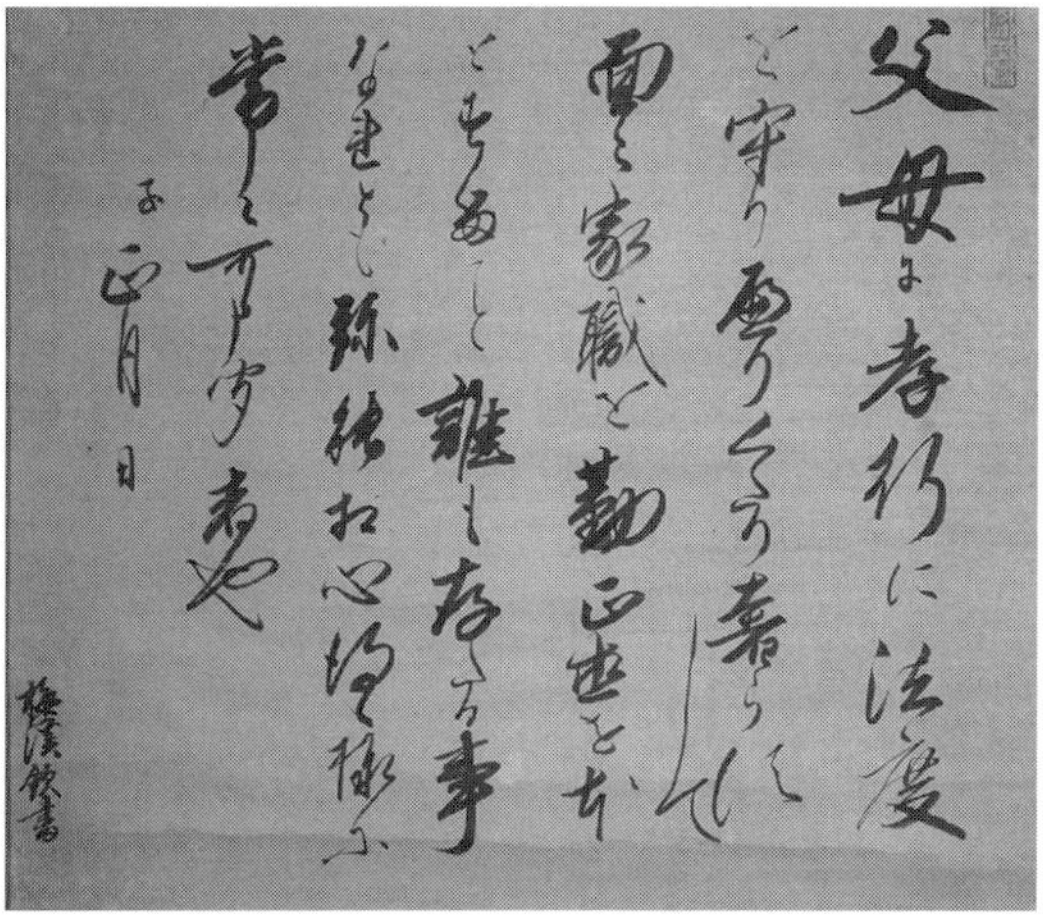

図1　父母状（和歌山市立博物館蔵）

しかし、長泰は処分することはなく、四年後の享保一八年には、江戸の加納久通へ「演義」を提出した。加納久通は紀伊藩出身で、徳川吉宗の将軍就任に付き従い江戸へ行き、有馬氏倫とともに御用取次として老中や若年寄を上まわる権勢をふるっていた。紀伊藩で処理済の事として取り上げられず、「演義」は返却された。さらに翌年にも、友人の北川宇左衛門（後に甲州石和代官の手代になった）を江戸へ遣わして、目安箱へ「演義」を投函したが、北川が加納久通の屋敷に呼び出されて慎むよう命じられた。また、元文元年（一七三六）には、和歌の師である冷泉為久に「演義」を提出した。冷泉為久は享保一九年に武家伝奏となっており、長泰は幕府への働きかけを依頼した。ところが、冷泉家からは「諸国之御政道従　朝廷致　仰出事不相成」として返却された。このように再三「演義」を提出できたのは、長泰が「我罪重ク候へ共、仁政之　御世ニ候へ者、死罪迄之義者不可有御座候」と意識していたためである。すでに享保六年に紀伊浪人と言われる山下幸内が『山下幸内上書』を、享保七年には田中丘隅が『民間省要』を提出しており[29]、幕府に意見書が採用されることもあったので、長泰もそれらにならって提出し続けたと考えられる。

元文二年には、「家先祖ノ名も可中興」と父・里品の勧めを受けて、旗本へ奉公するため、三月六日に那賀郡原野村の宅右衛門などとともに江戸へ向かった。里品は「演義」を浅井駒之助善成が書いた『長保寺通夜夢物語』と同類と述べ、「演義」を幕府や藩へ提出することに反対して仕官を勧めた。『長保寺通夜夢物語』は、徳川光貞の藩政を批判した書物で、家老三浦家でも講義されるなど当時の藩内ではかなり知られていたと考えられる。長泰も「御政道ノ事ヲ非ヲ打書物」と認識していたが、自身の「演義」とは異なるものと認識していた。

長泰は仕官を名目に江戸へ行き、「演義」を差し出そうと考えており、ひとまず江戸へ向かった。途中に伊勢神宮や鎌倉などに立ち寄って、同二二日に到着した。里品から江戸では大嶋伴六守正を頼りにするように申しつけられていた。大嶋伴六は元禄九年（一六九六）から紀伊藩勘定奉行を務めた人物で、大庄屋を務めていた里品と伴六の父は、職務上つながりがあった。当時の大嶋は江戸で吉宗の政治顧問的な役割を果たしていたが、元文二年九月三日亡くなった。[30] 子の大嶋伴七正方も江戸にいたが、長泰は以前「演義」を差し出した加納久通の屋敷を訪ねた。「演義」を差し出して以来、年頭には扇子、暑気見舞いには粉河団扇を送っていたが、享保二〇年に受け取り拒否されたため、翌年から日前宮の御祓を送っていた。親類であった加納家の家老吉川源太夫久豊は、「演義」の提出に反対し、仕官のため大庄屋を辞めた上で再度江戸へ来るよう勧めた。「先年より御国方之者、於　御当地被　召出候も軽キ者に者数多」く、幕府に召し抱えられた紀伊藩出身者が多かった。ただし、形式上はひと先ず「浪人」となり「他国」へ出る必要があり、「此方ゟ被召候者、井澤弥惣兵衛殿、扨者佐々木勘三郎殿ならてハ無之候、是者至極重キ品ニ候へ者、其例ニ者参不申事ニ御座候」と、特例で召し抱えられた井沢弥惣兵衛や佐々木勘三郎のようにはいかなかった。佐々木勘三郎は、井沢と同様にもともと紀伊藩に仕えていた人物で、享保一〇年一〇月、「大筒并火薬ノ上手」によって禄高六〇石で召し出されて、幕府鉄炮方の与力となった。元文三年に初代大筒役に就任する。[31] 仕官の可能性を確認して、長泰が一旦紀伊へ戻ると、里品は「南朝吉良ノ家を可中興者其の方也」と喜んだ。長泰はすでに「演義」を差し出すことでの仕官は意識していなかった。

元文四年二月、病気を理由に大庄屋を辞めて、息子・吉良右衛門里貞に引き継ぎ、三月には再び江戸へ出発した。ところが、いざ江戸へ着くと、加納家の吉川久豊から希望通りの仕官は時節柄難しく、「御切米五十俵に三人扶持、御普請手代」が妥当と告げられた。享保九年に井沢弥物兵衛が江戸へ呼び寄せて御普請手代になった者たちと同格になることは可能であった。しかし、その者たちの中には、もともと杖突であった者もいるため、同格では大庄屋・地士仲間から嘲笑されるとして、長泰は小十人・御徒士・添番衆・勘定人になることを望んだ。杖突は「紀州大庄屋支配」の者たちであるので、「吉良之末孫として手代・足軽等には奉対先祖可恥之」との意識だった。吉川からは、吉宗の子の徳川宗武や宗尹のもとであれば、小十人も可能と助言された。当時、徳川宗尹の家臣には紀伊藩出身の者が多く、(32)長泰が仕官できる余地もあったと考えられる。小十人は旗本として処遇され、「御目見得以上」で「百俵十人扶持高」を給される身分であった。例えば、『官府御沙汰略記』を記した小野直方の養子直泰はもともと御家人身分であったが、徳川宗尹の小十人となり、宗尹が御三卿の一つ一橋家の祖になると大番頭・徒頭を務めており、(33)長泰が宗武や宗尹に仕えていれば、その後武士として湯橋家が存続していく可能性はあったと思われる。しかし、長泰は紀伊藩に対して恐れ多いとして断り、仕官を諦めている。

そして、再び幕府に「演義」を採用してもらうため、老中松平乗賢や水野大炊頭、さらに冷泉・加納家へ「演義」を差し出した。その結果、岩橋村の領主である安藤家から呼び出され、田辺での閉門を命じられた。(34)長泰は「先祖ニ対シ申わけも無之、子孫をハ貧窮なさしむ、無念之至也」と意識し、延享三年（一七四六）まで田辺に幽閉された。同年、長泰の親類が円珠院（和歌山市秋葉町）の恵厳法印へ嘆願し、その伝手で輪王寺宮の執事覚王院が紀伊藩へ赦免を依頼して岩橋村へ帰ることを許されたという。

以上のように、長泰は「演義」を提出して、紀伊藩や幕府での仕官を目指した。また、江戸の紀伊藩出身者の伝手を利用して、幕府に仕官しようとした。しかし、いずれも長泰の希望通りにはいかず、最終的に田辺で幽閉された。なお、長泰は自身の先祖・吉良義明を吉良満貞（?〜一三八四）の子と主張する。(35)「長泰年譜」には、吉良俊氏は義明の弟なので、足利義康の嫡流は自分であると述べ、天下に自家の筋目を広めたいという欲求は止め難いと記している。次節では、このような人生を送った長泰がどのような思想であったのかを検討してみたい。

二　湯橋長泰の世界観

1　三教（神儒仏）一致

近世において、民衆の思想・宗教は複合構造で、三教（神道・儒学・仏教）一致の思想として展開した。大桑斉は、多くの神仏による民衆救済の競合化という戦国期の状況が諸仏菩薩を超越する原理として最高神観念の形成をもたらし、天道思想として諸教一致的な思惟が展開したとする。(36) 安丸良夫は、近世初頭には三教一致的でよく似た此岸的コスモロジーが成立していたという。(37) 長泰が三教をどのように理解し、その関係をどのように説明しているかを見ていきたい。

まず前提として、長泰の宗教的な環境を確認する。『紀伊続風土記』によれば、岩橋村には法照寺（真宗西）・成善寺（真宗西―後に東派になる）・称名寺（真宗西）・妙応寺（日蓮宗）・真宗寺（真宗西）があり、湯橋家は法照寺の門徒である。「長泰年譜」が書かれた宝暦期には、いずれも村に存在していたと思われ、岩橋村は真宗が盛んな村であったと言えよう。より広域の名草郡で見た場合、『紀伊続風土記』に記載の三一四か寺のうち浄土宗一二五か寺（約四〇％）、真宗九四か寺（約三〇％）、真言宗四五か寺（約一四％）で、概して浄土宗・真宗・真言宗が多い地域であるが、(38) 真宗優勢地域とは言い難い。

長泰の祖父・岩橋里政の生涯を見ても、伊勢参宮や高野山での位牌建立を行っており、一七世紀の時点で同家が真宗のみに帰依する姿は見られない[39]。湯橋家の先祖は神職であったと言われ[40]、村内に宮座も存在したため、長泰は神道にも少なからず関心を持っていたと思われる。近所の日前宮（日前宮・国懸宮）へは一六歳の時から毎月参詣していた。また、前節で述べたように、儒学も武士と同程度に嗜んでいた。

仏教について、長泰は「元来予ハ坊主嫌也、儒道を信じて、且先祖ヲあらハし家を中興セん事、大丈夫ノ本意をおもふ故也」と記し、もともとは儒学を信じて僧侶は嫌いだったという[41]。その理由を次のように述べる。

韓退之ノ仏骨ノ表、其外諸大儒之教ニ、虚無寂滅之言其高き事大学ニまされとも然も用なしと云り、夫仏釈尊ハ寂滅を以為楽、王城宮を出て捨身の行をなし給ふ、仍之仏者ハ桑の下にたに三宿をセすともいひ、近世春台子太宰弥右衛門　徂徠先生ノ弟子か作りし弁道ノ書にも、浮屠ハ乞食の道也といへる、誠に仏法の本式なるへし、然るに今ノ世の出家ハ凡金銀施物を貪り高位高官に交らん事を乞願ふ、豈釈尊乃本意に叶んや、世人と其趣替る事なし、然者姿計を僧に効んよりハ還俗のかた増なるへし

韓退之（韓愈）や太宰春台の排仏論を取り上げて、僧侶は本来貧しい者のはずなのに、金銀を貪り、高位高官と交わるのは、釈迦の本意ではなく、今や俗人と変わらないと批判している。韓愈（七六八～八二四年）は、唐の皇帝憲宗に『論仏骨表』を呈上して仏教を批判した人物である。太宰春台『弁道書』には、「士農工商の業なさゞれば、衣食を得べき様なき故に乞食を業とし候、乞食とはすなはち只今の乞丐人の如く食を人に餬て命をつなぐにて候」とあり[42]、僧侶は本来貧しい存在と認識している。

このように長泰は僧侶を嫌っていたが、歳を取るにつれ仏教を信仰するようになった。その理由を、次のように説明する[43]。神や仏と言うのは、儒学でいう鬼神であって、名を付け替えたに過ぎない。心願を神仏に祈り、籤で進退を決める行為は鬼神を弄ぶ事であり、それらを行っている自分は、神儒仏のいずれにおいても罪とな

る存在である。しかし、愚かな身である自分は、神儒仏いずれも欠かすことはできない。「故に愚意に神道を昨日の恩とし、儒道を今日の務とし、仏道を明日の助として三道兼崇ふ」と述べている。つまり、もともとは儒学のみを信じて生きるべきと考えていたが、神仏にもすがるようになり、欠かすことのできない存在になったということであろう。長泰の理想は、儒者などの専門知識人に見られる思想であり、神儒仏のいずれも欠かさない（欠かせない）三教一致の思想は、それよりは劣るものとの評価であった。

長泰は「長泰年譜」で自身の経歴を述べる中でも、「予ヶ心ハ儒道を中尊、神を左、仏ヲ右として三教を兼崇ス」と述べており、三教それぞれを尊重していた。三教はそれぞれ異なる方法であるが、目指す所は共通していて、心に善を貯え身の悪を除くことが目標である。仏教の宗派が天台・真言・浄土・法華など複数存在するものの、目指すのは成仏一つであること、あるいは浄土宗に鎮西派・西山派があって、真宗にも様々な派が存在するが、信仰対象は阿弥陀如来一つであることと同様という。

自身は愚人・不才であるため、自力のみで善根を積むことができず、「仏神へ乞願ひ、御鬮・霊籤を用ひ、尤天地日月を仰而、周易筮を頂戴ス」としている。また、三教の関係を次のようにも説明する[44]。

> 神儒仏の三道皆相共に可崇也、先吾日本国ハ神国なり、神ハ生々ノ理を尊ふ、儒ハ父子君臣兄弟夫婦朋友いつれもそれ〳〵の名教あり、仏ハ今現在にて罪をつくらハ後世必地獄に墜落せん事をしめす、是皆受持て吾身の徳にこそなれ何か損あらん、然者神道ハ我を生し給ふ所昨日の恩、儒学ハ父母に孝し子孫をあハれみ、君としてハ臣ニ義あり、臣としては君ニ忠あるへし、都て長幼夫婦のましハり迄これを捨ては立べからす、是今日の勤め也、今日悪事をなさんにハ死して後の世地獄に落る事ハ猶ゆるし、其責今生之内ニうくへし、又善事をなさんにハ極楽世界へ行ハをそし、現世之内ニも天堂ノたのしみにあふへし、則仏教

ハ明日の助ケとおもふへし、是ハ斯予ヶ心得如此なり、三教一も闕へからす

すなわち、三教とも自らの徳となり損はないので、神儒仏いずれも崇拝するべきと述べている。日本は神国であり、神道は自分を生み出した道理を説くため「昨日の恩」、儒学は長幼・夫婦の関わりまでこれがなくては成り立たないため「今日の勤め」となる。仏教では、悪事を行えば地獄に落ち、善事をおこなえば極楽に行くと説くが、どちらも今生の内でその報いに会うため「明日の助ケ」になるという。長泰は前世や来世よりも現世を重視しており、ここで述べる「明日」は来世ではなく後世を指している。長泰は善根を積むための三つの道と三教を理解して、それぞれを尊重していた。

先行研究を踏まえれば、このような認識は同時代の多くの民衆が共有していたと言えよう。少し年代は下るが、海部郡加太浦（和歌山市加太）出身の仁井田助左衛門道貫（一七三八～一八一五）が文化五年（一八〇八）に著した『みよはなし』にも同様の記述が見られる。(45)比較のため、道貫の思想についても若干言及しておきたい。道貫は『紀伊続風土記』の編纂を行った儒者・仁井田好古の父である。幼い頃から読み書きに優れ、三六歳の時に紀伊藩に召されて御用部屋写物勤務となり、のち御留守番となって二〇石を得た。『みよはなし』全四巻のうち、第三巻（水之巻）は三教を問答形式で次のように記している。

問、神道と仏道といつれか貴く候哉

答、道と云は人を教るの道也、其教るの道神儒仏を三教と云、神道は日本の名目、儒道は中華に興り、仏道は天竺より弘まる、皆衆生を善道へ導く教にして、貴と貴からさるは人の信仰不信仰に有て、教に有にはあらじ

神道は日本、儒学は中華、仏教は天竺から広まったもので、いずれも衆生を善道へ導く教えであり、貴いか否

かはその人の信仰・不信仰によって決まり、教えに優劣はないという。この後の記述では、神道を「水」、儒学を「食」、仏教を「酒」に例えている。神道は生まれたままの状態で飾ることもなく、ありのままの状態で正直なものであるが、「正直には甘みも辛も何の味なき妙味」であるため水に例える。儒学は心を正し、身を修め、家をととのえ、国を治め、天下を平らかにする道理を述べており、孝悌忠信をせよと誰もが知る道理を示し、生きていく上で欠かせないものなので食に例える。仏教は過去・現在・未来の三世の因果、極楽・地獄の有り様を説いて人々を驚かし、様々な宗派に分かれて成仏を説き、これほど安く旨いものもないので酒に例える。神道と儒学では迷うことがないが、仏教は酒のように程良く取れば薬となるが、取り過ぎると「災を仕出し、こゝろ狂乱し、害をなし身を果すにも至る」と、仏教との接し方には注意が必要と説く。どのような悪行・非法も、念仏さえ唱えれば極楽へ往生できると考える「まよひ道」に入り込む恐れがあると言う。

また、神道を「実」、儒学を「実にして理」、仏教を「理にして虚」などと様々に言い換え、次のようにも述べている。

問、一道の覚だにもならぬ愚なる身にて候へは、三教の大凡はかりも中々難知事候、とかくやすらかにしる事あらは御教下され候へ

答、神道は貴きものと心得、儒道は尤成ものと心得、仏道は奇特なる物と心得玉はゝ迷ふ事は有まし、若心得違、さきに申如く神道はすげなきものと心得、儒道はむつかしきものと心得、仏道はうまひものと心得なは迷ふへし

神道を「貴きもの」、儒学を「尤成もの」、仏教を「奇特なるもの」と例えている。他にも、神道を「能芝居」（謡を知らなければ面白くない）、儒学を「公事訴訟」（難解である）、仏教を「戯曲戯場」（様々な見方ができる）や、

人の話に例えて、神道を「実話」、儒学を「理詰話」、仏教を「人をあやめて手柄をし、博奕に勝て金をまふけ、出奔をして富家へ聟に入たるなどいふ様なとんだ話」と例えている。

長泰のように、三教を昨日・今日・明日と時間軸で述べることはなく、日本・中華・天竺と空間軸で位置づけて様々に例えるが、三教いずれも衆生を善道へ導くものとの理解は長泰と共通している。また、仏教本来の姿は尊重するが、排仏論の影響で当時の僧侶に批判的な事も長泰と共通している。「一書」を引用して、現在の仏法が釈迦伝来のものとは異なっていて、今や諸国の僧侶は常に格式を争い領主の威をかり、身には錦繍をまとい酒肉で肥え、布施の量によって仏事の軽重を変えていると批判的に記している。

道貫は、神儒仏はいずれも道を教えるための名称であり、悟ったならば神儒仏の名はいらず、ただ「天道」と言う。世界中の万物を生み出すのは天地であり、言いかえれば、神道では国常立尊、儒学では太極、仏教では阿弥陀如来である。

人は天地を父母として生を受たるものなれは、とかく何事も天地なりに　行ふより外はなき事と知り玉へ、一心の妙を悟て見性成仏する時は可頼浄土もなく、畏るへき地獄もなく、遁るべき煩悩もなし、心を離れて十方の諸仏一切の三法もなく、仏道もなく神道もなく儒道もなく只天道のみ也

すなわち、人は天地から生まれたため、何事も天地に従って行動する以外ないと知るべきで、悟ったならば仏も神も儒もなく、ただ天道であると述べている。そして、三教の優劣を論ずるのは「凡夫の事」であり、死んで埋めたらすべて土となり、焼けば灰となるので「現世こそ大事なれ」と現世重視の考えを述べており、これも長泰と共通している。

以上、長泰の三教認識を検討し、仁井田道貫との共通性を確認した。両者とも三教を尊重し、いずれも衆生

を善道へ導くものと理解していた。両者は「天地」と向き合っており、当時の多くの民衆と共通する世界観を持っていたと言えよう。

2　因果応報

神儒仏の相対化の時代であった一八世紀前半期は、家業に務める善行を積めば、自己の来世が保障されるのみならず子孫も栄えるという勧善懲悪の教えは一定の説得力を持っていたという（本居宣長の国学が登場して以降、因果応報は根本的に否定され始める）(46)。『可正旧記』でも、その思想の根幹に「善因善果悪因悪果の法則」が据えられていた(47)。ここでは、長泰の因果応報観を明らかにしてみたい(48)。

ある書にいはく苅萱道心行状記世人眼光短クして善悪ノ報を見て急ならされバ、因果の説を不信、然れとも報の遅速大躰四五十年を不出、是この四五十年を劫波の中に於て見れハ誠に一瞬のことし、天道は急ならす、亦物わすれし給ハす、必一度は其報あらすと云事なし云云、是者浄土宗之談義本にて雅書にあらすといへともいふ所ノ道理至極せり、左氏伝・史記・通鑑等にしるすところの天変地妖等その報を記ス事五六年をかけたり、今世人ハたとへは春の内怪異ありて其年中に異事の報なく、明るとしその果を見てハ前年ノ怪異の報たる事を不論也、たとひその報を求る事、いかに急なりとも大凡千日をかけて可待也

長泰は『苅萱道心行状記』を引用して(49)、世間の人は善悪の報いがすぐになければ因果応報を信じないが、善悪の報いは四〇、五〇年かかる場合もあるが、必ず報いはあり、早くても大よそ千日はかかると主張する。例えば、藩祖徳川頼宣が亡くなる二年前に、「大光物」の飛来を長泰の祖父が確認している。また、宝暦五年（一七五五）五月二日に長泰が空の「大天火」を見たため、不幸な事が起こると予想していたところ、宝暦七年七月二

日に藩主の徳川宗直は亡くなった。もしこのように怪異な事が起こったら、これを恐れて行動を慎んで善根を積むべきと天譴説を唱えている。当時のことわざ「瓜ノつるに茄子ならす」を挙げて、善い種をまけばその苗が生えると言う。そして、悪業の報いを受けた人物として弟の里屋（兵部大夫、一六九八～一七五四）を挙げて、次のように述べている。(50)

仏経ニ邪婬戒ヲ破る者ハ、餓鬼トナルト其報を被記たり、是併目前之道理を以、因果ノ理を相立たるものとしらる、常々多婬ニ而不養生之者腎虚火動して痩衰へ必餓鬼ノ様躰ニなる、兵部大夫三町目へ帰参已後名ヲ改ル是也、夫男女飲食ハ人の大欲といへり、いかて一概にこれを禁ぜんや、それに邪正あり、血気壮年之者能相弁へて邪婬を可慎義也、況や父子兄弟之間をや、其間ニ不義あれは禽獣ナリ、右之趣爰ニしるす義如何ニ存候へとも、前車ノ覆るを以後乗ノ誡とすへし、父子妻ヲ共ニするハ畜生ノ義、兄弟之間も又同し可慎々々、義を背候者天よりゆるし不給して、或ハ病苦、或ハ貧困、凶事なる義目前也、尤善人ニ凶ある事もめつらしからす、然ともそれは天命なる哉と世人もゆるすへし、邪悪ノ者に凶あれは渠ハかくあるへき義也と人皆罸ヲあたふ、可耻事也

里屋は和歌山城下の清大夫（「有銀三千貫目と申沙汰する富家」）の養子となった。両家の不和により湯橋家に戻るが、長泰の妾を妻にしたいと申し出たり、父の「召遣之者」とも不義があったりして、湯橋家から絶縁されていた。その後、再び和歌山城下へ戻り、五七歳で死去した。長泰はその早い死を邪婬戒を破った因果と述べ、子孫への戒めとしている。

天命は聖人でもはかり知れず、僧侶が「因果ノ道理」を説いて前世を馬や牛などと言うことは、善行を勧める方便なのでありがたいが、正しくはないと主張する。前世・現世・来世の三世における因果を説く三世因果

説ではなく、現世内での因果を強調する[51]。例えば、中国の戦国時代に秦の武将白起が、趙の軍勢四〇万人を殺害したため、後に無実の罪で自害したように、因果は現世に現れるものである。孔子の弟子顔回は短命で、盗賊の盗跖は長寿であったが[52]、顔回は「大ナル美誉」を得て、盗跖は「大キニ無極ノ恥辱」を得て現在まで語られており、善悪の報いは永遠に現れるものであるとする。善根を積み、悪を省き、放埓な行動を慎むべきと述べて、非道・不義で得た金銀・俸禄も必ずその報いを受けると強調する。

このような因果応報感も長泰のみではなく、地士・大年寄層では広く共通する思想であったと思われる。長泰より少し後の世代になるが、和歌山城下の町大年寄であった沼野六兵衛（一七三四〜一七七八）は、日記に次のように記している[53]。

是迄も段々書記し置候通、人のかひニ相成候事、人ためあしき事、必〳〵いたし申間敷候、慈悲心を存、人を陰ニてそしり候事いたし申間敷候、一躰人事を申候事不吉ニて候、人の事ハ此方ニかまい不申候、さりなから善事ニて候へハ養子世話、婚納の世話人のためニ相成候事、人を取立候事ハ我か物少し入候而成りとも世話いたし遺し可申候、惣躰公儀ニかかり候事いたし申間敷候、此段能々相弁可申候、神々様の御恩御影を存、祖先の冥加を存、随分商売を情出し、自分の身を詰可申候、人の物をかり取ニいたし無躰無理を申かけ、人のこしを押し恩義を相わすれ申間敷候、今日ハうつくしく候ても明日ハ災到り候、さて〳〵恐レ可申候事也

人の物を借り取ったり、無理を申しかけたり、人の恩義を忘れたりすることを戒め、今日は美しくても、明日災いが訪れるかもしれず、恐れるべきことと主張する。また、別の年の日記にも、次のように記している[54]。

人のいやかる事、人のためあしき事、人の事影にて申事、人の事そしり申事いたし申間敷候、人のかいに

なる事勿論の事ニて候、何事も冥加を存、をごりをいましめ慈悲心を存、人を憐ミ、不自由をこらへ、人へ信実を尽し、自分正道を相守り可申候、透だに有之候へハ書を読ミ手ならひを致し、たのしミ可申候、書を読まぬ人ハ事ニくらく義理を失ひ、何かにつき愚ニ候、ほしきものハかい申間敷候、おしきものハうり可申候、人へ不実のなき様ニ可致候、神信心第一ニいたし、自分運をいのり可申候、運つたなくてハ諸事成就なり不申候、夜ハ早ク臥せり、朝早ク起キ可申候、古人の言のことく一日の勤ハ朝ニ有、一年の勤ハ春ニ有之候、一生ハ若キニ有之事金言、少しも相過無之候、何卒終りをよくいたしたき物ニて候、天道ニさかひ候罪ハのかれがたく候、自分一生ニ不参候とも子孫へばち速ニ参り申候、可恐入事共なり

人の嫌がることや人を影で謗ることなどを戒め、読書や神祇信仰、早寝早起きを推奨し、天道に逆らう罪は逃れがたく、自分の一生に訪れなくても子孫へ罰が当たると述べている。長泰と共通する因果応報感を持つことがわかる。

以上のように、長泰は因果応報を信じて善根を積むよう努めた。ただし、善根を積めば来世が保障されるという仏教的な考え方よりも、自身や子孫にその報いがあると、現世内での因果応報を信じていた。

3　易筮・夢

前述のように、長泰は三教の尊重を述べる中で、自身が占いを用いる愚かな存在と述べていた。ここでは長泰の占いや夢に対する認識を検討する(55)。

長泰は易筮について、次のように言う。易筮は事柄の吉凶を考えるためではなく、道理を弁え心身の行状を慎むためにある。易は君子の振る舞いのためにあるので、盗みの前に占って吉兆を得ても、最終的には命を落

とすることになる。占う際はその善悪を考えて、善事ならば占うべきである。善事でもその占いが当たらない場合は、天命と思って鬼神を恨んではならない。

実際に、長泰は自身の行動をたびたび占っていた[56]。例えば、三五歳の時には和佐の歓喜寺へ参詣して、仕官の可否を占ったところ、思い通りに進むとの卦であった。また、日前宮・国懸宮へ月詣していたため、仕官の志が生じた際に占って「最大吉」となった。初午で長田観音へ参詣した際も、黒土村の名人に手相を見てもらったところ、非常にめでたい手相と言われた。このように占いではいずれも吉祥の到来を告げられたが、六五歳になっても未だに不幸なのは天命であるのか、この後に開運するのか測り兼ねていた。享保一九年（一七三四）、長泰が自身の書いた「演義」を江戸の目安箱へ投函する際にも、近隣の下和佐村の慈光寺で占って「吉兆」のため実行に移した。しかし、成功することなく最終的に田辺へ流罪となった。「予ヶ生涯喜て又患ふ、いまた老ざるに白髪生し、心を労する事幾度そや」と嘆いている[57]。

次に、長泰の夢に対する認識を検討する。長泰は「長泰年譜」で、夢は行動の指針となるので、聖人も夢の占いを用いていると述べている。ただし、みだりに信じるべきではなく、自分は何度も「吉瑞ノ夢」を見ているのに一度も当たっていないが、今後どうなるかは分からず、天運次第と任せ置く他ないという。

「長泰年譜」には度々夢の記述があり、例えば、元文五年（一七四〇）処罰を受け江戸から田辺へ送られる際、船が寄港した下田では、八幡宮に和歌を奉納した後に昼寝をして、次のような夢を見た。故郷の庭の池に鯉がおり、その鯉は陸に上がって忽然と変身して虎になった。その背にはまだ鱗があり、額には「三ツ星巴の紋」（湯橋家の家紋であろう）があった。その虎が東に向かって立ったところで夢は覚めた。長泰はこれを凶が吉に変わる兆しと判断して「誠に吉夢」と考えた。しかし、実際はその後も良い事が起こらなかったため、このように判断したことは「心のまよひ」であったと後に述懐している。
また、元文四年に江戸へ赴いた際に、府中の六所宮（大國魂神社）を訪れて、拝殿での通夜を許され、次のような夢を見た。長泰（当時は岩橋吉良太夫）が比叡山の根本中堂の中にいて、古い長櫃を開いて古書を数多く読んでいた。その内に「岩橋吉良太夫」と名を記した書物があった。長泰が不思議に思っていると、黒衣の僧が「是ハ頼朝公ノ時代ノ人也」と言ったところで夢が覚めた。長泰はこれを「不可思議ノ御告」と考えた。その後、源頼朝の時代の先祖（と考える人物）が吉良長氏と知り、「長」の字と占いで良い字とされた「泰」を合わせて、長泰と名乗るようになった。

以上のように、長泰が占いや夢を信じ、様々な行動の際に吉凶をはかるため利用したことがわかる。長泰は自身がそれらを用いる愚かな存在と自覚していたが、放棄することはできなかったのである。

これまでの検討から、長泰が三教を尊重し、因果応報を信じて、占いや夢で吉凶をはかっていたことが明らかになった。前述のように、長泰は享保一二年に「演義」を藩に提出して罰せられ、元文五年には田辺へ流罪となった。その結果、息子も大庄屋を罷免され、長泰は先祖や子孫に対して自責の念に駆られていた。このような自身の状況を次のように述べている(58)。

当家先祖より非道之義不義之働をなし給ふ事を不聞、何卒此草木凋落之時運ヲ凌候ハ、一陽来復ありて、花葉繁栄之期有之ましき物にてもなしと家内心を合セ逼塞倹約を相守る事ニ候、蓋祖父浄念公ゟ代々ノ職大庄屋役御取揚ニ預り候事ハ、偏に予ヶ科也、乍然予ヶ是迄ノ進退ハ皆　仏神之御しめしを受如此候、尤已前より吉兆吉籤幷瑞夢数多令感得候へ共、此節迄いまた一度も不見其応、我身なから不審也、此上たとへ不幸にして命終候とても仏神ヲハ恨奉らじ、皆己ヶ天命也、浮屠ノ理ニ従ハ、皆前世之因果ノ拙キ故と可思也、或ハ占ヲ信シ夢をたのむ事、誠に愚癡ノ人のなす所と存シ、年々ノ譜ニ記不申候へとも、元来仕官ノ志を堅固ニ相立候ハ如此ノ御示現により如此之仕合候、不幸ニ終らハ子孫へ之いひわけニ可成、万一開運せしめなは、弥　仏神ノ御助力冥加之至、先祖へも奉告子孫も拝礼頓首して、弥神明仏陲を可奉敬仰者ナリ

すなわち、湯橋家の先祖が非道不義を行ったという事は聞かないので、家内心を合わせて逼塞し倹約を守っている。これまで行動の進退は、みな仏神の「御しめし」を受けているが、一度も当たらず、わが身ながら不審である。しかし、不幸にしてこのまま命が終わっても仏神を恨むことはない。皆おのれの天命である。僧侶の道理に従えば、前世の因果が拙いためである。もし今後開運したのなら、神仏のご加護によるものと考えて、先祖へ告げて子孫も神仏を敬仰するべきであると述べている。因果応報が適合しない不幸な状況の中で、神仏にすがる姿が見て取れる。

では、その信仰は具体的にどのようなものだったのか、次節で明らかにしてみたい。

三　湯橋長泰の信仰

長泰は神儒仏のそれぞれを尊重したが、中でも信仰したのが仏教、特に観世音菩薩（観音）である。真宗優勢地域でも村落共同体と対等に対峙しうる家の場合、共同体規制から解き放たれ、主体的に多彩な信仰を選び取れたことが指摘されており[(59)]、長泰も同様であったと考えられる。本節では、真宗門徒の長泰と寺院との関わりを踏まえて、その観音信仰を明らかにする。

まずは、長泰の真宗に対する認識を確認する。[60]

於宗旨者、浄土真宗にます事なし、是俗家相応ノ宗門也、別而儒道に近キ故今日之世ノ勤ニ益あり、殊に当家は蓮如上人御止宿之因縁吉部太夫ノ故事観池山法照寺之根元なる間、末代他宗に改むへからす

長泰は、仏教宗派の中では真宗に勝るものはなく、俗家相応の宗門と認識している。その理由を儒学に近くて「今日之世ノ勤」に役立つためという。特に、湯橋家は蓮如との因縁があるので、他宗派に改めてはならないと子孫へ伝えている。前節の検討によれば、長泰にとって儒学は、長幼・夫婦などの関係を成り立たせるものとの認識である。[61]

なお、前節で取り上げた沼野六兵衛も同様に真宗門徒であるが、六兵衛は鷺森御坊から宗旨の名称変更（一向宗から浄土真宗へ）を伝えられた時に、「此方元来仏事きらひニ候へハ、何と申候而不苦候、祖先ゟ浄土真宗ニ相成候事甚心外ニ存候、文章なと読見候へハ偽りの甚敷事盗賊ゟも又怪候、天下の掟宗旨無之候へハ不相済候事故無是非候」と述べている。六兵衛は鷺森御坊での報恩講へも参加せず、個人や家として神社への祈願を繰り返しており、菩提寺との関係を重視する長泰とは異なっていた。[62]

法照寺と長泰の日常的な関係は不明だが、長泰が大庄屋を務めていた享保一八年（一七三三）に飢饉となったため、親鸞の月命日の正月二八日に法照寺へ村中の者を集めて「患難相恤之道理」を申し聞かせ、合力を募って麦三一石集めることができた。[63]法照寺は日常的に岩橋村の人々が集まる場所であったと考えられる。

長泰が田辺で幽閉中の寛保三年（一七四三）には、真宗の宗主交代に端を発して、法照寺の門徒が離檀を図る事態となっている。[64]これは西本願寺の宗主が静如から法如に代ったため、紀伊で黒江御坊の留守居を務めていた善恵房や、塩津教徳寺の先住などが静如を慕って法如への無縁を申し立てたことから始まる。善恵房は遠島

の末に牢死し、教徳寺先住は宗門追放となった。岩橋村に隣接する栗栖村の教蓮寺では、法如を支持する住職と門徒が不和になって、住職が退職する事態となっていた。岩橋村の法照寺でも法如を支持する（有縁方）住職恵雲房と門徒が不和になり、門徒の半数約九〇軒が無縁方となって離檀を申し立てた。延享三年（一七四六）に田辺から岩橋村に戻った長泰は七月『正義談合』を作成して、無縁方の門徒へ帰参を説いた。例えば、蓮如『御文章』四帖の「王法ヲ先」とする旨を踏まえて、次のように述べている。

御本山御住職之御撰者奉任　公儀、いつれにても御寺務ニ被為立給ふを有縁之善知識と奉仰崇事、直に他力本願の理に相叶ふ、然るを当門様江不縁と自身に不法之悪名をあらはし　禁裡幕府之尊命を奉違背事、則是大自力ニあらすや

本山住職の選定は公儀に任せてあり、誰が就任したとしても有縁の善知識として崇敬することは真宗の他力本願の理に適うものとしている。真宗の道理を述べて、王法の遵守を主張している。無縁方をキリスト教徒に例えて、次のようにも述べる。

一命を捨る人正義にあらすハ邪義の罪業を深くする所にして悪名者弥重ク身におふへし、既幾利支丹宗門一乱之時、天草四郎といふ者大将にて耶蘇之談義を説、宗躰を一途にきハめて嶋原之城に取籠り天下を引受て合戦ス、終に寛永十七年正月廿七日惣攻にせられて落城打取首数一萬五六千被切捨たる者女童とも都合四万人餘と著致ス、是幾利支丹之法義者にして一命を不惜者共也、已か心にハ法の為にいかめしく命を奉りたりと思ひほこれとも、元来邪法故後代ニ至而萬人ににくまれ子孫にいたるまて類族ころびなといはれて耻ある事者目前也

この後の記述でも、無縁方は命を惜しまず静如に報いようと努めているが、邪義であるのでキリスト教徒や「四

巻法華」（法華経八巻のうち四巻のみで足りると主張して幕府から罰せられた者たち）と同類であるとする。また、正義は信心を獲得した者との無縁方の主張に、聖教の詞を蔑ろにして、王法・国法に背く者は不信心の輩と述べ、王法為本の優先が親鸞・蓮如の教義と説いている。長泰は真宗を儒学に近いと考えており、真宗で説かれた王法為本を評価していたと考えられる。「国法にしたかふへからす、或ハ君を欺キ、或ハ親に背ても此宗を尊み祖師之御子孫ヲ守護セよとをしふるものならハ、人ハしらす、我壱人にをひてハ、乍恐外道天魔之邪法と見限り、速に他宗に馳入へし」と述べている。長泰には真宗門徒に見られる来世への強い信仰を見出すことはできず、「長泰年譜」の他の記述からもそうした認識は窺えない。

このように長泰は湯橋家として真宗を重視するが、個人として多彩な信仰を持っていた。伊勢神宮にも訪れ、享保一五年に母が死去した際には、京都の大谷本廟の他に高野山へも納骨している。

長泰が特に信仰していたのは観音である。観音は現世利益を与える存在として信仰された。長泰より二年前に生まれた兄は早世しており、母が下和佐村の慈光寺（同村八幡宮の別当で真言律宗、泉州大鳥山神鳳寺末）へ日々参詣したため長泰を授かったと、幼い頃より母から聞かされ、観音を生涯信仰するように申しつけられていた。(65) 長泰は慈光寺へ月参していたが、心から信仰していたわけではなく、母が慈光寺の本尊十一面観音の霊夢を得て懐妊したことを長泰へ語り伝えていたが、長泰は絵空事のように聞いていたという。江戸での仕官活動の際には、浅草寺に参詣して観音に願文を供えて寺僧に祈禱の読経を依頼しているが、それほど篤く信仰していなかった。

しかし、江戸から戻った元文二年（一七三七）一〇月一八日、慈光寺住職と話した際に、初めて信用するようになったという。住職から観音経（妙法蓮華経観世音菩薩普門品第二十五）と「本尊十一面ノ呪」（十一面観音神呪経）を授かり、以後は日課として毎日読誦した。仕官に失敗して流罪となってからも昼夜勤行している。流罪中の七年間で観音経を一一万遍、十一面観音神呪経を一一〇万遍唱えたと述べている。ある時は観音経を一日に一〇〇遍唱えたが、気分が悪くなったため、以後は三〇遍を日課とした(66)。この勤行は、流罪が解かれることを願ったものではなかったが、延享二年（一七四五）田辺で流罪を免除された日が観音の縁日である二月一八日であったため、観音の御利益と認識した。以後も写経などを行い、宝暦四年（一七五四）には観音経や十一面観音神呪経の巻物や書付が「五十冊立ノ書物箪笥」に充満する状況になっていた。観音経は「至極厚志」であるため、「此功力を陰徳にして、内心之実義ニ致置候ハ、子孫之栄、且者自然と其身之冥加にも可有之」と、観音を信仰すれば子孫の繁栄や自身のためにもなると認識していた(67)。

長泰は寛延三年（一七五〇）二月六日に湯橋家の鎮守として松ノ台稲荷社を建立した(68)。その年の秋、部屋の中にいる時に「からり」と音がして、しばらくしたら紙切り小刀が見当たらなくなった。周囲を探したものの見当たらなかったが、二、三日して見つかった。長泰はこれを狐の仕業と考え、稲荷大明神が遷座していることを知らしめるため、このような現象が起こったと考えた。以後ますます信心して毎日稲荷社に参拝し、神前で観音経を読誦するようになった。「子孫弥可奉崇敬、是家運繁昌ノ基なり」と、子孫に向けて述べている。

宝暦五年（一七五五）には、紀伊国の観音霊場三三か所を定めて信心ある者が巡礼できる地域的巡礼地の整備を考え、藩の寺社奉行に霊場の選定を嘆願している(69)。一番を名草郡直川村の大福山本恵寺（日蓮宗、本尊千手観音）にして、三十三番を牟婁郡の「大泊り観音」（比音山清水寺）と指定する予定であった。この嘆願の結末は不明である。長泰は強い観音信仰から藩へ嘆願したのであろう。遠方へ赴くことを差し止められていたため、当時盛んだった西国巡礼を長泰が行うことはなかったが、開運したら西国巡礼を行おうと考えていた。

以上、長泰の信仰の様相を見てきた。長泰は湯橋家として真宗を重視するものの、個人では観音を信仰し、子孫にも信仰するよう命じている。観音に現世利益を祈願する事によって、自身の不幸な状況を開運に導こうとしていた。霊場へ赴く思想的背景として強い信仰があったことを示す事例と評価できよう。

おわりに

本章では、湯橋長泰の記した「長泰年譜」を分析し、その人生や世界観を踏まえて、信仰の様相を明らかにした。

享保期、徳川吉宗の将軍就任によって、多数の紀伊藩出身者が幕臣へ取り立てられた。そして、紀伊ではその伝手を利用して江戸へ出て、身上りを図る者も現れた。長泰も幕府へ「演義」を差し出したり、仕官活動を行ったりして身上りを図った。結果的に武士としての仕官は失敗し、むしろ湯橋家が大庄屋を罷免される「不幸」な事態に陥った。

長泰は神儒仏の三教を尊重し、因果応報を信じ、占いや夢によって行為の吉凶を判断していた。しかし、善根を積んで、占いや夢で吉兆と出ても、現実には思い通りに進むことはなく、自身を「不幸」と認識した。そこで長泰は観音を篤く信仰し、来世での往生ではなく、現世での開運を熱望した。宗判寺檀関係にある真宗寺院を否定することはなく、特に湯橋家として尊重していたが、個人的には観音を信仰し続けた。特に身上りに失敗した後から観音信仰を強め、観音経などの読誦を日課とした。西国巡礼など観音霊場巡礼を行う思想的な背景として、自身を不幸な存在と考えて、現世利益を願って観音を篤く信仰する者がいたことを示している。

本章では、こうした思想を持つ長泰の日常生活や具体的な参詣の様相には史料的制約から迫ることができなかった。そこで、次章では同時代を生きた人物を取り上げ、その日常生活と信仰や霊場参詣の様相を明らかにしてみたい。

〔註〕

（1）安丸良夫『日本の近代化と民衆思想』（青木書店、一九七四年）。

（2）若尾政希「歴史と主体形成―書物・出版と近世日本の社会変容―」（『書物・出版と社会変容』一、二〇〇六年）。

（3）代表的成果としては、大桑斉「幕末在村知識人と真宗―原稲城における「我」の形成―」（『日本思想史学』二九、一九九七年）が挙げられる。

（4）湯橋家文書を使った先行研究は、安藤精一『近世農村史の研究』（清文堂出版、一九八四年、初出一九五三年）第一章第二節、同『近世宮座の史的研究』（吉川弘文館、一九六〇年）、森岡清美「ある辻本の記録」（宮崎円遵博士還暦記念会『真宗史の研究』永田文昌堂、一九六六年）、三尾功「江戸初期の記録「祖竹志」について」（『和歌山市史編纂史料』三、一九七二年）、笠原正夫『紀州藩の政治と社会』（清文堂出版、二〇〇二年、初出一九七五年）第二章第三節。

（5）児玉識『近世真宗の展開過程―西日本を中心として―』（吉川弘文館、一九七六年）、同『近世真宗と地域社会』（法蔵館、二〇〇五年）、奈倉哲三『真宗信仰の思想史的研究―越後蒲原門徒の行動と―』（校倉書房、一九九〇年）、有元正雄『真宗の宗教社会史』（吉川弘文館、一九九五年）、同『近世日本の宗教社会史』（吉川弘文館、二〇〇二年）など。また、近年の代表的成果として、澤博勝・高埜利彦編『近世の宗教と社会3　民衆の〈知〉と宗教』（吉川弘文館、二〇〇八年）やその筆者による成果が挙げられる。

（6）本節の記述は、注記のない限り「長泰年譜」四（湯橋家文書、以下「長泰年譜」はいずれも同家文書）による。
（7）『紀伊続風土記』巻之六。
（8）「祖竹志」（『和歌山市史』第六巻所収）。
（9）前掲註（4）安藤『近世宮座の史的研究』。
（10）地士は、元和五年（一六一九）徳川頼宣が紀伊入国の際に編成された。正保二年（一六四五）には俸禄を取り上げられたが、格式はそのまま認められた。身分としては「百姓」であった。志村洋「藩領国下の地域社会」（渡辺尚志編『新しい近世史』四、新人物往来社、一九九六年）参照。
（11）なお、田沼義房は病気のために紀伊藩を辞したと伝えられているが（藤田覚『田沼意次』ミネルヴァ書房、二〇〇七年）、「長泰年譜」八によれば、もともと三〇〇石の俸禄であったが江戸道中で「乱心躰之品」があったため浪人となり、禰宜村の箕田に住み「玄枝」と名乗った。後に津秦村に移り、和歌山城下で死去したという。
（12）「湊講館覚」（和歌山県立博物館蔵、和歌山市立博物館特別展図録『祇園南海とその時代』二〇一一年）一〇八頁。
（13）『南紀徳川史』第二冊、七頁。
（14）横田冬彦「近世の学芸」（『日本史講座』第六巻、東京大学出版会、二〇〇五年）。
（15）小倉嘉夫「冷泉家の歴史　江戸から明治へ」（冷泉為人編『京都冷泉家の八百年』日本放送出版協会、二〇〇五年）。
（16）享保一九年「御箱江奉納言上書写」（『和歌山市史編纂史料叢書』八、一九六五年）。
（17）師の名取家は「軍法修練十一流を学而、其善を撰集メ第一楠ノ伝を慕て楠流ト云」（「長泰年譜」四）。徳川頼宣に召し出されて以来、代々紀伊藩に仕えている。宇佐美流、橋爪流とともに藩の軍学三流の一つであった

（『南紀徳川史』巻一七、四〇五頁）。
(18) 深谷克己『近世人の研究』（名著刊行会、二〇〇三年）一三六頁。
(19) 和佐大八郎が処罰された理由は諸説あり、実際と異なる可能性もあるが、ここでは長泰の認識を問題とするため「長泰年譜」四の記述をそのまま記す。
(20) 元文元年「事実覚」（前掲『和歌山市史編纂史料叢書』八、二一一頁）。
(21) 「長泰年譜」一一。
(22) 前掲註(10)志村論文。
(23) 深井雅海『徳川将軍政治権力の研究』（吉川弘文館、一九九一年）第三章。
(24) 井沢弥惣兵衛（一六五四〜一七三八）は紀伊国那賀郡溝口村（和歌山県海南市）出身。井沢弥惣兵衛と普請役については、大谷貞夫『江戸幕府治水政策史の研究』（雄山閣出版、一九九六年）第一章第三節に詳しい。
(25) 父母状は、「父母に孝行に、法度を守り、へりくたり、奢らすして、面々家職を勤、正直を本とすること誰も存たる事なれとも、弥能相心得候様に常々可申聞者也」と記されている。文末が異なる父母状もある。
(26) 柴田純『思想史における近世』（思文閣出版、一九九一年）。
(27) 正心・斉家・治国・平天下は『大学』の八条目の四条。浮華（ふか）とはうわべが華やかな状況（実質は乏しい）の意味。
(28) 享保一九年「御箱江奉納言上書写」（前掲『和歌山市史編纂史料叢書』八）。元禄期、奉行が廻村する際に大庄屋などへ父母状の内容など一四条を申し聞かせている事例もある（平山行三『紀州藩農村法の研究』吉川弘文館、一九七二年）。
(29) 田中丘隅は武蔵国多摩郡平沢村の百姓の次男であり、川崎宿本陣の養子に入っていた。
(30) 『南紀徳川史』第六冊、六三六頁。
(31) 佐々木勘三郎については、桑原功一「享保改革期における幕府大筒役の創設─初代大筒役佐々木勘三郎孟成の動向を中心に―」(『日本歴史』七四一号、二〇一〇年)に詳しい。
(32) 武子裕美「御三卿の家臣団構造―一橋徳川家を事例として―」(『学習院史学』第四九号、二〇一一年)。
(33) 深谷克己『江戸時代の身分願望　身上りと上下無し』(吉川弘文館、二〇〇六年)三八頁。
(34) 「田辺町大帳十二」(『紀州田辺町大帳』第二巻)には、元文五年正月一〇日に「此段和哥山岩瀬大庄屋吉郎太夫江戸ニ而御預りニ成、御台船ニ而当地へ参ル筈、今朝ゟ御長屋御普請有之」とある。
(35) 拙稿「享保改革期における紀州藩地士の身上り運動と由緒」(『和歌山市立博物館研究紀要』二七、二〇一三年)では、長泰の由緒意識についてさらに掘り下げている。
(36) 大桑斉『日本近世の思想と仏教』(法蔵館、一九八九年)。
(37) 安丸良夫『文明化の経験』(岩波書店、二〇〇七年)補論一。
(38) 『和歌山県史』近世、三五八頁。
(39) 「祖竹志」(『和歌山市史』第六巻)。
(40) 『紀伊続風土記』巻之十一　岩橋村の項。
(41) 「長泰年譜」五。
(42) 太宰春台「弁道書」(『大日本思想全集』第七巻、一九三三年)。
(43) 「長泰年譜」五。
(44) 「長泰年譜」七。
(45) 宇野脩平編著『紀州加太の史料』第一巻(日本常民文化研究所、一九五五年)。以下、仁井田道貫については同史料による。
(46) 前田勉「仏教と江戸の諸思想」(末木文美士編『民衆仏教の定着』佼成出版社、二〇一〇年)。
(47) 宇野田尚哉「『河内屋可正旧記』の思想的典拠」(澤博勝・高埜利彦編『近世の宗教と社会3　民衆の〈知〉と宗教』吉川弘文館、二〇〇八年)。

(48) 因果応報の記述は、注記のない限り「長泰年譜」七による。
(49) 寛延二年『苅萱道心行状記』(『仏教各宗続高僧実伝』博文館、一九〇三年)「数高私に逆意を発す」からの引用。
(50) 「長泰年譜」一。
(51) 近世前期の仮名書啓蒙書や教訓仮名草子にも現世第一主義の主張が見られる。倉地克直『近世の民衆と支配思想』(柏書房、一九九六年)参照。
(52) 孔子の高弟顔回と盗跖を比較する点は『祇園物語』の影響を受けていると考えられる。
(53) 「日知録」(沼野家文書)明和九年九月一九日条。
(54) 「日知録」(沼野家文書)安永元年一二月一六日条。
(55) 占いや夢の記述は、注記のない限り「長泰年譜」七による。
(56) 「長泰年譜」五。
(57) 「長泰年譜」五。
(58) 「長泰年譜」五。
(59) 引野亨輔『近世宗教世界における普遍と特殊』(法蔵館、二〇〇七年)第五章。
(60) 「長泰年譜」七。
(61) 真宗の世俗倫理観は、柏原祐泉『近世庶民仏教の研究』(法蔵館、一九七一年)に詳しい。
(62) 「日知録」(沼野家文書)安永三年正月二三日条。
(63) 「長泰年譜」四。
(64) 寛延元年「浄土真宗正義三畳談」(湯橋家文書)。
(65) 「長泰年譜」五。
(66) 「長泰年譜」四。

(67)「長泰年譜」五。
(68)「長泰年譜」七。
(69)「長泰年譜」五。

二章　高野山麓地域の日常生活と信仰
――紀伊国伊都郡慈尊院村中橋英元を事例に――

はじめに

前章では、紀伊国名草郡岩橋村の湯橋長泰を事例に、民衆の思想と信仰について検討した。自身の不幸な状況が好転するよう強く観音を信仰しており、その信仰が参詣へ赴く思想的な背景になったと指摘した。しかし、史料的制約から長泰が日常生活の中で、どのような信仰的営為を行い、どのような霊場へ赴いていたのかを具体的に明らかにできなかった。そこで本章では、紀伊国伊都郡慈尊院村（和歌山県九度山町）に居住した地士の中橋英元（一七一八〜一七八五）を事例に、その日常生活と信仰、参詣の様相を明らかにする。序章でも述べたように、寺社参詣研究では、参詣対象となる霊場との関係は精緻に検討する一方で、村内寺社との関係は充分取り上げることが少ないため、両者を取り上げてみたい。

当該地域の日常生活における信仰の様相を検討することは、次の点でも重要である。かつて黒田俊雄は顕密主義の近世における状況について、「顕密主義が完全に消滅したとみることはできないであろう。そのことについては、もちろん詳細な論証を必要とするが、幕藩制封建秩序の教学としての儒学とは別に、とくに庶民の日常の信仰の実態のなかに、濃厚な顕密主義をみてとることは、それほど困難なことではない。各宗派の信仰にもいわゆる俗信仰にも、密教的要素が最も共通の主要なものとして多分にあり、神仏は原則的に分離していない。顕密主義は、権力との関係においての体制ではなくなったといってよいが、依然として宗教思想や信仰の根底に横たわっていた」と指摘した(1)。以後の宗教史研究は、この指摘を意識しながら地域社会における宗教的社会関係を明らかにしてきた(2)。しかし、真宗優勢地域以外では事例の蓄積が少なく、さらにそれを前提とした個人レベルの分析は不十分である。本章で、真言宗の優勢地域における日常生活を解明することは、こうした宗教史研究の課題にも対応したものと言えよう(3)。

検討に先立って、本章で事例とする慈尊院村や中橋家について概観しておきたい(4)。紀ノ川中流の左岸（南）に位置する慈尊院村は【図参照】、高野山金剛峯寺の学侶方領で、村高は一六〇石（慶長期）、一七四石（享保期）、二一一石（天保期）、二三六石（幕末期）と推移している。享保元年（一七一六）の一七四石余のうち、米方六七石、大豆方一〇七石余である。近世後期には家数一一七軒、人数三四二人で、本章が対象とする近世中期（宝暦一三年）では、八歳以上が四六一人、七歳以下が九〇人の合計五五一人であった(5)。村は学侶方の北室院と金剛頂院が支配し、それぞれの下に庄屋・年寄が設けられた。紀ノ川右岸の大和街道からは外れ、村内に主要な街道は通っていないが、西国巡礼者が三番札所・粉河寺から回り道をして高野山へ参詣し、四番札所・施福寺へ向かう時には村内を通過するため、多い時には一日に約三〇〇〇人が通過することもあった(6)。

村内の慈尊院（慈氏寺）、勝利寺、阿弥陀寺はいずれも古義真言宗で、阿弥陀寺が村民すべての葬祭寺であった。慈尊院は、もともと高野山が山麓に設けた政所で、古代には上皇や貴族の高野登山の基点であり、近世中期には隣村の圓通寺・横庵寺など末寺三一か寺を有した(7)（のちに離末）。より広く伊都郡全域を見ても、真言宗

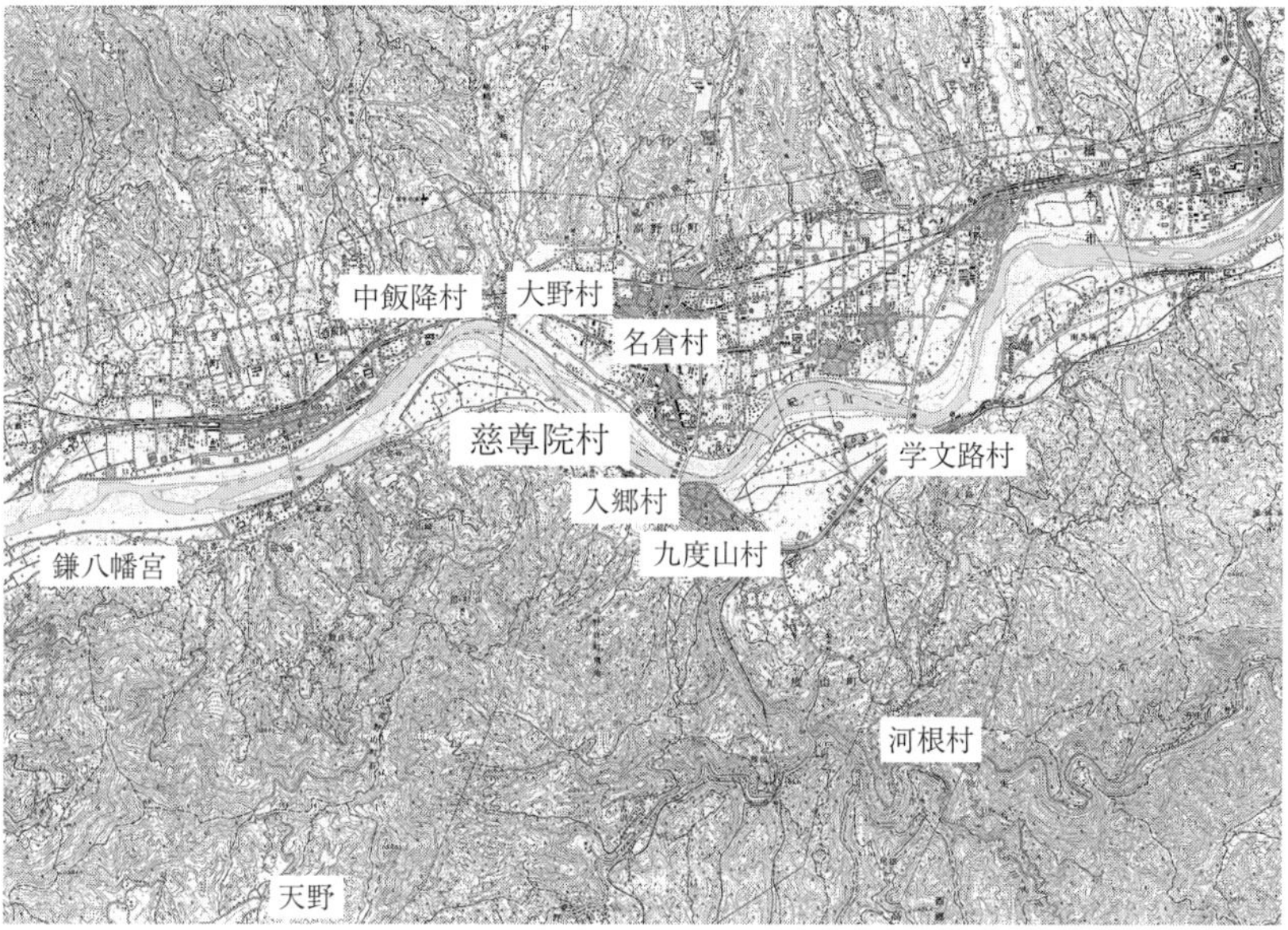

図　慈尊院村とその周辺（国土地理院発行の地形図を用いて作図）

が他宗派を圧倒しており、別当寺などを含めて四〇六か寺と全寺院の約九七%を占めた[8]。真言宗優勢地域と述べて問題ない地域であろう。また、村内には慈尊院の階段上に官省符荘二一か村の氏神・七社明神（丹生官省符神社）が存在し、毎年九月晦日には「官省符祭」が行われた。他にも村の氏神・飯炊大明神や、子守大明神、稲荷大明神、金毘羅大権現、愛宕大権現が存在した。

中橋家は、慈尊院村に居住して代々高野山の地士を務め、慈尊院の俗別当的立場であった。高野山領の地士も紀伊藩の地士同様にいわゆる郷士であり、苗字・帯刀は許されたが身分は百姓であった。『紀伊続風土記』によれば、始祖は空海の従弟にあたる阿刀元忠で、高野山開闢の頃に讃岐から紀伊へ移り、空海の母に従い当地に居住した。「家格猶餘の地士・舊家の及ふ所にあらす、天野總神主と當家は高野山に於て待遇尤異」なり、地士の中で別格の待遇を受け、慈尊院別当職として二石五斗を与えられた。天正期には約一三石を保有し、村内で突出した存在だったが、寛永期には約八石に減少していた。一七世紀後半には、中世的な秩序維持を図る中橋家とその変更を求める官省符荘の紀伊藩領域の村々との間で争いとなり、貞享二年（一六八五）と宝永元年（一七〇四）に能の見物桟敷をめぐり争論となった。宝永期には、藩領の村々が絶縁を通告して新たな神社の創設を図ったが、享保四年（一七一九）に和解した。この時期、中橋家の地位はゆらいだが、英元が家を継ぐ一八世紀中頃には争論も起こっておらず、村外の人々との関係も安定した状況になっていた。

中橋家文書には、英元の記した寛保四年（一七四四）から六八歳で亡くなる天明五年（一七八五）まで四二年間分の日記が現存している。日記を記した期間で大きな事件は、安永五年（一七七六）に起こった一揆くらいで、他には特筆すべき歴史的事件はなく、平穏な日常を過ごしている。安永九年（一七八〇）一一月には家が全焼し、亡くなった時には銀十二貫目の借金があったという。本章では、この日記を主な分析対象として、日常生活と信仰・参詣について明らかにしたい。

一　年中行事にみる村の生活

本節では、中橋英元がどのような日常を過ごし（特に生活の糧であった農作業）、その中で共同体としてどのような信仰的営為を行っていたかを検討する。農村の年中行事を明らかにした先行研究は多数見られるが[9]、当該地域の日常生活は明らかにされていないため、冗長ではあるが、月ごとの行事を概観する。日記を見る限り、年による違いは少ないため、どの年を取り上げてもほとんど差異はないが、比較的詳細に記されている四二歳時の宝暦九年（一七五九）を事例とする。[10] 各家で共通して行われたと思われる行事も取り上げたが、共同体的なものと個人的なものを厳密に区分することは不可能なため、目安としての区分であることを断っておく。

正月元日は、様々な神仏への拝礼から始まる。英元の父・元弥は、例年通り弥勒講の人々と共に前日から慈尊院の弥勒堂に籠り、堂の火を貰い受けて、自宅で火替した。英元も慈尊院の弥勒堂や阿弥陀堂に参詣し、年玉を献上した。その後、一家（父・母・英元・妻・娘二人・家来四人）で新年を祝い、様々な神仏に一年の無事を祈願した。また、書き初めを行い、「今朝よりハ　人の心も　和らきぬ　天満つ空の　松のうるをい」と和歌を詠んでいる。それから村内の寺社に参詣し、阿闍梨・護摩堂・勝利寺・阿弥陀寺に年始の挨拶に訪れた。翌日は村の集会に出席し、五日・六日は高野山へ登って北室院・金剛頂院などへ年礼に訪れた。なお、安永八年（一七七九）以降は、一二日に高野山年預坊で領内の地士等が集まって年礼の儀式を行うようになり、中橋家は地士の中で最初に呼ばれる待遇を受けた。

正月は、①五日に弥勒堂で修正会、②七日に阿弥陀堂で修正会、水稲耕作を生業とする村民による池祭り、③一〇日にえびす祭り、④一一日に吉書祈禱（各家での祈禱）、⑤一二日に伊勢講、⑥一四日に阿闍梨や阿弥陀寺・護摩堂の僧ら一四人で日待、⑦一五日に左義長、⑧二一日に村祈禱、大師講が行われた。

①や②の修正会は、一年の吉祥を祈願する法会で、精進供を供えて以後毎月供え物をした。④吉書祈禱は中橋家で行われた私的祈禱で、阿闍梨・勝利寺・阿弥陀寺など六名の僧が大般若経を読誦した。このように複数の僧を呼んで祈禱できるのは、村内でも上層に位置する家のみであろうが、他の村民も家の規模に応じて祈禱を依頼していたと思われる。⑤伊勢講は伊勢神宮を信仰する講で、主に参宮を目的としており、村内の箱（小字）ごとに存在した。七つの伊勢講では、毎月いずれかの講で集会が行われ、講員でなくても参加できたため、

中橋家も複数の伊勢講に参加した。父・元弥も六歳から八一歳になるまで参加し続けた。ただし、その浪費はたびたび領主から問題視され、倹約令の対象となって休止されることもあった。⑧村祈禱は、阿弥陀寺に村民が集まり、住職が大般若経を読誦（転読）する行事である。その前日には出席者を限定した「結衆」が阿弥陀寺で御影供を行っていた。祈禱後は皆で酒を飲み、新生児や新たに養子となった者を皆に披露した。寺では昼・夜二度の芝居も催され、村民にとって楽しい行事であったと考えられる。近隣の下古沢村でも、大般若経読誦の後に御札を配る村祈禱が行われており、高野山領での村祈禱は慈尊院村と大差なかったと思われる[11]。同日の大師講は、空海の月命日（二一日）に行われる講で、空海の影像を祀り、供え物をして般若心経や光明真言などを読誦した。講員は集らず御影供のみ行う月もあった。大師講は現在でもこの地域で行われている[12]。

二月は、①五日に弥勒講、②九日に庚申講、③一一日に仁王会、④一三日に常楽会（涅槃講）、⑤二〇日に御影供が行われた。また、この年は英元が六日から翌日まで、水間寺・牛滝山・長田観音・粉河寺に参詣している。

①弥勒講は慈尊院の本尊・弥勒菩薩を信仰する会で、護摩堂で行われた。②庚申講は一般的に魔除けや五穀豊穣などの祈願のために庚申を祀る行事だが、詳細に記されていない。現在も残る講では当番の家で掛軸をかけ、供え物をして宴会を催しており[13]、近世も近い形式であったと思われる。③仁王会は、阿弥陀寺の僧が中橋家を訪れて仁王経を読誦する行事で、ほぼ毎月行われた。仁王経は、もともと鎮護国家を目的として読誦されたものだが、ここでの読経は中橋家を対象とする私的祈禱であったと思われる。④常楽会は、いわゆる涅槃会で、釈迦入滅の二月一五日に行われるのが通例であるが、慈尊院村の常楽会は「結衆」が阿弥陀寺で行った。なお、一五日には同村安賀箱の人々が勝利寺で釈迦講を行っている。⑤この月は大師講が開かれず、「結衆」が

空海の影像を祀り、供え物をして般若心経や光明真言などを読誦した（以後の月も同じ）。

三月は、一一日に仁王会、二〇日に御影供が行われた。二一日は空海の命日で、英元は高野山壇上伽藍で行われる正御影供に参加した。村で大師講を行う年もあったが、記録上毎年行われているわけではない（定例のため書かれず、実際には行われていた可能性もある）。また、この年は金剛山講の代参に英元が選ばれ、二四日に出立し金剛山（転法輪寺、奈良県御所市）に参詣した。下旬には綿の種蒔きを行い、農耕が徐々に本格化する。

四月は、八日に観音講、一〇日に庚申講、一一日に仁王会、二〇日に御影供、二八日に荒神供（三宝荒神を供養）が行われた。観音講は勝利寺で行われ、英元の母と娘など全一五名が参加した。また、一八日には粟を蒔いている。

五月は、一日に伊勢講、五日に御影供、一一日に仁王会、二一日に大師講が行われた。農作業は、三日に茶摘み、八日から一七日まで麦の刈り取り・脱穀、一七日から二五日に田植え、二六・二七日に小麦の刈り取り・脱穀と、二毛作の慈尊院村での繁忙期を迎えている。年によってはサトウキビを植える時もあった。

六月は、一一日に仁王会と庚申講、一二日に伊勢講が行われた。この年は二一日に阿闍梨の真良房恵晃が亡くなっている。

七月は、一〇日に護摩堂で施餓鬼、一一日に仁王会、一三・一四日に仏祭り（盆供養）、二一日に大師講が行われた。一日には伊勢講もあったが、真良房恵晃が亡くなって間もないため、英元は参加を見合わせている。

閏七月は、一一日に仁王会、一二日に庚申講、一三・一四日に簡略な仏祭り（盆供養）、一六日に十六夜講、二〇日に御影供が行われた。近隣の三谷村では相撲が催され、二二日・二六日・二九日に見物に赴いた。また、一八日・一九日に早々稲の刈り取りを行った。

この月は、田に水を引く必要から雨乞い祈禱が行われた。例年は五月に雨乞いすることが多い。五日は水天咒を読誦し、六日は寺社への「七度参り」と水天咒の読誦、一〇日・一二日は火振りを行った。この年は一四日に大雨となったため、以後の雨乞いを行っていないが、特に降雨の少ない年には、まず村役人が雨乞いの計画を練り、その上で高野山の火を貰い受けて火振りを行い、村中の者が飯炊明神や七社明神の前で大般若経や般若心経を読誦した。

とくに明和八年（一七七一）は雨が少なく、五月から六月まで頻繁に雨乞い祈禱が行われた。村では五月二一日に火振りを行い、二三日に高野山御影堂の火を貰い受け、火振りした[14]。二四日から翌月四日まで、ほぼ毎日七社明神の前で般若心経などが読誦され、領主の北室院も祈禱を行った。村民が寺社へ「七度参り」する際には、両庄屋が阿弥陀寺で、年寄は七社明神の前でその回数を数えた。阿弥陀寺の僧や阿闍梨が雨乞いのため大般若経を読誦する際は、布施米三升、十六善神への御供料米二升を村から支出した。火振りの際は、村役人が弥勒堂で水天咒を読誦しており[15]、この地域では水天咒を読誦し、雨乞いする能力も村役人に求められる資質であったことが窺える。

このような天候に関わる祈禱執行は、高野山の他の塔頭も奨励していたと思われる。安政六年（一八五九）行人方の舎那院は領内に次のように申し渡している[16]。

　春来雨中繁々敷作方難渋之由、依之毎度止雨祈禱致之、尚又今度右祈禱執行之上御牘下遣候間、夫々可
　致常納候

一、明年者辛酉ニ相当り大切之年柄ニ候間、五穀成就・疫難消除之祈禱於　地頭所日々致執行候間、村々ニおいて茂農業指閊ニ不相成様、夜分ニ而も氏神并村寺ニおいて心経等読誦致し祈禱可有之候、為其令回

文候条、住職僧幷神主為冥加祈禱精誠可有之候もの也

舎那院が止雨の祈禱を行って、村々へ御札を下付した。また、五穀成就・疫難消除の祈禱を行うので、村々でも農業に差し支えないよう夜分に氏神や村寺で般若心経などを読誦するよう命じている。さらに同年次のようにも命じている。(17)

一、昨年来ゟ風雨不順故歟、諸色何品ニ不寄高直ニ而於地頭所茂深ク配心之事ニ候、就中早春ゟ米穀日々高直ニ相成、是者全自然天命と者乍申、平生奢移《ママ》を不好、麁食を給、我身を慎、仏神を析、農業専一と出精致し候事なれは、仮令如何様之年柄ニ而茂飢饉之愁有之間敷候、已ニ昨年も三月ゟ五月之末ニ至迄、雨天続ニ而領内一統辛苦之折柄、仏神之御願候哉、土用前ゟ忽快晴打続夏毛等相応ニ熟し候事ニ候、聖言ニ茂天作孽猶可違自作孽不可活と之事感心可致事ニ候条、地士之銘々庄屋役人ヲ始重立候者ゟ常々小前末々之ものニ至迄、右之趣申聞教諭可致候もの也

昨年からの天候不順などで米穀などが高値になっているが、自然天命のことであるから、日頃奢侈を好まず、粗食で慎み深く仏神を祈り農業に精を出していれば、飢饉の憂いはなく、天災は避けることができると『書経』を引用して述べている。地士や庄屋などから小前に至るまで教諭を命じており、領主が因果応報観を教諭していたことがわかる。

再び月ごとの行事を見ると、八月は二〇日の御影供の他に特段行事が行われていないが、例年は大黒講や日待なども行われた。また、中橋家は五日に隣村の入郷村で操り芝居を見物した。前月にも三谷村で相撲見物しており、例年七・八月は慈尊院村やその近隣村落（九度山・椎出・兄井・市原・名倉・学文路など五㎞以内の範囲）で浄瑠璃や操り芝居、相撲などを見物している。農作業で忙しくなる前の息抜きの時期であったと考えられる。

なお、寛延四年（一七五一）に中橋家も操り芝居を企画するが、領主の承認を得られず、実施されなかった。この月の下旬には農作業の繁忙期を迎え、一三日に早稲の刈り取り、二一日・二三日・晦日に籾すりを行っている。

九月は、五日に弥勒講、六日に伊勢講、一一日に仁王会、一三日に庚申講、二〇日に御影供、二一日に大師講、晦日に官省符祭が行われた。官省符祭は七社明神の祭礼で、二一村の氏神として「貴賎群集」した。[18]農作業は、五日に稲の刈り取り、一一日に籾すりを終えた。八日に茶の種を蒔き、九日から翌月四日まで（連日ではないが）麦を蒔いている。

一〇月は、六日に御影供、一一日に仁王会、一四日に日待、一六日に十六夜講、二四日に金比羅講が行われた。農作業では茄子や菜種を植え、芋・大豆・大根を収穫している。二三・二四日に年貢を納めて、繁忙期を終えた。

一一月は、八日に牛滝講、一一日に仁王会、一二日に伊勢講、一四日に庚申講、二〇日に御影供、二一日に大師講が行われた。牛滝講は、牛の安全を祈って和泉国の大威徳寺を信仰する講である。一二月はほとんど行事もなく、一〇日に仁王会が行われた。

以上、慈尊院村の年中行事を概観してきた。中橋家は生業として農耕を営み、村民との協力は不可欠で、村の共同体的な信仰的営為にも積極的に参加していた。前章でも述べた同時代の町大年寄・沼野六兵衛（一七三四～一七七八）の日常生活や信仰と比較すると、[19]真宗門徒であった六兵衛が檀那寺での仏事に一切参加せず、個人として神社や祈禱寺院へ祈願を繰り返していたのとは大きく異なっている。その人物の置かれた環境や身分によって寺社との関係も異なり、地士ではあるが農耕を生業とする英元にとって、共同体で行う雨乞い祈禱などへの参加は不可欠で、宗教が生活と密接に結びついていたことがわかる。

雨乞い祈禱では、村民の総意で就任した阿弥陀寺の住職が読経を担っていた。この地域では、祈願する際に大般若経や般若心経を神前でも読誦しており、様々な場面で真言密教が神道よりも重視された。真宗優勢地域では、豊作祈願などを阿弥陀信仰で代替できないため神職に頼らざるをえなかったが[20]、この地域では真言宗の僧がいずれにも対応していた。

二　中橋英元の教養と自意識

前節では、共同体的な場での信仰の様相を確認した。次に中橋英元個人ないし家としての信仰行為を検討する必要がある。その前提として、本節では英元の村内での立場や自己認識を踏まえておきたい。

英元は地士として様々な教養を身につけていた。武術は柔術・剣術・居合・槍術に励んだ。また、村では俳諧も盛んで、英元もよく詠み、点をつけてもらうこともあった。二九歳の時には（延享二年）、何者とも知らない者を槍で追い払った夢を見るなど、自身を武士に近い存在と認識していたと思われる。しかし、四五歳の時に（宝暦一一年）武術の師・岡本平右衛門が亡くなると、次第に謡など文化的な教養に関心は移っていった。宝暦一一年に妻になった「おわさ」の実家から謡本を借りたり、その父・吉田為右衛門の謡を頻繁に聴いたりしている。五〇歳（明和四年）からは和歌に熱中し、和歌山城下の木村雅教に入門して添削を受け、翌年には粉河寺に和歌を奉納した。

他村との個人的な交流は、主に同じ地士層の人々と行われた。例えば、東家村の地士・堀江平右衛門やその弟の榎坂五郎左衛門（一六九三〜一七六八）は、父・元弥と同世代の親族であるが、たびたび書簡で五郎左衛門の動静が伝えられている。五郎左衛門は大筒や柔術に優れ、藩に召し出され、西条藩主の徳川頼淳（のちに紀伊藩主となり徳川治貞と改名）の兵法指南として三〇〇石を与えられた人物である。また、安永五年（一七七六）の一揆では、地士同士の連携のなさが問題となり、安永七年正月に調月村で高野山地士（学侶領・修理領）の会合が開かれ、以後信義厚く交流するよう申し合わせるなど、高野山領・紀伊藩領を問わず、地士同士の交流が行われていた。一章で述べた湯橋長泰とも交流しており、二人は宝暦一一年（一七六一）に出会って、長泰が勝利寺などで作った詩を送られている。

英元が湯橋長泰のように仕官活動や由緒を強く主張することはなかったが、地士として誇りを持ち、村民とは異なる立場の存在と自覚していたと思われる。日記には、同村の者を「村方ノ物ともハ腰ぬけ也[21]」と述べ、庄屋を「かるはずみなる下知笑ふへし[22]」と記して揶揄することもあった。三七歳の時に「村方留帳」を書き始めており、地士の立場で村政の一翼を担っていると意識していたと考えられる。庄屋が交代する際は帳面や書物を一時的に預かったり（宝暦二年）、隣の山崎村との境目争論の記録を庄屋へ渡したりした（明和四年）。

中橋家は多数の蔵書を持ち、日記にも読書や書物の貸借が記されている【表1】。二〇〜三〇歳代は、『漢楚軍談』『東鑑』『三国志』『義経勲功記』『信長記』『嶋原軍記』『武王軍談』『続太平記』『関ヶ原戦記』などの軍書、もしくは『沙石集』『弘法大師賛議補』『野山名霊集』などの仏書を読書することが多かった。また、その時々の興味で、碁や刀剣に関する書物を購入することもあった（『碁立指南大成』や『新刀銘尽し』）。書物の貸借関係にあるのは、母方の親類である粉河村の桃谷善兵衛や高野山の僧などであり、地域の人々に書物を貸与する「蔵書の家」の役割は果たしていない[23]。高野山の僧とは、仏書よりも軍書の貸借が多く、当時の高野山の僧には中

表１　中橋英元の読書、書物の貸借

和　暦	西暦	月　日	事　　項
寛保４年	1744	正月16日	粉河の桃谷善兵衛から**漢楚軍談**を借用
		２月14日	桃谷から**東鑑**を借用
		10月24日	有馬温泉逗留中、**三国志**を借用
延享２年	1745	２月４日	桃谷から**詩書**を借用
		７月２日	**萬寶全書**を読む
延享４年	1747	正月21日	**あんきや文集**を正賢院へ返却
		２月10日	**義経勲功記**を借用し読み始める
		３月23日	**沙石集**を借用
		10月28日	**面影荘子**を借用
延享５年	1748	８月14日	阿弥陀寺恵明房から形見として、**毫頭四書**全部10冊、**俗せつ弁**、**田舎弁ぎ**、**童もう故事談**などを給わる
			同じく伊兵衛へは**五経**全部11冊、照純房へ**法花経新註**全部15冊
		12月16日	松山氏（八右衛門）から**弘法大師賛議補**３冊、**太平義臣伝**７冊、**信長記**７冊を借用
寛延２年	1749	正月６日	高野山修禅院から**嶋原軍記**を借用、正賢院から**新古今**を借用
		８月10日	京都大和や喜右衛門が来訪し、**武王軍談**を借用
		８月15日	**生霊集**を読む
		８月17日	中橋英元所持の**難波戦記**を北室院へ貸す、清浄心院の所望による
		９月25日	京都大和や喜右衛門から借用した**武王軍談**を返却、大野村利右衛門へ貸すというので直接送る
		10月26日	北室院から**難波戦記**戻る、粉河の桃谷から**続太平記**を借用
寛延３年	1750	４月23日	京都大和や喜右衛門の取次で**碁立指南大成**６冊を購入（４匁２分）
寛延４年	1751	正月15日	**関ヶ原戦記**を借用（桃谷善兵衛から？）
宝暦４年	1754	７月20日	勝利寺から**名霊集**を借用
		10月27日	北室院から**三河後風土記**を借用
宝暦５年	1755	正月５日	**高野治乱記**を給わる
		正月14日	日待（18人）、日待衆へ**高野治乱記**を読み聞かせる
		６月４日	**算法重宝記**２冊を阿闍梨から給わる
宝暦７年	1757	正月１日	**孝経**を読む
宝暦８年	1758	正月１日	**孝経**を読む
		11月７日	**百性教訓書**を写し終る
宝暦９年	1759	３月５日	勝利寺で**大学**の講釈
		３月14日	勝利寺で**論語**の講釈
		３月16日	京都の大和屋喜右衛門から**新刀銘尽し**全６冊を購入
宝暦10年	1760	８月19日	**台湾軍談**全５冊を購入（銀5匁2歩）、**謡小本**47冊は不要のため売却
宝暦12年	1762	４月27日	江戸の土産物として**武鑑**などをもらう
		12月25日	学文路村の平野主計から**俗説弁**7冊など戻る
宝暦13年	1763	10月18日	**関口流秘書**を写し始める
宝暦14年	1764	２月１日	親類の吉田から小原御幸の書物を借用
明和２年	1765	５月11日	勝利寺に滞在している北室院留守居の鑁池院へ軍書を貸す
明和５年	1768	８月６日	教王院へ軍書を貸す
		12月３日	親類の吉田から**中将姫山居語**を給わる
明和７年	1770	正月19日	天徳院の前官が九度山で越年のため**太平記**を貸す（末の20巻）
		４月13日	**草庵集**がくる
安永５年	1776	２月１日	律幢房から歌書を借用
安永８年	1779	５月４日	南院が旅宿し、**甲陽軍鑑**を貸す

※各年の中橋英元の日記より作成。

橋家などを通じて軍書が普及していたと考えられる。なお、四五歳頃からは、日記に英元自身の読書に関する記述は見られなくなっている。

また、天皇の遺髪を高野山へ納める一行が慈尊院村を通過する（町石道を通行）際には、堂番を任された。高野山への天皇の納髪は、慶応三年（一八六七）孝明天皇まで続くが、英元の代では寛延三年（一七五〇）桜町天皇、宝暦一二年（一七六二）桃園天皇、安永九年（一七八〇）後桃園天皇の遺髪が納められた。上使への謁見の様子を桃園天皇の遺髪通行時を事例に概観する。なお、英元は桜町天皇の遺髪通行時はほとんど関わらず、九月二六日に道を整備し、一〇月三日の通過時に慈尊院で謁見した程度であった[24]。

桃園天皇崩御の一報は、八月二九日に村へ伝えられた[25]。九月一五日に「禁裡様玉髪御登山」の旨が伝えられ、高野山奥院も整備され始めた。一九日に登山の詳細が村へ伝えられ、二二日に京都を出立し、二四日に慈尊院村の勝利寺で宿泊、翌日高野山へ登る予定であった。村では、村役人の指導の下で村民が道の普請や掃除を行った。二一日に同村の五郎右衛門が高野山へ召し出され、通行時に同人と英元が勝利寺へ詰めるよう命じられた。日程は延期されたものの、一〇月八日に高屋遠江守を上使とする二六人ほどの一行が村に到着し、勝利寺で宿泊した。慈尊院から勝利寺への道は、葉を取り除き、細縄を引いて赤土を入れて整備した。当日は東家まで迎えの人足を出し、上使は七つ（午後四時頃）前に到着した。村では、夜中に倒れている町石を立てる作業が行われるなど、その場限りの対応も少なくなかった。「玉髪御長持」は、勝利寺の観音堂へ一時的に納められ、英元は帯刀して堂番を勤め、夜は堂内に詰めた。翌日、高野山の心南院は英元が堂番を勤めたことや同家の由緒を高屋遠江守へ披露した。高屋遠江守から「一禮御口上等」を受けたため、英元は「難有仕合ニ而候事」と日記に記している。英元が観音堂に詰めている時に、村役人は仁王門に詰めており、より重要な任務を任され誇らしく感じたと考えられる。英元は一五日に高野山へ登り、桃園天皇の廟を拝礼している。

三　中橋英元の信仰

一節で検討したように、慈尊院村には様々な講が存在した。これらも信仰的要素の強いものだが、英元は個人でも仏教を篤く信仰し、様々な経典を修得し実践していった。本節ではその実態を明らかにしたい。

1　二〇〜四〇歳代

宝暦七年（一七五七）七月、慈尊院村は晴天が続いていたが、英元たちが雨乞いのため光明真言を一〇〇〇遍唱えると間もなく雨が降った。日記には「法力ノ難有さ申尽かたく候」と記しており、密教による祈禱の功徳を信じていたと考えられる。二七歳（寛保四年）で村内の護摩堂の僧から大随求・大仏頂を授かっており、前節の読書の事例を踏まえても、二〇代から仏教への関心は強かったことがわかる。二九歳（延享三年）で法華経、三三歳（寛延三年）で隣村の横庵寺の僧から最勝王経を授かっている。横庵寺ではたびたび説法が行われ、寛延四年（一七五一）には地蔵菩薩本願経の説法も行われた。隣村の入郷村圓通寺でも、たびたび説法が行われ、宝暦四年には空海が著した『菩提心論』の講義を聴講している。

英元は、経典を教養や倫理としてではなく実践的な教えとして修得しており、例えば三二歳の時には、妻の安産祈願のため大般若経を転読し、三五歳（宝暦二年）の時には家来の惣八が病気となったため最勝王経を読誦して回復祈願した。村内の新池の桶が詰まった時にも、最勝王経を読誦すると詰まりが解消したため、ますます読経の功徳を思い知ったようである。三〇代から四〇代までの英元に最も重視された経典は最勝王経であり、四三歳（宝暦一〇年）の時には、書写した最勝王経を弥勒堂に奉納している。村役人に雨乞い祈禱する能力が求められたように、地士にもこの種の能力が必要だったのだろう。

2　五〇歳代以降

五二歳（明和六年）の時に理趣経を修得するなど様々な教えを受け、翌年には中橋家の鎮守として三光大明神を勧請した（陰陽師の小野相模守が勧請）。雨乞い祈禱などでは般若心経を読誦するものの、父・元珎が亡くなった明和八年（五四歳）以降、光明真言へ傾倒していく。光明真言は、正式には不空大灌頂光明真言といい、「オン　アボキャベイロシャナウマカボダラマニハンドマジンバラハラバリタヤ　ウン」と唱えて、金剛界五仏へ光明を祈願する真言である。六字名号や題目とともに易行化した仏教として民衆に受け入れられていたという[26]。村内には光明真言講もあり、以前から身近ではあったが、この時ほど熱中することはなかった。

光明真言に傾倒した理由は、慈尊院村に滞在した武蔵国児玉郡本庄宿出身の律幢房に帰依したためである。律幢房の法華経により、明和七年生まれの息子・伴五郎の病気が回復したことから信仰を強めていった。英元は安永二年（一七七三）に光明真言を伝授された。以後、阿弥陀寺で律幢房の主催する光明真言講が行われ、英元も頻繁に参加した。同年は不作の影響から中橋家の借金が多額になり、北室院から銀二貫を借りるなど経営が安定しない状況であったことも、信仰に向かわせた背景の一つだったのかもしれない。阿弥陀寺で律幢房の説法が頻繁に行われ、光明真言を主要な内容としたが、他にも弥勒上経・念珠経・地蔵経などの経典、空海の『三教指帰』、観音霊場巡礼、釈迦の生涯など内容は多岐に渡っていた。

安永四年には伴五郎の容態が再び悪化したため、五月から妻のおわさが粉河寺へ回復祈願の月参りを始め、翌月には英元も光明真言一〇万遍の読誦を始めた。翌年、英元は伴五郎の病気回復を目的として、共に湯崎（和歌山県白浜町）へ湯治に赴くが、その際も光明真言を頻繁に読誦している。出発の直前には、律幢房から小法華経と七観音咒を授けられている。三月二六日に湯崎に着き、四月二四日まで逗留した。四月一八日までに光明真言一〇万遍を読誦し、小法華経一〇部、薬師如来小咒一〇遍、光明真言一〇遍などを書写し、薬師堂へ願文を奉納し、伴五郎の全快を祈願している。

安永六年一二月に、光明真言講は結願成就となり、翌年七月には律幢房が堺の向泉寺へ移転したため、英元も光明真言より般若心経を読誦する機会が多くなった。天明二年（一七八二）正月には病気回復祈願のため般若心経を一〇〇〇遍読誦し、翌年律幢房が慈尊院村を訪れた際にも、二月一日から五日まで毎日般若心経を一〇〇〇遍ずつ読誦している（おそらく転読であろう）。

英元がこのように読経に大きく依存した理由は、史料上明記されていないが、実際に真言密教の力を信じて篤く信仰していたことは間違いなかろう。子どもたちの死や屋敷の焼失、不安定な経営など自身の「不幸」な状況を改善しようと祈願を繰り返したと考えられる。四男の兵助は宝暦一三年五月に生まれ、明和三年から病気がちになり、大和や和泉、または橋本村の医者などの診察を受けた。その後、三谷村の小川良意の薬を服用し、林見正に診察してもらうなど手を尽くしたが、明和六年二月七日に亡くなった。英元は同年の伊勢参宮の際に、兵助の供養のため三日間般若心経を一〇〇遍ずつ読誦している。また、天明三年に七男の虎吉が亡くなった際には、和歌山で石の地蔵を作り安置しており、その死を深く悲しんだ。英元の後を継いだ明和元年（一七六四）生まれの元昭が後に記した書付には、「英元様ハ正直信心ニして慈悲深く、無此上も人ニ有之候得とも、如何成因縁ニや不幸重り、病人不絶、子共上々〻失」ったとある[27]。英元は七男四女をもうけたが、英元が亡くなる時点で生存していたのは二男二女だけであった。英元が前章の湯橋長泰のように不幸な状況の好転や、死者の供養のために読経を続けていたと考えられる。

四　中橋英元の参詣

本節では、英元が前節のように日常的に信仰的営為を行うなかで、いかに霊場へ参詣したのかを検討してみたい。

まず、慈尊院村にどのような霊場の宗教者が訪れていたかを確認しておく。例えば、比較的多い宝暦一〇年（一七六〇）では、一月に天川の水本清太夫、吉野の松室院、五月に伊勢外宮の幸福太夫、六月に内宮の橘太夫、七月に吉野の松室院、一〇月に出雲大社の大輝嘉蔵太夫、熊野本宮の八郎太夫、伊勢外宮の幸福太夫、天川の水本清太夫、十輪寺、一一月に伊勢内宮の橘太夫、吉野の松室院からそれぞれ使者が訪れた。吉野の松室院は年に三回、伊勢内宮・外宮は二回訪れており、他にも天川や十輪寺はほぼ毎年確認できる。その他の寺社は不定期で、日記に記された期間では、近江国多賀別当不動院（宝暦二年）、紀三井寺（宝暦九年）、多賀観音院（明和八年）が確認できる程度と少なく、来訪する宗教者の増加が村の財政上大きな負担となり、各地で宗教者への対応を定めた議定が作成される状況[28]とは異なっていた。また、陰陽師や座頭（地神経読み）も毎年訪れていた。

日記を見る限り、村外の寺社はその距離から概ね三つに分類できる。1近郊の村にあり、日帰りで参詣できる寺社、2往復で二、三日かかる距離の寺社、3さらに遠隔地の寺社である。表2に二、三日以上の旅を示し

表２　往復２、３日以上の旅

年齢	和　暦	西暦	月　日	事　　項
27	寛保４年	1744	２月９日	滝不動、水間寺、長田観音（～10日）
			４月16日	和歌祭見物、紀三井寺、嘉家作、直川観音、根来寺、粉河寺（～18日）
			10月21日	恩賀氏と有馬温泉で湯治（～11月８日）
31	延享５年	1748	４月２日	伊勢参宮（～15日）
32	寛延２年	1749	８月26日	伊勢参宮（～９月５日）
			12月４日	和歌山へ赴く。鍛冶町有田屋で宿泊。
34	寛延４年	1751	10月10日	金剛山講出立、大宿坊に宿泊（～11日）
35	宝暦２年	1752	３月23日	伊勢参宮（～４月６日）
36	宝暦３年	1753	４月７日	熊野詣、道成寺、紀三井寺、和歌浦、加太、粉河寺（～19日）
			４月21日	大坂へ赴く、三津寺、高津の宮など参詣（～４月25日）
40	宝暦７年	1757	２月11日	大坂へ赴く、住吉社参詣
41	宝暦８年	1758	１月30日	牛滝山、水間寺、犬鳴山、長田観音、粉河寺（～２月１日）
			２月３日	大坂へ赴く、城下・芝居などを見物（～６日）
			８月13日	牛瀧山、槙尾山、光ノ滝（～14日）
42	宝暦９年	1759	２月６日	水間寺、牛瀧山、長田観音、粉河寺（～７日）
			３月24日	金剛山（～25日）
43	宝暦10年	1760	２月６日	牛滝山、水間寺、犬鳴山、長田観音、粉河寺（～７日）
45	宝暦12年	1762	２月５日	牛滝山・水間寺、長田観音、粉河寺（～６日）
			閏４月５日	伊都郡観音三十三所巡礼、同行８人（～７日）
46	宝暦13年	1763	２月１日	伊勢参宮（～14日）
			３月29日	金剛山（27人）、五条（～30日）、英元は十輪寺で宿泊
50	明和４年	1767	３月14日	金剛山（22人）、酒飲みすぎたため五条に泊（～16日）
			４月11日	愛宕山参詣、途中奈良、京都、大坂見物（～20日）
51	明和５年	1768	４月１日	堺、槙尾山（～２日）
			８月９日	堺、信太明神・大鳥明神
52	明和６年	1769	３月29日	伊勢参宮（～４月10日）
54	明和８年	1771	１月26日	伊勢参宮（～２月５日）
57	安永３年	1774	８月４日	吉野、洞川、龍泉寺、天ノ川、金剛山（～８日）
58	安永４年	1775	８月４日	高野山、野川弁才天、天ノ川、洞川、吉野（～７日）
59	安永５年	1776	３月23日	伴五郎と湯崎で湯治（～４月27日）
61	安永７年	1778	６月14日	和歌山へ赴く、刀を売却、九頭明神祭、長田観音、粉河寺（～16日）
64	安永10年	1781	３月29日	吉野（～４月１日）
65	天明２年	1782	１月27日	伊勢参宮（～２月７日）
66	天明３年	1783	４月５日	伊太祁曽宮、鎌八幡宮（～６日）

※各年の中橋英元の日記より作成。

た。

1　日帰りの参詣

近郊への日帰りの参詣は日常的であり、頻繁に高野山（直線で約一〇km）、天野（丹生都比売神社。同五km）、粉河寺（同一三km）、蟻通明神（同七km）、鎌八幡宮（三谷酒殿明神の境内社。同四km）などに参詣している。ただし、六〇代になると回数は少なくなった。高野山には地士の御用で登山した時に、粉河寺には親類のいる粉河村に所用で立ち寄った時に、ついでに参詣することもあった。天野は毎年年始に前年の月参の礼をしており、近いこともあって月に一回程は参詣していたと考えられる。他にも、毎年初午に参詣する長田観音（同一五km）や疱瘡の回復祈願した村内の塔尾弁財天などがある。兄井村の鎌八幡宮や渋田村の蟻通明神は、具体的な祈願を目的として参詣し、例えば明和六年に妻のおわさが病気になったため鎌八幡宮へ祈願したところ、すぐに回復したとある。その前年は雨乞いを鎌八幡宮で行っており、共同体・個人の両方で祈願対象となった。『紀伊国名所図会』には「奇瑞四方に著く、鎌を打ちて祈願する者年々盛なり」とある。蟻通明神は「社前に狛犬あり、此足下をくゞる時は疱瘡甚軽しとて貴賤小児を携へて詣でざるはなし」とある。中橋家の女性たちも蟻通明神や鎌八幡宮、田和地蔵尊（菖蒲谷村地蔵寺。同六km）へ頻繁に参詣した。田和地蔵尊は「本尊子安地蔵尊（中略）安産をいのるものまうでざるはなし」と記されている。

また、近隣村の寺社での開帳や芝居、富くじなど様々な催しの見物に出かけたり、結縁灌頂に訪れたりしている。宝暦二年・宝暦一〇年は下兵庫の護国寺（同八km）、安永六年（一七七七）は中飯降村の東光寺（同一一km）で結縁灌頂が行われていた。

2 往復二、三日の参詣

往復二、三日かかる距離の寺社は、吉野や大峯山、金剛山、和歌山城周辺、水間寺、牛滝山、伊都郡観音三十三所順礼などである。安永三年の吉野参詣は、天川や金剛山にも参詣したので五日かかったが、それ以外はすべて三日以内である。また、これらより期間は長いが、大坂も距離としては同様の場所と位置づけられる。これらの寺社は和歌山や大坂のような都市周辺の寺社を除いて、それぞれ講による参詣が行われた。例えば、宝暦九年には牛滝講で二月六・七日に大威徳寺・水間寺を参詣し、帰りに長田観音・粉河寺を参詣している。これらの寺社は複数回参詣しており、講員（村民）との交流が主目的であったと思われる。明和四年の金剛山参詣では、酒を飲み過ぎた者がいて帰宅を一日延期している。

特に頻繁に参詣したのは、村から三五㎞ほど離れた吉野である。もともと吉野は伊勢参宮の途中で参詣することが多かったが、安永五年以降は吉野講員の意向で別々に参詣するよう取り決めている。英元も伊勢参宮の際に立ち寄り、安永期には金剛山や天川などとともに参詣した。例えば、安永一〇年には吉野講二五人から代参三人が選ばれ、英元は三月二九日に出立し、四月一日に帰宅している。しかし、塔頭松室院との関係は常に良好ではなく、明和二年（一七六五）に宿泊者への対応が悪かったため、吉野講は一時的に停止された。松室院の使者が村を訪れて謝罪したものの許されなかった。明和六年八月に松室院が再度詫びを申し入れ、英元を通じて庄屋へ伝えられた。村民には松室院の差し入れた酒がふるまわれ、翌年には英元も村民へ口添えしたため吉野講も再開されている。両者の関係は、信仰を媒介とするというよりも、「定宿と客」の関係に近いものとなっていた。

3　遠隔寺社の参詣

最後に、遠隔寺社の参詣について検討する。これらも基本的に伊勢講や愛宕講など講の代参であったが、英元はそれらとは別に湯治などで個人的な旅を行うこともあり、二七歳の時には有馬温泉に湯治に訪れていた。

三一歳以降の遠隔寺社の参詣を表3に記した。2・3・4以外は講の代参である。日常的に信仰的営為を共に行う者たちと参詣している。寺社で最も多く目的地となったのは七回訪れた伊勢神宮で、実際は日記が残存する二七歳時より前にも参宮していたと思われる。この間に中橋家からは、父親や子どもも参宮しているので、中橋家全体でみた場合、さらに頻繁に参宮していたことになる。関東や東北に比べれば、日数もかからないため、複数回訪れることも可能であったと思われる。ただし、日数は一〇日～一四日で、東日本からの旅によく見られる二か月以上にも及ぶ長期の旅をすることはない。父・元弥は宝暦八年四月五日から八月二八日まで「秩父・坂東・湯殿山」を巡礼しており、この地域の人々が長期の旅を行わなかったわけではないが、英元は家の経営が不安定になったためか、そのような旅を行うことはなかった。

伊勢神宮での宿泊先は、1・2・7が外宮御師幸福太夫、5・8・9が内宮御師橋太夫で（3は不明）、両者との関係を大切にしていることがわかる。1では宮川を渡った先の中島で、別ルートの村民が揃うまで待ち、七つの講員一一人で外宮御師幸福太夫の屋敷へ到着した。行程はそれぞれ異なるが、御師屋敷には全員が揃ってから入ったことになる。帰路も七講のうち三講（六〇人）が吉野へ行き、他の講員はそのまま帰路を急いだ。

旅の時期はほとんど一定しないが、式年遷宮を見物した2以外は一月末から四月までの時期に旅に出ていた。

表3　中橋英元の遠隔地への参詣

	年齢	年	期　間	目的地	行　程
1	31	延享5年(1748)	4月2日～15日	伊勢神宮	○自宅→堺→藤井寺→住吉→天王寺→生玉社→大坂→京都(稲荷社、東福寺、三十三間堂、六波羅蜜寺、清水寺、八坂、祇園、知恩院)→大津→高観音堂(近松寺)→三井寺→石山寺→石部→椋本→高田一身田(専修寺)→津観音堂→櫛田→宮川→中島(村民が合流)→御師屋敷 ○伊勢→粥見→田引→波瀬→鷲家→吉野松室院・蔵王堂・吉水院→五条→自宅
2	32	寛延2年(1749)	8月26日～9月5日	伊勢神宮	○自宅→長谷寺→大野弥勒尊(大野寺)→御師屋敷(内宮の遷宮を見物) ○伊勢→吉野→自宅
3	35	宝暦2年(1752)	3月23日～4月6日	伊勢神宮	○自宅→(行程不明)→御師屋敷 ○伊勢→吉野松室院→自宅
4	36	宝暦3年(1753)	4月7日～19日	熊野三山	自宅→高野山→(小辺路)→熊野本宮→新宮→那智山→湯峰温泉→(中辺路)→田辺→道成寺→紀三井寺→和歌山城下→加太→粉河寺→自宅
5	46	宝暦13年(1763)	2月1日～14日	伊勢神宮	○自宅→吉野蔵王堂→上市→高見→七日市場→丹生→御師屋敷 ○伊勢→岡寺→津観音堂→土山→愛知川→多賀社→草津→三井寺→京都(六角堂、誓願寺、錦ノ天神、清水寺、大仏殿、三十三間堂)→大坂(住吉大明神など)→堺→自宅
6	50	明和4年(1767)	4月11日～20日	愛宕山	○自宅→和泉今北→当麻寺→信貴山→龍田→法隆寺→薬師寺→西大寺→奈良→木津→(木津川)→八幡→向日明神→松尾→法輪寺→嵯峨→愛宕山 ○愛宕山→京都(御室・北野・三条・誓願寺・六角・錦天神・祇園・知恩院・八坂・清水寺・六波羅・大仏・三十三間堂・六条)→伏見→大坂(人形浄瑠璃を見物)→生玉宮、天王寺、庚申、住吉→三日市→自宅
7	52	明和6年(1769)	3月29日～4月10日	伊勢神宮	○自宅→橘寺→岡寺→安倍文殊→長谷寺→榛原→(伊勢本街道)→菅野→大石→天照皇大神宮法楽(蓮華寺か)→中島→御師屋敷 ○伊勢→丹生→波瀬→吉野蔵王堂・吉水院→五条→自宅
8	54	明和8年(1771)	1月26日～2月5日	伊勢神宮	○自宅→五条→吉野蔵王堂→鷲家→波瀬→田川→丹生→中島→御師屋敷 ○伊勢→松坂→津観音堂→福満寺→伊賀山田→大川原→奈良(二月堂の修二会など)→二階堂→戸毛→橋本→自宅
9	65	天明2年(1782)	1月27日～2月7日	伊勢神宮	○自宅→五条→吉野→鷲家→波瀬→宮前→丹生→御師屋敷 ○伊勢→小俣→松坂→岡寺観音堂→津観音堂→長野→伊賀山田→大川原→笠置山→加茂→奈良(東大寺・二月堂・法華堂・春日社・若宮社・興福寺)→西ノ京花ノ会(薬師寺の修二会)→郡山→小泉→法隆寺→龍田→達磨寺→当麻寺→五条→自宅

※各年の中橋英元の日記より作成。

いずれも本格的に農作業が始まる前であった。

旅の行程は多岐にわたっており、往復に他の寺社に立ち寄らず伊勢参宮のみということはなく、全く同じ行程で旅することはなかった。2・3以外の伊勢講での参詣を見ると、1は往路に大坂・京都、5は帰路に京都、8・9は帰路に奈良へ立ち寄っている。愛宕山へ参詣した6でも、大坂・京都に立ち寄っており、東日本からの伊勢参宮同様に遠隔地への旅が都市に立ち寄ることも目的としていたことが窺える。講の旅でも参詣者が一程度主体的に行程を選択しえたことを示していよう。所々で芝居を見物するなど娯楽を享受する場面も見られる。また、京都・大坂・奈良は複数回訪れているため、同じ寺社に複数回参詣することもあった。8や9では、二月堂や薬師寺の修二会を見物しており、あらかじめ日程調整して訪れた可能性もある。東大寺の修二会は現在でも「お水取り」の通称で知られている。

一方、参詣時の信仰的営為に注目してみると、4では伊勢神宮へ参拝して、「両宮を拝し信を弥増て」、「幾千代を　経てもあらたに　おもほゆる　和光の恵ミ　信に通フして」と詠んでおり、篤い信仰を寄せる様子が窺える。また、1・5・8・9では参宮前後に津観音堂（恵日山観音寺）へ参詣して「天照皇太神宮御本地仏」と考える阿弥陀仏を熱心に拝礼している。津観音堂へ参詣しなかった5では、天照皇大神宮法楽（三重県度会郡度会町の蓮華寺か）へ参詣し、般若心経一〇〇遍を読誦している。5では、息子の兵助が二月一七日に亡くなってから間もないため、四月一日から三日まで「兵助願開」のため般若心経を毎日一〇〇遍ずつ読誦していた。このように参詣中も真摯に信仰する姿が見て取れ、旅だからといって、その日々が日常と大きく変わって娯楽中心になる様子は窺えない。

おわりに

本章では、慈尊院村の中橋英元を事例に、高野山麓地域の日常生活と信仰・寺社参詣の様相を検討してきた。農耕を主な生業とする当該地域では、信仰的営為が日常生活で欠かせないものであったことが確認でき、中世的な顕密主義が比較的強く残っていたと考えられる。最後に、共同体としての信仰的営為や英元個人の教養・信仰・参詣と、それぞれ個別に検討してきた事項を、英元の年代ごとに整理してみたい。

二〇代から三〇代中頃（三六歳まで）は、武士に近い存在として自身を意識し、軍書の読書や武術に多くの時間を費やした。「村方ノ物ともハ腰ぬけ也」と述べたのも、二九歳の時である。仏教へも関心を見せるが、日常的に読経することは少なく、雨乞いや病気治しなど地士層が身につけておくべき実践可能な能力として関心を寄せていたと思われる。この時期は、遠隔地の寺社へ講や個人でも頻繁に旅している。旅の途中に、様々な寺社へ参詣するものの、病気回復祈願をする程度で、熱心に信仰する姿は日記の記述からは窺えない。

三〇代後半から四〇代も、日常生活に大きな変化はないが、宝暦期以降、村政の一翼を担っていく中で、伊勢神宮など遠隔地へ旅することはほとんどなく、参宮は一度だけである。一方、往復二、三日の牛滝講の参詣には頻繁に参加し、村民との親睦を図った。前半は武術にも熱心に励んだが、四五歳の時に武術の師が亡くなると、次第に謡や和歌など文化的教養に興味は移っていった。同時期に読書の記述もなくなっており、軍書を読むことも少なくなったと考えられる。四六歳の伊勢参宮では、「両宮を拝し信を弥増」たり、阿弥陀仏を熱心に拝礼するなど、篤く信仰する姿が見て取れる。

五〇代以降は、理趣経や光明真言、般若心経に傾倒し、真言密教へ強い関心を寄せている。その背景として子どもの病気・死や屋敷の焼失など、英元の「不幸」な状況があったと考えられる。この時期の旅の参詣先は、二〇代・三〇代と同様であるが、参詣先で般若心経の読誦や阿弥陀仏への熱心な拝礼を行っているのが顕著な特徴である。途中で芝居見物をするなど娯楽的要素もあるが、参詣先では真摯な信仰の姿を見せている。

以上のように、英元は年を経るごとに信仰へと傾倒していき、日常生活における信仰的営為も増加している。阿弥陀寺を始め、地域に存在する寺社が信仰的側面でも少なくない役割を果たしている。信仰的な役割を果たせないために、民衆が村外の選択可能な寺社を信仰するというよりは、村落内の寺社もそれぞれ役割を果たすが、さらなる祈願や娯楽のために旅へ出ていると理解できよう。そして、日常の信仰を重視する生活でも浄瑠璃・操芝居・相撲などを見物し、旅でも芝居見物など娯楽を享受しており、一人の人間の中で信仰と娯楽は両立している。旅であってもその日々が極端に信仰的になったり、娯楽的になったりするものではない。その意味で寺社参詣は日常の延長に位置づけられるものであったと言えよう。

〔註〕

（1）黒田俊雄『日本中世の国家と宗教』（岩波書店、一九七五年）。

（2）澤博勝『近世の宗教組織と地域社会』（吉川弘文館、一九九九年）、同『近世宗教社会論』（吉川弘文館、二〇〇八年）など。

（3）真言宗地域を扱った研究として、豊島修『熊野信仰史研究と庶民信仰史論』（清文堂出版、二〇〇五年）が挙げられる。なお、藤田和敏『近世郷村の研究』（吉川弘文館、二〇一三年）は、雨乞いなどの密教祈禱に基づく社会的関係を「宗教的権力秩序」として捉えている。

（4）本章で検討する史料の多くは、国文学研究資料館所蔵の中橋家文書である。文書番号は、『史料館所蔵史料目録』第四六集に記されたものである。慈尊院村と中橋家の概要は、注記のない限り、同書の解題および『紀伊続風土記』の慈尊院村の項による。また、本章中の中橋英元の行動に関しては、それぞれの年次の日記による（中橋家文書一～四二）。中橋家に関する先行研究は、藤田貞一郎『国益思想の系譜と展開』（清文堂出版、一九九八年）第六章、渡辺尚志「幕末の鉄座設立運動と由緒」（久留島浩・吉田伸之編『近世の社会集団―由緒と言説』山川出版社、一九九五年）、高野山領の地士は白井頌子「近世における高野山と紀州藩」（『高円史学』二二号、二〇〇六年）など。

（5）宝暦一三年「癸未日次」（中橋家文書二〇）。

（6）詳しくは、本書七章。

（7）享保一一年「万年山慈尊院慈氏寺末寺帳」（中橋家文書一〇八二）。

（8）『和歌山県史』近世、三五八頁。

（9）例えば、児玉幸多『近世農民生活史』（吉川弘文館、一九五七年）。

（10）宝暦九年「己卯日次」（中橋家文書一六）。

（11）『九度山町史』民俗・文化財編、一三〇二頁。

（12）『九度山町史』民俗・文化財編、二七一頁。

（13）『九度山町史』民俗・文化財編、二九四頁。

（14）明和八年「辛卯日次」（中橋家文書二八）。

（15）寛政四年「慈尊院村定例役人年中行事新役為心得大形留記仕ル者也」（『改訂九度山町史』史料編）。

（16）『和歌山県史』近世史料四、四九三頁。

（17）『和歌山県史』近世史料四、五〇一頁。

（18）『紀伊国名所図会』三編巻之四。

(19) 拙稿「近世都市和歌山における上級商家の信仰と寺社参詣—安永期の沼野六兵衛を事例に—」(『和歌山地方史研究』七七号、二〇一九年)。
(20) 引野亨輔『近世宗教世界における普遍と特殊』(法蔵館、二〇〇七年)第五章(初出二〇〇三年)。
(21) 延享三年四月九日条。
(22) 安永九年七月二八日条。
(23) 蔵書の家については、小林文雄「近世後期における「蔵書の家」の社会的機能について」(『歴史』七六、一九九一年)参照。
(24) 寛延三年「日次」(中橋家文書七)。
(25) 宝暦一二年「壬午日次」(中橋家文書一九)。
(26)『新アジア仏教史13日本Ⅲ　民衆仏教の定着』(佼成出版社、二〇一〇年)第2章近世国家と仏教(曽根原理著)九四頁。
(27)「元昭存念書附」(中橋家文書八四七)。
(28) 本書四章。
(付記) 本章は、JSPS科研費(二六九〇四〇〇五)による成果の一部である。

三章　高野参詣の様相と変容
――相模国を中心に――

はじめに

一・二章では、民衆が寺社参詣を行う背景となった思想や日常の信仰的営為を明らかにした。しかし、個別に霊場と民衆の関係を掘り下げることができなかった。本章では、高野山を事例として、霊場参詣の様相とその変容を明らかにしたい(1)。

序章で述べたように、寺社参詣研究では、近年の傾向として遊山目的と捉える論稿が多く見られる。旅を通時的に検討する研究では、「信仰から遊山へ」という捉え方がされ(2)、各地の寺社参詣は大衆化していくとされる。しかし、これらの研究では旅の遊山面の分析が中心であり、信仰の分析は十分に行われていない。また、大衆化については史料的な制約もあり、「行動文化(3)」の活発な発動を前提として、残存する道中日記数の増加や短期的な参詣者数の比較を根拠に述べられることが多く、参詣者数を長期的に検討したものは少ない(4)。

信仰の分析が不十分なため、旅の循環的行程に強い信仰性を見出す岩鼻通明の論稿が存在するものの(5)、論争に発展することはない。こうした現状に対して、鈴木章生は、「信仰と遊山の両面性を持つならば、問題は何が信仰か、何が遊山かの見極めである」と述べている[6]。二章の検討でも旅が信仰・遊山の両面性を有することは明らかだが、平板に両面性を有すると把握するだけでは不十分で、大勢として寺社参詣がどのように変容していくかを把握することもまた重要である。その解明には、立ち遅れている参詣における信仰内容の歴史的変化を具体的に分析していく必要があろう。

道中日記の分析から旅形態の変容を明らかにした研究は多数存在するが[7]、道中日記等に記される信仰的営為は限られているため、信仰の変容を参詣者の史料から明らかにするのは困難である。変容を具体的に実証していくには、参詣者を受け入れた側からの検討が求められる。高野山の塔頭（子院）高室院には、参詣者の村名・姓名・供養等を記した登山帳と題する台帳があり、貞享年間から文久年間に到るまでの台帳が現存している。こうした史料の分析により、参詣者数や参詣内容を長期的に検討することが可能である。

高野山金剛峯寺は、紀伊国の北東部に位置する古義真言宗の霊場である。伊勢参宮を主目的とする旅において[8]、金毘羅・善光寺・秋葉山等とともに多数の旅行者が参詣した。「日本国之惣菩提所」として[9]、山内の諸塔頭が各地に広域な檀那場を形成した。高室院は一六世紀の後北条氏との檀契以来、相模・武蔵・伊豆等を檀那場としており、院領三五石と神通寺料七石の計四二石を与えられた[10]。高室院は檀那場内の住民を宗判寺院の宗派に関わらず檀家として捉えている。そのため、高野参詣は葬祭寺院の宗旨が古義真言宗の民衆に限定されたものではなく各宗派に及んでいた。

本章では、高室院の主たる檀那場の相模国からの参詣を検討する。具体的には、第一に近世後期の参詣者数を分析する。参詣者数の推移を明らかにし、寺社参詣の大衆化を検証する。第二に安永年間から文久年間までの参詣の質の変化を分析する。参詣道・案内人・宿泊・供養等の分析により参詣の変容を捉える。以上の分析から、近世後期における参詣の変容を明らかにする。

一　高野参詣の様相

近年の寺社参詣研究では、一つの霊場のみに注目するのではなく、旅を全行程で捉える視点が提起されている。本節では、高野参詣が伊勢参宮後に行われた点を考慮し、旅の中での高野参詣の位置を確認する。次節以降、参詣の変容を検討する前提として、高野山へ到るまでの道のりについて概観しておく。

弘法大師信仰や高野山浄土観[11]を背景に行われた高野参詣は、畿内の貴族階層を中心に古代末から見られるが、全国各地に広まったのは戦国期以降である。高野山の諸塔頭が戦国大名と檀縁関係を結び、大名の家臣や領民を檀家と認識するようになった[12]。近年自治体史等に掲載されている高野山塔頭の供養帳において[13]、家臣や領民と見られる者の名の初出が概ね一六世紀前半であるのも、この時期に塔頭と戦国大名が結びついたためである。

高室院は、相模・武蔵・伊豆の者が高野山へ参詣した際の宿坊となった。相模国では天文五年（一五三六）に参詣した者の名が確認できる[14]。その後、高野山の慈眼院が進出してくることによって、高室院が所有する相模国の檀那場の範囲は縮小する[15]。近世中期以降はほぼ一定で、三浦郡・高座郡・鎌倉郡・愛甲郡・大住郡・足柄上郡・足柄下郡・淘綾郡に及んでいた。ただし、高座郡・鎌倉郡・愛甲郡・大住郡には、慈眼院の檀那場も存在した[16]。

高野参詣は、関東から出発した場合、伊勢参宮後に行われる。しかし、伊勢参宮者すべてが高野山まで訪れたわけではない。文久三年（一八六三）に高座郡茅ヶ崎村から出発した一七人の一行は、一〇人が伊勢参宮のみで帰路につき、七人が高野山にも訪れ、その後大坂・京にも立ち寄っている。[17] 嘉永五年（一八五二）に高座郡淵野辺村を出発した二四人の一行は、伊勢参宮後に八人が「直ニ国江帰」り、一六人が奈良まで行き、その内の八人が大坂へ向かい、八人が大和廻りをするというように、三組に分かれて旅を行っている。[18] 伊勢参宮後のルートは多様で、帰路につく組とさらに西国に向かう組に分かれている。高野参詣者にとって、旅の大きな目的が伊勢参宮であったことは高室院も認識している。檀家に送った書状には「伊勢御参詣節者、高野参詣御登山之程待上申候[19]」とある。相模国からの高野参詣は伊勢参宮と密接な関係を持っていた。

しかし、高野山も多くの参詣者が訪れる霊場であったことは間違いない。道中日記の記述では、伊勢参宮後に西国へ向かう場合、大別して熊野経由・奈良経由のどちらかで向かうが[20]、どちらのルートでもほとんどの者が高野山に参詣しているからである。[21] 新城常三は、伊勢参宮を記した道中日記のうち約七割に高野山を訪れた記述があると述べている。[22] 多数の道中日記を検討した近年の諸論稿でも、分析対象とした道中日記の七割以上に高野山の記述が見られる。[23]

道中日記によれば、高野参詣者は紀ノ川の渡し賃が無料であり、登り道途中の神谷や花坂にある茶屋へ着くと酒などが出て饗応された。[24] そこで先祖以来関係を有する塔頭を案内され、さらに少し登って到着した。[25] 高野山への登山口は、大門口・不動坂口・黒河口・大峰口・熊野口・相浦口・竜神口の七口である。神谷から参詣する場合は不動坂口、花坂から参詣する場合は大門口からの登山となる【図1】。後述のように、参詣者の多くが神谷・花坂を通って訪れていた。『紀伊続風土記』では、神谷について「女人堂より四十町餘にして茶店数十家あり、諸国登詣の客の小憩中宿、且山上宿坊の案内所なり、家々に某院案内茶屋と牓を掛たり」とある。[26] 花坂は「麻生津よりの高野街道にて旅舎多く駅舎の体、山家の趣なし」とある。

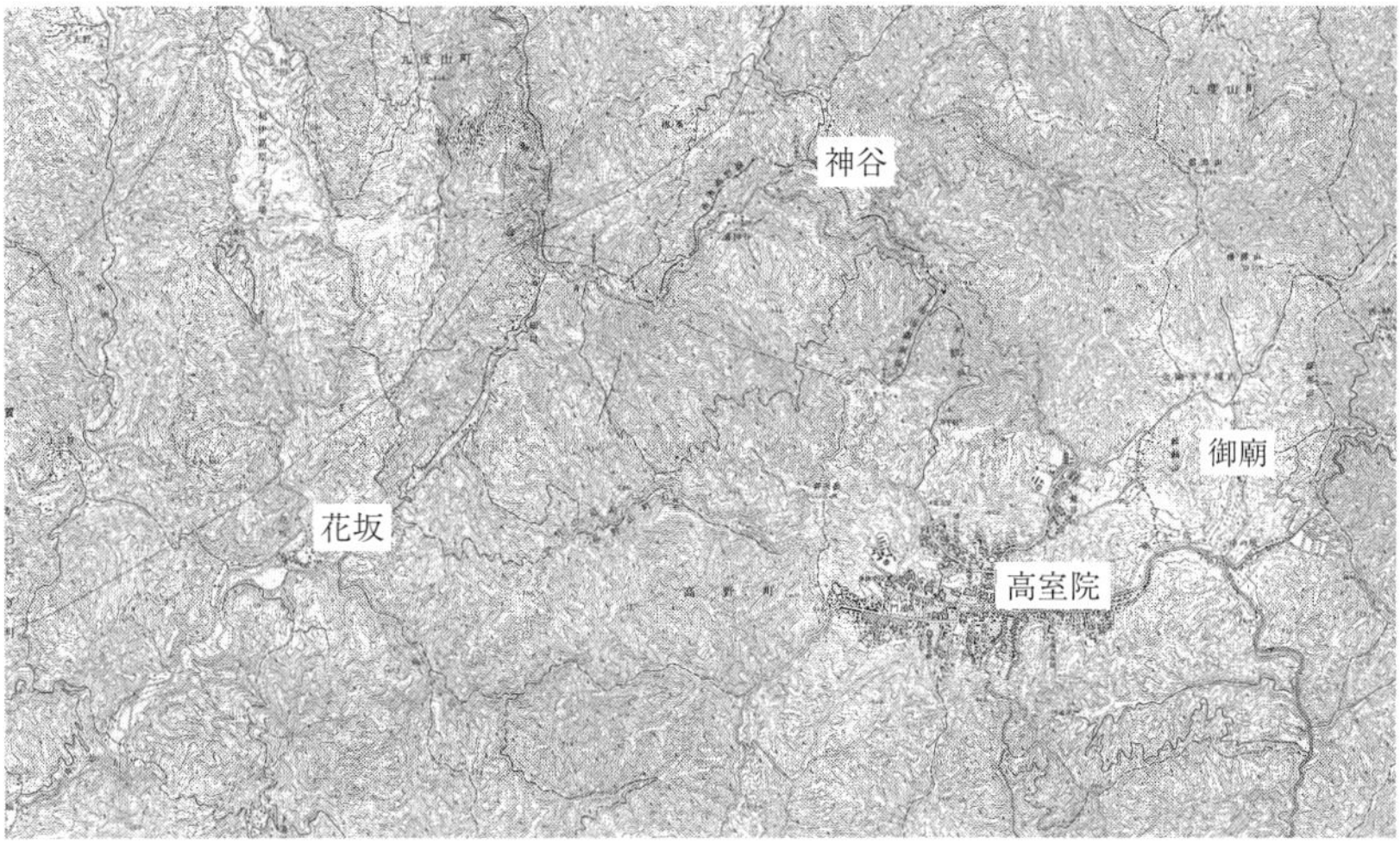

図１　高野山とその周辺（国土地理院発行の地形図を用いて作図）

明和五年（一七六八）、高野山では学侶・行人・聖の三派で入組（一村内に複数の塔頭の檀家が存在する状態）からの参詣者に関する定書を作成した。この定書は、それ以降の高野参詣の様相を示す史料であるため、やや長いがその内容を確認する。[27]

諸国檀中之入組登山之節出迎之儀、従古来三派申定雖
有之候、近年来猥ニ相成不如法之事共有之ニ付、猶又
今般三派立合相定候條々

一諸国檀中之儀、先年従　公儀被仰渡候御趣等有之
候得者、先祖之由緒相糺、其院江同道可有之候、若
由緒不相分候歟、又者由緒双方有之候而、何れ共
不相片付候時ハ、無彼是可任参詣人之帰依候、必
強勢ニ引取申間敷候事

一出迎之儀者使僧壱人家来壱人差出、跡より帳面持
参抔と号し段々出候儀堅令停止候事

一右出迎之節、互ニ慇懃ニ和談可有之候、若し過言
悪言法外喧嘩等於有之者、両方使僧家来共ニ、三
十日ツ、遠慮可申付候、若亦及打擲、先方へ疵等

相附候ハヽ、不抱其善悪打擲候方使僧家来共下山可申付候、右之品及往復候其一派寺院之申口取用ひ
及難渋候而者不相治候ヘハ無難渋急度可申付候事
附り、右之品ニ候時者両院之儀、七日ツヽ可為閉門遠慮候事
一右之節一方而已理不尽申候得者、強勢ニ参詣之輩引取候ハヽ、其旨其寺院へ断置、役所へ願出、及往復候
時者、強勢理不尽之方而已遠慮等可為右同前候事
一従古来由緒相定候檀中江入込、才覚を以新ニ帳面相調、村役人印形等有之候等紛敷由緒申立、古来よ
り之檀中集取候儀堅不相成候事
一檀中登山之節、其寺院へ不参候とて参詣之儀差留、或者途中ゟ為致下山候儀、甚強情不如法之事ニ候、
若左様之儀於有之者、出迎指留候方之使僧家来共山内追放可申付候事
一檀中入込之儀注進有之候時、出迎之儀神谷口者女人堂、西口者大門ニ而互ニ待合可申候、若不待合右両
所を立越申候ハヽ、是又下山可申付候事
附り、六月順礼之節者、先々之通り花坂・神谷迄使僧出迎之儀ハ雖為制外、右於両所も諸事定之通り相
守強勢無之様可相慎候事
一花坂・神谷等之宿共江兼而頼置、種々謀計為申檀中之筋目を引取候儀堅令停止事
右之通り今般三派立会、相談之上相定候条三派院々急度此旨相守、曽而違乱申間敷候、仍而為後鑑如件

定書の要点は、①参詣者が立ち寄る塔頭は、先祖以来由緒のある塔頭とすること、②出迎えの際争わないこと、③参詣者を無理に引き留めたり、下山させたりしないこと、④出迎えの際、神谷口は女人堂、西口は大門で迎え、六月巡礼者を迎える際は神谷・花坂で迎えることである。この時期に参詣者の獲得を巡って塔頭同士の争

いが頻発したため、このような定書が作成されたのであろう。

相模国の場合、高室院と慈眼院の入組の村が存在した。入組の村では、同じ村から参詣した場合でも、神谷や花坂で別々の塔頭を案内され、高室院と慈眼院に分かれて宿泊する。例えば、天保一四年（一八四三）高座郡円行村の一行は五人のうち二人が高室院、三人が慈眼院へ訪れている。(28)

以上のように、高野山は伊勢参宮後に西国を旅する者のほとんどが訪れる霊場であった。参詣者は神谷や花坂で由緒を確認され、山内の塔頭へ案内された。

二　参詣者数の推移

本節では、一七世紀から一九世紀前半の高室院参詣者数の推移を検証する。分析対象とする史料は登山帳である。登山帳は毎年残っているわけではないが、貞享年間から文久年間の参詣者数の推移が確認できる。それ以前の状況は、月牌帳で補うこととする。月牌帳は、高室院で建立された月牌という位牌の戒名・供養した者等を記した史料である。参詣者数を直接示したものではないが、参詣者数を推定するために用いる。(29)

圭室文雄は、天文一一年（一五四二）から元和二年（一六一六）の相模国の月牌帳を検討し、慶長年間の一年ごとの参詣者数は徐々に増加する傾向があると指摘している。(30)月牌の建立者数から推定してみると、それ以降の参詣者数は、元和年間も増加し続け、寛永年間に一つのピークを迎えている。寛永一五年（一六三八）には、相模西部だけで月牌が七〇〇程度建立されている。(31)『武江年表』によれば、この年は「夏より来年二、三月に至るまで、遠近の男女、伊勢宗廟へ詣づる事夥し」とある。(32)この年は伊勢参宮者が多くいて、参宮後に高野山へ訪れる者も多くなったと考えられる。寛永期の『順礼物語』には「聞きしハ、今江戸町衆若きも老いたるも高野へ参、下向し物語し給ひけるハ高野山ハ（中略）ぼんなうのあかをすゝげば、無量のざいしやうもめつし、衆生成仏の霊山、一度参詣のともがらハ、ながく三途の苦ミをはなれ、三世諸仏にかたをならべてへだてなし、殊勝とも、有難とも、言葉にのべがたし、よろこびの泪をながす斗也とかたる」とある。[33] すなわち、高野山は煩悩の垢を濯ぎ、無量の罪も滅する衆生成仏の霊山で、一度参詣すれば、三途の苦しみを離れ、三世諸仏に肩を並べると考えられていた。

その後、一七世紀の月牌数は変動が激しいが（四章参照）、その数に比例して参詣者が恒常的に参詣していたと思われる。元禄年間に高野山へ訪れた貝原益軒は「山中甚広大也、商家亦多し、商人も皆妻を養はず、魚肉を食せず、寺院幷商家ある所は西より東へ長き谷也、両方に山有て他山見えず、故に山中風景よからず、又別にことなる佳境なし、只寺院多く、又町には万のうり物多く、物を買求るに自由也、かねて寂寞冷淡の地ならんと思ひしに、左はなくて繁栄富饒の地なり」と記している。[34] 一七世紀末の時点で、高野山は益軒の思い描いていた「寂寞、冷淡の地」ではなく、物を自由に買い求めることができるほど繁栄を見せていたようである。

貞享二年（一六八五）以降は、登山帳により参詣者数の推移を検討する。図2[35]が高室院参詣者数の推移である。比較のため武蔵・伊豆・その他の国の参詣者数も示した。高室院参詣者は、相模国が圧倒的に多く、武蔵・伊豆と続く。他に土佐・河内・摂津等からの参詣者も見られる。相模国の参詣者数は、平均すると二九九人である。高室院の全参詣者数は平均五三六人で、相模国の参詣者は半数の約五六%を占める。貞享二年から享保四年（一七一九）までは比較的高水準で推移しているが、その後は変動が激しい状況が続き、幕末まで至っている。この図からは、毎年同程度の参詣者数ではなく、年によって差異が見られ、旅が大衆化するとされる近世

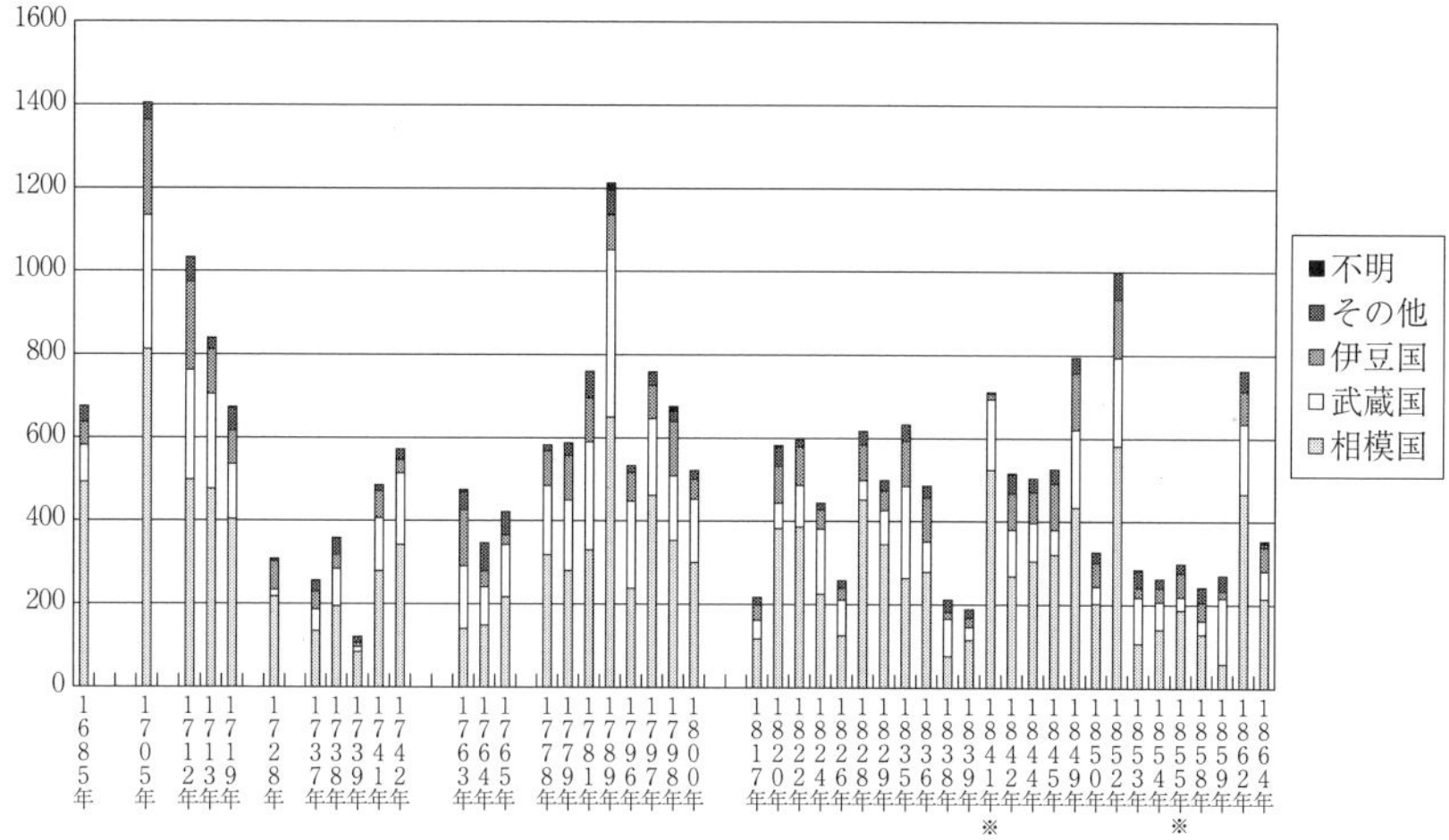

図２　高室院参詣者数の推移

後期にかけて、参詣者が右肩上がりで増加する傾向は見られないことが指摘できる[36]。

参詣者数の変動は様々な要因が想定されるが、いくつかの事例ではその要因が明らかになる。宝永二年（一七〇五）には、その前後の年と比べると格段に多い八一四人が参詣している（高室院の全参詣者は一四〇四人）。これは宝永二年が伊勢神宮への大量群参（御蔭参り）が起こった年であったことと関係する。大規模な御蔭参りの年と言われる明和八年（一七七一）と天保元年（一八三〇）では、無届けで金銭を持たずに道中の施行によって旅を成し遂げる抜け参りの者が多かったが、宝永二年の御蔭参りは、全体としては抜け参り以外の者を多く含んでいたという[37]。寛永一五年と同様に、この年は伊勢神宮と高野山の大量群参が同時期に起こっていたことがわかる。

逆に少ないのは、天保九年（一八三八）の七六人である（高室院の全参詣者は二一二人）。天保六・七年と比較しても急激な減少である。天保八年の参詣者は、「諸国大飢饉ニテ参詣人無之故、別冊不調」として、天保七年の登山帳の後にわずかに記されているだけである。また、天保五年の茶牌帳には「関東凶年檀客無之[38]」とある。天保年間には、飢饉の影響で相模国からほとんど参詣者のない年が続いたことになる。参詣者の少ない状況が、平均程度に回復するのは天保一二年である。登山帳には閏一月一〇日までしか記載されていないが、他の年より多くの参詣者が確認できる。天保飢饉時に参詣できなかったことの反動として、多くの参詣者が訪れたと考えられる。

また、図2からは明確な特徴を見出しにくいが、嘉永三年（一八五〇）登山帳には、「嘉永三年戌正月元旦日蝕アリ去冬より異国賊船相廻候由ニ而　公儀御手当厳敷、相州浦賀御供場近辺、其外請所百姓方、他国行御差留有之、殊ニ時節柄不宜ニ付、当山参詣人甚少ク、依之施入落納難渋年也[39]」とある。異国船来航の影響で、浦賀やその近辺の百姓が公儀から他国行を差し留められ、時節がら参詣者が少なくなったと高室院は認識している。

他の年は変動の要因が明確でないが、同様に様々な社会状況の影響により参詣者数が変動していたと推定する。そこで比較のため、より参詣者数の推移を明らかにできる慈眼院を事例に検討したい。

慈眼院の檀那場は主に武蔵・相模・阿波・周防で、武蔵では多摩郡南西部（現在の八王子市・日野市・多摩市・あきる野市の全域と昭島市・福生市・国分寺市・国立市・町田市・稲城市・桧原村の一部）、久良岐郡・橘樹郡・都筑郡に及んでいる。相模では北部の高座郡・津久井県を中心に鎌倉郡・愛甲郡・大住郡に及ぶ。阿波は名東郡・名西郡・板野郡・勝浦郡の一部、周防は岩国領・大島の大部分と熊毛宰判の一部である。図3は武蔵・相模の参詣者数、図4は阿波・周防の参詣者数を示した[40]。なお、図中の線が途切れている部分は史料が残存していない年である。

図3と4の比較で明らかなように、参詣者数の推移は地域によって異なっている。相模の参詣者数の推移は、

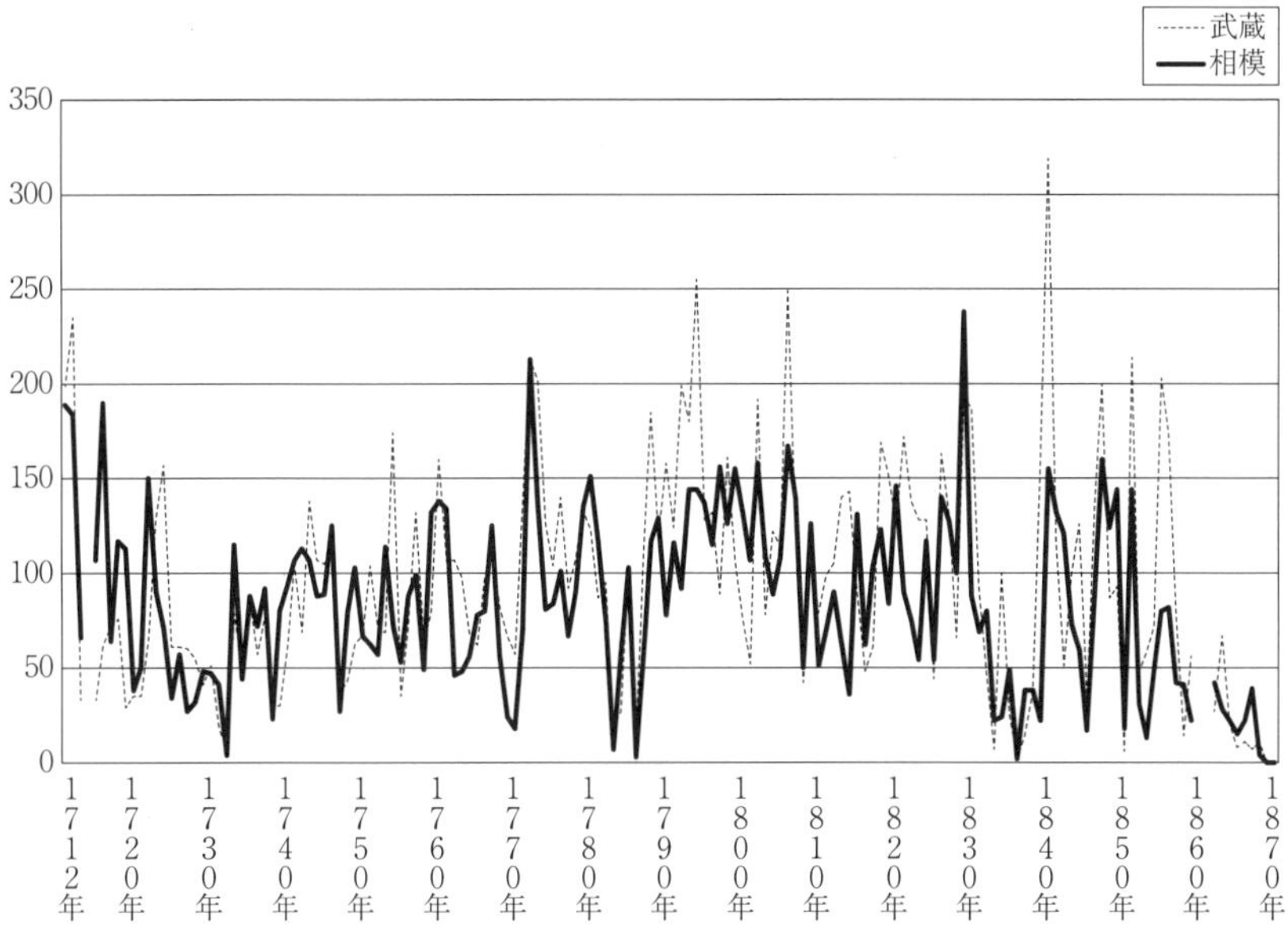

図３　武蔵・相模の参詣者数（慈眼院）

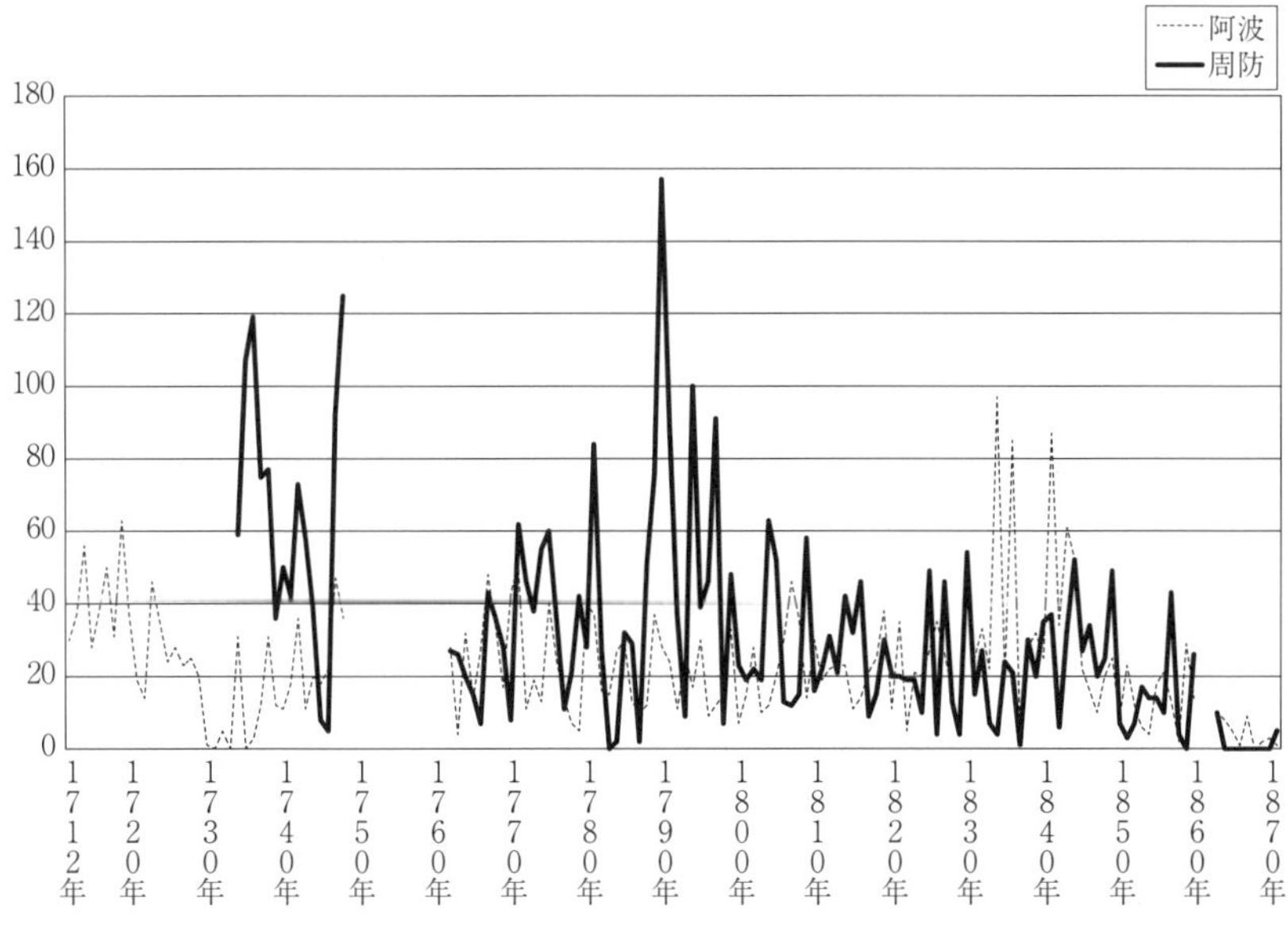

図４　阿波・周防の参詣者数（慈眼院）

すでに松岡俊が検討しており、「享保一五年前後がその前からの参詣者数の一つの峰の終わり」で、「一七三〇年代に増加に向かう参詣者数は、安永二年をピークに減少傾向へと転じ文政期へと降下」し、「文政四年までの間で、第二の峰が形成されている」と述べている。[41] 参詣者が二〇〇人を超えた年は、安永二年と文政一三年である。武蔵は相模と参詣者数の差異が見られるものの、その変化の傾向はほぼ同様である。天保一二年には最も多い三一九人が参詣している。

一方、図4の阿波は一七三〇年代に急激に減少するが、その後は年により増減が激しく一五～四〇人の間で推移している。八〇人を超えるのは、天保五年・天保七年・天保一二年で、天保期が最盛期であったと言えよう。周防は比較的史料が少ないため、不明な時期が多いが、年により差異が大きく二〇人～六〇人で推移している。最も参詣者数が多いのは寛政二年の一五七人で、この時期が最盛期であった。阿波・周防が、武蔵・相模と同様の推移を示す場合も見られるものの、参詣者数の最も多い年代など異なる点も多く、阿波・周防間でも違いが見られる。

地域間の違いが顕著な年として、弘法大師（空海）一〇〇〇年忌の天保五年（一八三四）を取り上げてみたい。[42] 高野山では、弘法大師五〇年忌ごとに壇上伽藍において盛大な法会が行われていた。御忌（空海の入定は三月二一日）の三月上旬には、参詣道や紀ノ川渡し場の整備が始まり、三月一五日からは高野山を目指して多くの参詣者が通行した。一九日に登山した高野山領慈尊院村の中橋弘道（二章で取り上げた中橋英元の孫）は、壇上伽藍の金堂で不断経を拝聴し、御影堂で「飛行三鈷」を見物した後、龍光院において「祖師玉髪」「入唐請来之品」などの宝物を見物した。この期間、山内では様々な宝物を参詣者に公開していたのであろう。三月二一日には「古今未曽有」の大曼荼羅供が修され、参詣者が群集した。その際に、慈尊院の四国堂でも「九品曼荼羅」を公

表1　天保5年3月1日〜3月21日までの慈眼院参詣者

月　日	国郡村名	人数
3月9日	相模津久井乗蓮院主	1
3月12日	阿波芝原威徳院主他2名	3
3月13日	相模藤沢宿感應院弟子	1
3月14日	阿波名西郡天神村3名	4
	周防辺照院主	
3月15日	阿波板野郡西貞方村2名	4
	阿波芝原村2名	
3月16日	武蔵多摩郡和田村高蔵院弟子3名	16
	阿波八多村長楽寺主他12名	
3月17日	阿波名西郡高畠村4名、天神村1名	11
	大坂新町4名	
	周防大島郡日見村西光寺他1名	
3月18日	阿波板野郡東貞方村5名	23
	阿波名東郡高畠村1名	
	相模高座郡辻堂村1名	
	阿波名西郡矢野村2名	
	阿波名西郡高畠村1名	
	阿波名東郡芝原村2名	
	阿波名東郡佐野塚村7名	
	相模高座郡一之宮村安楽寺他3名	
3月19日	阿波板野郡西貞方村2名	35
	阿波阿波郡秋月村3名	
	大坂北浜壱丁目4名	
	阿波勝浦郡新居見村2名	
	阿波名東村高畠村2名	
	紀州和歌山4名	
	阿波東中富村1名	
	阿波名東郡芝原村6名	
	美作勝北郡1名	
	阿波名東郡宮川原村8名	
	阿波高畠村2名	
3月20日	阿波板野郡東貞方村3名	25
	阿波宮川原村1名	
	阿波名西郡高畠村2名（女人堂）	
	阿波宮川原村1名	
	阿波板野郡東中富村2名	
	阿波板野郡勝瑞村2名	
	阿波名西郡一楽村2名	
	阿波名西郡高畠村4名	
	和泉堺7名	
	阿波名東郡府中村1名	

※天保4〜12年「諸州登山帳」（高室院文書1623）より作成。

開していたため、多くの参詣者が訪れた。慈尊院村では「当所宿屋中商人共、一両日之間御忌ニ付、大当り〳〵凡村内へ銀拾貫目斗も取入候様ニ被存候事」とある。

表1は、天保五年三月の慈眼院参詣者を記したものである。一見して明らかなように、三月一六日から参詣者が増えており、阿波からの参詣者が最も多い。御忌数日前に訪れた者が三月二一日まで滞在していたかは不明だが、総計一二三名は、前年三月の一七名、翌年三月の七名と比べても圧倒的に多い。阿波の慈眼院参詣者が最も多いのは、この年である（九七人）。他の年の参詣者は武蔵や相模の方が多いため、御忌に合わせて参詣することは阿波の地域的特徴と言えよう。阿波からの参詣者が多かった要因は、史料から明らかにできないが、地理的要因（武蔵・相模・周防に比べて近い）と宗教的要因（阿波は真言宗寺院

が多く、四国遍路の札所が存在するなど弘法大師信仰が盛んである）が想定される。

大衆化の一要素である参詣者数の推移を分析した結果、高室院や慈眼院の参詣者は右肩上がりに増加するなどの明確な変化の傾向はなく、様々な影響を受けて、増加・減少を繰り返していることが明らかになった。近世後期の寺社参詣でイメージされる参詣者の増加は必ずしも正しくないと言える。

三　参詣の変容

前節で、近世後期に高室院参詣者の恒常的な増加傾向は見られないことが確認された。ここからは参詣の質という側面からその変容を解明する。

安永年間以降の登山帳には、①「神谷より登山」「花坂より登山」のように、どの道を通って参詣したのか、[43]②「案内壱人」「奈良案内壱人」のように、案内人を付き添って参詣したか、③「昼通り」のように、宿泊をしないで参詣後下山しているか、という記述が現れてくる。本節では、①参詣道、②案内人、③宿泊について分析し、その変容を明らかにする。そして、次節においてその事の意味を考察することとする。

1　参詣道

まずは参詣者が神谷と花坂のいずれの道から参詣したのか、その推移を見ていく。表2は、安永から文久までの登山口の変化を示したものである。安永七年は花坂三九組・神谷四六組でほぼ半数ずつと言える。しかし、安永から文政年間にかけて、神谷からの参詣者の割合は徐々に増加していき、文政以降はほとんどの者が神谷

表2　参詣者の登山口の変化

登山口	安永7年		天明9年		寛政9年		寛政12年		文政3年	
花坂	39	43%	38	31%	24	26%	15	22%	9	13%
神谷	46	51%	80	66%	64	70%	50	72%	57	81%
その他	0		0		0		1	1%	1	1%
不明	6		3		3		3		3	

登山口	文政5年		文政11年		嘉永2年		文久2年		文久4年	
花坂	6	9%	6	7%	5	7%	2	3%	3	6%
神谷	62	89%	72	88%	62	89%	69	92%	41	87%
その他	0		0		0		0		0	
不明	2		4		3		4		3	

※数字は参詣組数。
※各年の「諸国登山帳」より作成（高室院文書№1576・1583・1592・1600・1611・1613・1618・1636・1653・1655）。
※寛政12年と文政3年の「その他」はいずれも「熊野道」と書かれている。

からの参詣となって、幕末まで推移している。花坂からの参詣者は、完全に無くなることはないが、徐々に少なくなっている。

このような行程の変化は、他の寺社参詣を含めた旅のルート変容を意味する。各地に残存する道中日記を見る限り、関東から出発し伊勢参宮後に西国へ訪れる旅では、熊野参詣・西国巡礼を行った者は花坂から参詣する。また、伊勢参宮後に大和国を経て、長谷寺・三輪明神・奈良・吉野などを参詣した者は神谷から参詣する。熊野・和歌山経由で参詣する場合には西側の花坂から、大和経由の場合には東側の神谷からの参詣がより近い道だからである。花坂の参詣者が減り、神谷の参詣へと集中していくことは、相模国からの参詣者がより大和経由で旅するようになったことを示している[44]。

相模国の道中日記を見てみても、文化七年（一八一〇）以前は、伊勢参宮の後に熊野経由で高野山に訪れるものが見られるが[45]、それ以降は後述する慶応二年の道中日記以外では管見の限り確認できない（勿論全く存在しないことはないと思われる）。相模国の熊野参詣者は、その後、西国三十三所霊場を巡ることがほとんどであったから、伊勢参宮後に西国巡礼を行うことは徐々に減少したと言える。

2　案内人

次に、案内人を連れてくる参詣者の推移を分析する。元禄・宝永頃には奈良に案内人が出現しており、享保九年（一七二四）に武蔵国多摩郡野津田村の旅行者に出された奈良から高野山や堺、大坂までの案内賃が記された請書が残っている。[46] 文政一二年（一八二九）に、相模国三浦郡秋谷村から訪れた六人の一行に出された案内の請書には、以下のように記されている。[47]

大和廻り案内之事

一法花寺　西大寺　菅原大神　招提寺　西ノ京　郡山　小泉　法隆寺　竜田明神　達磨寺　染井寺　京緋桜　当麻寺　橘寺　岡寺　飛鳥明神　同大仏　阿部文殊三わ明神　初瀬寺　多武峰　吉の山　竜王権現　吉水院　勝手明神　高野山　和泉堺　妙国寺　同蘇鉄　難波や松　住吉明神　天王寺　生玉明神

右之通り大坂迄御供仕候、日雇代弐貫百文相定メ申候由、爰元ニて六百文借用申候、残りハ追而入用次第ニ御渡し可被下候、若此者道中ニて取逃欠落等致候ハば、我等罷出急度埒明可申候、為後日之仍而如件

南都　□□

文政十二丑年二月朔日　□□

日雇　善右衛門

相州　御若六人組様

案内人は二貫一〇〇文で案内を請負って、道中日記で散見される寺社や高野山を参詣し、大坂まで付き添って

表3　案内人を連れてくる参詣者組数の変化

年　号	安永7年	天明9年	寛政9年	寛政12年	文政3年
参詣組数	91	121	91	69	70
案内人付き	3	0	0	0	12
割合	3%	0%	0%	0%	17%

年　号	文政5年	文政11年	嘉永2年	文久2年	文久4年
参詣組数	70	82	70	75	47
案内人付き	9	12	9	7	4
割合	13%	15%	13%	9%	9%

※数字は参詣組数。
※各年の「諸国登山帳」より作成（高室院文書№1576・1583・1592・1600・1611・1613・1618・1636・1653・1655）。

案内している。奈良を起点とした案内のコースがあり、その途中で高野山へ参詣したことがわかる。

表3は、案内人を連れて参詣した組数の推移である。安永七年は三組で、その後は確認できないが、文政三年（一八二〇）に一二組と大幅に増加している。その後は同程度の割合のまま幕末に到る。案内人を連れてくる参詣者は文政年間に急激に増加した。

案内人が付き添っている地点は、文政一一年（一八二八）の場合、「奈良」九人、「法隆寺」「当麻」「たつた」がそれぞれ一人ずつである[48]。他の年でも、奈良から案内人を連れてきた者が最も多い。また、文久二年（一八六二）の登山帳には、案内人を連れた七組の内三組は案内人を二人連れてきている[49]。いずれも一〇人以上の参詣であるので、人数が多い場合は、複数の案内人を依頼することもあった。

3　宿　泊

最後に、宿泊しない参詣者数の推移を明らかにする。表4は登山帳に「昼通り」と書かれている参詣者の組数を示したものである。安永七年は一組のみで、その後も寛政年間までは一組か二組程度だが、文政三年（一八二〇）には一二組と急激に増加している。その後も年によってばらつきはあるが、概ね二五〜三〇％が宿泊しないようになっている。

表4　宿泊しない参詣組数の変化

年　号	安永7年	天明9年	寛政9年	寛政12年	文政3年
参詣組数	91	121	91	69	70
宿泊しない組	1	0	2	1	12
割合	1%	0%	2%	1%	17%

年　号	文政5年	文政11年	嘉永2年	文久2年	文久4年
参詣組数	70	82	70	75	47
宿泊しない組	20	11	19	20	14
割合	29%	13%	27%	27%	30%

※数字は参詣組数。
※各年の「諸国登山帳」より作成（高室院文書№1576・1583・1592・1600・1611・1613・1618・1636・1653・1655）。

安政六年（一八五九）に高座郡座間入谷村から訪れた八人の一行は[50]、一月二八日高野山麓の学文路村玉屋から出発し、高室院で昼食の後、下山して再び玉屋で宿泊している。学文路は『紀伊国名所図会』に「此村旅舎多し、玉屋与次兵衛といふ臥房繁昌す」とあり[51]、宿泊が広く行われていたことがわかる。学文路以外にも神谷や河根、あるいは少し離れた橋本でも宿泊が可能であった。神谷は「茶店軒ならぶ、入口に慈尊院辻槙尾道あり、客舎数戸あり」、河根村は「此處谷間にて、薬研の底のごとし、旅舎多し、是より神谷迄一里」、橋本は「春の頃は、伊勢参宮より大和の勝地を経て、或は高野、或は粉川、或は根来、或は紀三井寺に出づるもの、絡駅として絶えず、必宿をこゝに投ず、実に運送輻湊の地といふべし」とある。

以上のように、参詣道・案内人・宿泊の分析を行った結果、高野参詣者が徐々に奈良経由で訪れるようになったこと、高野山へ案内人を伴って参詣する者が多くなったこと、塔頭に宿泊する者が減少したことが明らかになった。

四　変容の要因

本節では、前節の分析を踏まえて、近世後期における旅の変容について考察する。

まずは旅の行程の変化である。近世後期に熊野参詣・西国巡礼をせず、大和廻りをして高野山へ訪れる者が多くなった要因は二つ挙げられる。

一つは、熊野参詣道の険しさである。慶応二年（一八六六）高座郡上九沢村から出発した一行は、伊勢参宮後に熊野・和歌山経由で高野山へ参詣している。[52]道中日記の記述では、伊勢御師の邸を出発した一月二四日から和歌山へ着く二月五日までの一二日間に、「難所」「大難所」の記述は一二回確認できる。特に、二六日の伊勢国と紀伊国の国境通過以降は、二月二日まで毎日「大難所」の記述がある。日記中で他に「難所」と書かれているのは、駿河国「さつた峠」丹波国「川坂峠」など九回である。熊野参詣道以外に「大難所」の記述がないことを考えても、当時の熊野参詣道の険しさは明らかである。

東国から訪れた西国巡礼者は、郷里を出発した時点で巡礼を始めると意識するのではなく、伊勢参宮の終了、山田出発の時点から巡礼の開始を意識する。[53]西国巡礼に向かう者は、笈摺と言われる袖無羽織に似たうすい衣を着物の上に着て菅笠をかぶる。一方で、大和廻りの者は何も変わることはない。塚本明は、熊野へ到る道が単なる一つの選択ではなく特別な往路であったと述べている。[54]道中日記を見ると、多くの巡礼者が熊野参詣を終えると、田辺などにおいて「山祝い」と言われる餅をつく祝い事を行っている。旅行者は困難を伴い、信仰が意識される「特別な」熊野参詣よりも大和廻りに魅力を感じたものと考えられる。

二つは、大和廻りの遊楽性や容易さである。奈良は、万治三年（一六六〇）から元文三年（一七三八）の東大寺再建のさなか、「観光都市」化していく。[55]名所記・道中案内記もたびたび出版され、[56]奈良から大坂までの案内を請け負う者も現れた。表3から、相模国の参詣者が案内人を雇う行為は、化政期を境に普遍化したことがわかる。

しかし、高室院は案内人に対して良い印象を持たないようである。次に挙げる史料は、嘉永四年（一八五一）に高室院から大島・新島・神津島の村々へ送った書状である。(57)

一、諸国伊勢参宮より大和古跡廻り、夫より高野参詣登山衆中多分毎年正二三月頃迄、関東辺之衆中御参詣有之候、就夫和州長谷・はい原・奈良辺より古跡廻り道案内仕もの多人数渡世致居、纔之賃銭ニ而大和・高野・大坂迄案内相附、関東辺之衆中ハ様子御存知無之事故、案内賃之軽少成を以釣もすれ召連登山之方ニも有之、彼ものハ道中筋ニ而申胡麻ノはい同様之ものニ而、悉く旅籠屋幷昼食休所之茶屋ト馴合、夫々刎銭を取り、七・八日又ハ十日程之案内ニ附添、大ニ成旅人之銭掠取もの□、仮令如何程安ク案内仕と申候共、決而御取合被成間敷候、近年右案内を雇ひ途中ニ而大ニ難渋出来迷惑候旅人有之事ニ御座候、勿論右案内人自分勝手を考ひ、肝心古跡杯ニ而泊り之不都合等を考参詣も不為致、又ハ為指旧跡ニ無之所も自分都合能き所へは連廻り、旅人大ニ迷惑ものニ御座候、堅ク御断り御召連御無用ニ被成度趣村々庄屋世話人衆へ申入肝要ニ候事（後略）

案内人を連れての参詣は、相模国に限らず関東からの参詣者に広く行われていた。案内人は奈良のみでなく長谷・榛原にも多くいたようである。案内人は道中の「胡麻ノはい」同様で、銭をかすめ取る者であるから連れて来ないよう注意を促している。案内人に対するこうした認識は、川路聖謨『寧府記事』にも見られる。(58)旅行者の不行儀を責めたり、案内人を雇うことを強要したりして賃銭を貪る悪習があり、旅行者に迷惑をかける者が多かったと記されている。しかし、前述のような奈良から大坂までの案内の請書の存在は、案内を生業として行い、旅行者を継続して受け入れようとするものと評価できる。高室院への案内人が幕末まで存在し続けていることも考えれば、旅行者に迷惑をかける者ばかりであったとは考えにくい。嘉永元年（一八四八）当時、奈良で名所案内をする者が七〇人程もいたのは、大和国の寺社・高野山の参詣を容易に行うために、案内人を雇う者が多くなっていたためであろう。

七年後の安政五年（一八五八）に、高野山は大和国の有力な旅籠屋から以下のような書状を受け取っている(59)。

差上申一札之事

一、今般高野山麓神谷辻道教之儀ニ付、御尋被下候ニ付左ニ申上候、右者於當地少も機構無御座候、尤以前者大坂表ゟ客人幷荷物等被相送候事も有之、当方ゟも客案内仕候儀も有之哉ニ候得共、只今ニ而者紀州表ゟ客人荷物等直ニ取遣仕候ニ付、実者渡世向ニ付大坂表へ為差用事無御座候事故、當地ゟ浪花表へ道者直通り抔決而仕間敷候、若し御疑之御方御座候ハヽ、御客衆ニ御尋被下候ハヽ、早速相知可申与奉存候、萬一左様之儀申御方有之候ハヽ、奈良表外何屋誰与御聞糺可被下候、其節心得違之もの有之候ハヽ、早々取調子候上仲間を相除可申、元ゟ高野山之儀者申上候迄も無之、本朝無双之霊地之御事故、勿論我々共ゟ旅人参詣為仕候様精々相心得可申候、此段御客坊様方へ宜敷御執成可被下候、右ニ付仲間中申合謹言連印仍而如件

安政五
午霜月十六日

奈良樽井町　小刀屋善助（印）
同　印判屋庄右衛門（印）
今御門　魚屋佐兵衛（印）
同　つなや市兵衛（印）
帯解　立花や小四郎（印）

市之本　大黒や平兵衛（印）
丹波市　吉野や弥市郎（印）
三輪　竹田屋甚七（印）
追分　小間物屋甚四郎（印）

紀州慈尊院
中橋勘之丞様

この史料は、高野山領神谷で道標を再建する際に、学侶方目代の中橋家から大和国奈良などの旅籠へ問い合わせた事への返答である。奈良などの旅籠屋が旅行者を大和から大坂へ直に向かわせず、高野山への参詣を促す旨を誓約している。奈良樽井町の小刀屋善助は、奈良において最も繁盛したと言われる旅籠で、奈良から吉野・高野山・堺・大坂までの案内人の世話をしていた。高野山は案内人によって参詣者が少なくなると危惧してこうした誓約を提出させたと思われる。

『嬉遊笑覧』（文政一三年）には「伊勢参」について「今人多く鹿島詣ではせで、まづ京・大坂・大和廻りをすめり、神仏に参るは傍らにて、遊楽をむねとす、伊勢は順路なればかならず参宮す」との記述がある[60]。大和廻りは、遊楽として書かれている。伊勢参宮後の大和廻りは「遊楽をむねとす」るという認識があった。

以上のように、多くの者が大和廻りの後に高野山へ参詣するようになった要因として、熊野路の険しさと大和路において旅行者を支える体制が整ってきたことが挙げられる。

次に、塔頭での宿泊を伴わない参詣について考察する。中世末期から近世を通じて、高野参詣が隆盛した要因として、塔頭が宿坊の機能を有していたことが挙げられる[61]。高野山のように町場から遠い場所では、塔頭で宿泊できることが参詣を可能にするからである。「昼通り」の者が多くなるということは、こうした近世前期の様相が変容したことを示している。

前述のように、塔頭に宿泊しない場合、参詣者は麓の神谷・河根・学文路等で宿泊する。その要因の一つとして、参詣者が時間や出費を抑えようとしたことが挙げられる。嘉永三年（一八五〇）に、上野国伊勢崎から訪れた栗原順庵の旅日記には、以下のように記されている[62]。

> 快晴、加手村出立にて、登りばかりにて難処多し、加みやへ参り候へば、茶屋にて御国元はいづれなりとてきき届くるなり、是は坊より案内の積りなり、坊に付候には是より案内致させよろし、坊に付かず通り抜なれば国所名乗らず坊に付かざる由答うべし、坊に付候へば何分隙入り、且又、月拝日拝等すすめ入用も多し、御山に行き候はば数珠屋にて数珠等求め、此家にて商人宿相尋ねくる、是にて飲食すべし、隙いらずにてよろし、夫より表門へ抜け花坂より麻生津に出ず（後略）

参詣者が塔頭に行くことは「隙入り」で、月牌・日牌を勧められて入用も多くなるため、塔頭へ立ち寄らず商人宿へ行き、そこで飲食するよう注意を促している。このように塔頭へ立ち寄らずに下山した場合は登山帳にも書かれない。相模国の道中日記では、こうした記述が見られないため、高室院に立ち寄らない高野参詣者がどの程度存在したかは不明である。しかし、同様の理由から宿泊しない者が少なからず存在したと推定できる。

高室院での位牌の建立は、一八世紀以降著しく減少し、一九世紀には最も多かった寛永年間の一割にも満たない[63]。近世後期の高野参詣者の多くが位牌を建立していない。高室院で宿泊しない者の増加は、宿泊した場合に「月拝日拝等すすめ入用も多」くなり、時間もかかると考える参詣者が増加したためであろう。

高室院が参詣者から得る収入を比較すると、正徳二年（一七一二）は金三四三両と銀二四五六匁であるのに対し、参詣者数が同程度の嘉永五年（一八五二）は金一五九両と銭一九〇貫八二〇文である(64)。高室院が参詣者から得る収入は、近世中期に比べ大きく減少している。「位牌料」は定額であったから、その数が大幅に減少したことが影響している。高室院の収入減少を見ても、参詣者が塔頭での宿泊や供養等の信仰的営為を行わず、出費を抑えるようになったことが明らかである(65)。

以上のように、相模国からの高室院参詣は、近世後期にかけて熊野参詣・西国巡礼者が減少し、大和廻りで訪れる者が多くなっていった。その背景には熊野参詣道の険しさや大和廻りの容易さがあった。また、近世前期には、ほとんどの参詣者が宿泊・供養していたが、一九世紀には宿泊・供養しない参詣者が多くなっていた。参詣における信仰の要素は、徐々に弱くなっていると言えよう。

おわりに

本章では、相模国からの高野参詣について高室院に残された史料をもとに検討してきた。そこから得られた結論をまとめておきたい。

①高室院参詣者は、近世後期にかけて徐々に増加する傾向はなく、様々な要因で絶えず増減を繰り返している。

②熊野経由で高室院を訪れる者が少なくなり、殆どが大和廻りの後に訪れるようになった。その要因は熊野参詣道の険しさと大和路の容易さにあった。

③化政期を境に、高室院に参詣しても宿泊しない者が多くなっている。これは参詣者が塔頭での時間や出費

を押さえようとしたためである。高室院での位牌供養の数からも、参詣者が供養を行わなくなったことがわかる。

先行研究において、寺社参詣者数の推移は、検討する寺社によって様々な傾向が示されている。だが、高室院の参詣者数を長期的に分析してみると、増加・減少という明確な傾向は見られなかった。高野参詣を記した道中日記は一八世紀後半以降増加しているが、それは高野参詣者の増加を意味していなかった。寺社参詣者数の推移は個々の寺社や地域ごとに分析していく必要があり、近世後期旅の大衆化によって各地の寺社参詣者が一様に増加したと見るのは間違いである。

高野参詣の変容は、数の面よりもその内容に顕著であった。特に信仰的営為として捉えられる西国巡礼や塔頭での宿泊、供養の減少は、近世後期の変容と言える。宿泊の減少や案内人を連れる参詣者の増加に注目すれば、化政期がその画期である。これは、小野寺淳が関東からの伊勢参宮を主目的とした旅のルート変容の画期として位置づけた一八〇〇年前後とも同時期である。また、伊勢参宮を主目的とした旅行者が相模国の箱根で「一夜湯治」を行うようになったこととも重なる[66]。これらの論稿と本章の分析を総合して考えたとき、一八世紀末から一九世紀初め頃、旅の行程が長期化・複合化し、より困難の少ない旅が行われるようになる代わりに、一寺院で行われていた参詣者による信仰的営為は行われなくなっていったと理解できよう。

〔註〕

（1）本章は、主に高野山高室院文書を用いる。記した同文書の№は『寒川町史資料所在目録』第一六集、二〇〇六年に記された整理番号である。

（2）この点は、新城常三『新稿社寺参詣の社会経済史的研究』（塙書房、一九八二年）以来多くの研究者の認識となっている。
（3）西山松之助「江戸町人総論」（『江戸町人の研究』第一巻、吉川弘文館、一九七二年）。
（4）参詣者数を検討した論稿として、前掲註（2）新城論文、松岡俊「『相模国登山帳』にみる高野山参詣の動向」（『寒川町史研究』4、一九九一年）、青柳周一「須走御師宿帳の研究―御師の宿泊業経営の実態とその文書機能についての考察―」（『小山町の歴史』第九号、一九九六年）がある。
（5）岩鼻通明『出羽三山信仰の圏構造』（岩田書院、二〇〇三年）。
（6）鈴木章生「社寺参詣をめぐる研究の動向と展望―江戸およびその周辺を中心として―」（『交通史研究』五六、二〇〇五年）。
（7）小野寺淳「道中日記にみる伊勢参宮ルートの変遷―関東地方からの場合―」（『人文地理学研究』一四、一九九〇年）、大和田公一「道中記類資料に見る近世箱根の遊覧について―温泉観光地箱根の認識―」（地方史研究協議会編『都市・近郊の信仰と遊山・観光』雄山閣出版、一九九九年）、原淳一郎『近世寺社参詣の研究』（思文閣出版、二〇〇七年）、高橋陽一『近世旅行史の研究―信仰・観光の旅と旅先地域・温泉―』（清文堂出版、二〇一六年）。
（8）各地に残る道中日記は、「伊勢参宮道中記」「伊勢参宮日記」など「伊勢参宮」を道中日記の表題に入れているものが多いことから、それが本音か建て前かは不明だが、旅の主目的は伊勢参宮にあったと位置づけられる。
（9）嘉永四年「駿豆檀用補忘記」（高室院文書八一二）。
（10）天保一〇年「紀伊続風土記」（『紀伊続風土記』帝國地方行政學會出版部、一九一〇年）。
（11）『野山名霊集』（宝暦二年）では、夢に現れた神人のお告げとして「抑此山は金胎両部の曼荼羅にして、諸仏集会の浄土なり、登山の功徳広大なること説くとも尽すへからす」と、登山することの功徳が説かれている。
（12）前掲註（2）新城論文「高野山詣」（中世）。

（13）「下野国供養帳」（『鹿沼市史』資料編古代・中世所収）、「常陸国日月牌過去帳」（『牛久市史料』中世Ⅱ―記録編―所収）、「上野日月供名簿」（『新編高崎市史』資料編4中世2所収）、村田安穂「高野山西南院所蔵『関東過去帳』について（二）」（『早稲田大学大学院教育学研究科紀要』第一三号、二〇〇三年）など。
（14）天文五～文禄五年「高相州河西第一号　相州過去帳」（高室院文書九五三）。
（15）圭室文雄「高野山塔頭の檀那場争い―相模国の場合―」（地方史研究協議会編『都市・近郊の信仰と遊山・観光』雄山閣出版、一九九九年）。
（16）村数から対比した場合、高室院と慈眼院は四：一で圧倒的に高室院が多い（『寒川町史調査報告書』二、二一頁）。
（17）文久三年「伊勢道中日記」（『茅ヶ崎市史』第一巻資料編上）。
（18）嘉永五年「道中日記帳」（『相模原市立図書館古文書室紀要』第一一号）。
（19）嘉永四年「駿豆檀用補忘記」（高室院文書八一一）。
（20）塚本明「江戸時代の熊野街道・伊勢路と巡礼たち」（『山岳修験』第三六号、二〇〇五年）。
（21）伊勢参宮後、高野山へ立ち寄らない場合には、大和を経て大坂や京へと向かうコースであることが多い。
（22）前掲註（2）新城常三論文。
（23）前掲註（7）小野寺論文、他にも桜井邦夫「旅人百人に聞く江戸時代の旅」（大田区立郷土博物館『弥次さん喜多さん旅をする』一九九七年）、高橋陽一「多様化する近世の旅―道中記にみる東北人の上方旅行―」（『歴史』九七、二〇〇二年）が挙げられる。
（24）伊勢参宮では、御師の邸に着く前に御師の手代に迎えられ、酒が出て饗応され、駕籠で御師のもとへ到着している例が見られる。道中日記に記された高野参詣は、伊勢参宮と相似した面が多い。伊勢参宮の概要は、西垣晴次『お伊勢まいり』（岩波書店、一九八三年）を挙げておく。
（25）案内が神谷や花坂で行なわれたのは、諸塔頭による過剰な参詣者獲得競争を防ぐために取られた対応という側面もあった。享保八年「万留帳」（萱野家文書、『和歌山県史』近世史料四、三〇七頁）から、塔頭への案内は遅くとも享保八年には行なわれている。
(26) 天保一〇年「紀伊続風土記」（『紀伊続風土記』帝國地方行政學會出版部、一九一〇年）。
(27) 高室院文書。
(28) 『寒川町史調査報告書』六、五四頁。
(29) 月牌帳と登山帳の両方が揃っている貞享二年（一六八五）の場合、参詣者のほとんどが位牌を建立している。一七世紀段階では、参詣者数と供養者数に大きな開きはないと考えられる。
(30) 圭室文雄「天文一一年～元和二年における相模国月牌帳」（『寒川町史研究』四、一九九一年）。
(31) 寛永一三～一八年「相州河西過現帳高相州河西第九号」（高室院文書九七〇）、寛永一五～一六年「高相州河西第十号」（高室院文書九七二）。
(32) 「武江年表」（『増訂武江年表1』平凡社、一九六九年）。
(33) 『順礼物語』（国文学研究資料館蔵）。
(34) 元禄二年「南遊紀事」（新日本古典文学大系『東略記・己巳紀行・西遊記』岩波書店、一九九一年）。
(35) 各年の登山帳より作成。※の天保一二年（一八四一）は閏一月一一日、安政二年（一八五五）は九月末日までの記述である。
(36) 参詣者の訪れる月は、総数では一・二月（あるいは閏一月）に約七〇%が訪れている。ただし、貞享二年～正徳年間の参詣数では六・七月も多く、一・二月とほぼ半数ずつである。近世前期の高室院参詣者が六・七月に集中していることを考えると（前掲圭室文雄「天文一一年～元和二年における相模国月牌帳」）、近世後期にかけて暖かい時期の参詣から一・二月へ、参詣の時期が集中していったことがわかる。西国巡礼の通行が最も多い時期が六・七月であったために、高野参詣者もこの時期が多くなっていたと考えられる。
(37) 相蘇一弘「おかげ参りの実態に関する諸問題について」（『大阪市立博物館研究紀要』七、一九七五年、後に

西垣晴次編『伊勢信仰Ⅱ』雄山閣出版、一九八四年）。
(38) 文政一三年～天保九年「諸国茶牌過去帳」（高室院文書一一七五）。
(39) 嘉永三年「諸国登山帳」（高室院文書一六三八）。
(40) 各年の登山帳による（高室院文書一五二四～二六・一五三三・一五三七～三九・一五四一・一五四五・一五五二・一五五六・一五五八・一五五九・一五六一・一五六二・一五六四・一五六七～六九・一五七二～七四・一五七八・一五八〇・一五八四・一五八五・一五八七・一五九三・一五九九・一六〇五・一六〇六・一六一二・一六一五・一六一九・一六二三・一六三〇・一六三四・一六三七・一六五〇・一六五四・一六五六）。
(41) 松岡俊「『相模国登山帳』にみる高野山参詣の動向」（『寒川町史研究』4、一九九一年）。
(42) 天保五年「日次記」（中橋家文書七九）。
(43) 参詣者がどの道を通って参詣したのかを高室院が記しているのは、参詣者の案内が神谷・花坂で行なわれており、その案内料が各塔頭から米によって支払われていたからであろう。日野西眞定「登山帳からみた高野参詣の諸問題（その一）」（『密教文化』一一〇号、一九七四年）参照。
(44) 旅の一行が伊勢参宮後に分かれて高野山へ向かう場合、同村の者が熊野・和歌山経由と奈良経由の二組に分かれて参詣している場合が多く見られる。しかし、化政期以降は二組に分かれていても、別々の日に同じ神谷から登山する者が大半を占めるようになっている。
(45) 自治体史に所収された史料では、享保一六年「（道中日記）」（『小田原市史』史料編近世Ⅱ）、享和三年「伊勢参宮諸国神社払諸色覚帳」（『相州三浦郡秋谷村（若命家）文書』中巻）、文化七年「（道中記）」（『湯河原町史』第一巻）が確認できる。
(46) 山田浩之「近世大和の参詣文化―案内記・絵図・案内人を例として―」（『神道宗教』一四六号、一九九二年）。
(47) 文政一二年「大和廻り案内之事」（『新横須賀市史』資料編近世Ⅰ）。なお同様の史料は、天保一一年「大和案内之事」（『藤枝市史』資料編3近世1）でも確認できる。

(48) 文政一一年「諸国登山帳」（高室院文書一六一八）。
(49) 文久二年「諸国登山帳」（高室院文書一六五三）。
(50) 安政六年「伊勢参宮日記帳」（『座間市史』近世資料編）。
(51) 天保九年「紀伊国名所図会」（紀伊国名所図会刊行会『紀伊国名所図会』一九七八年）。
(52) 慶応二年「道中日記牒」（『相模原市立図書館古文書室紀要』第一一号）。
(53) 田中智彦「西国巡礼の始点と終点」（『神戸大学紀要』一六、一九八九年、後に真野俊和編『講座日本の巡礼本尊巡礼』雄山閣出版、一九九六年）。
(54) 前掲註(20)塚本論文。
(55) 古川聡子「近世奈良町の都市経済と東大寺復興」（『ヒストリア』一六九、二〇〇〇年）、同「近世奈良町における都市政策の展開」（『ヒストリア』一九一、二〇〇四年）。
(56) 吉海直人「『絵図屋庄八』について—近世以降の奈良出版文化史管見—」（『同志社女子大学学術研究年報』四四、一九九三年）。文化七年「道中記」（『湯河原町史』第一巻）に大和で出版された名所記を購入した記録があることや、現存する史料で「改正絵入　南都名所記」（足柄上郡谷ヶ村武尾家文書・神奈川県立文書館所蔵）や「大和めぐり順案内の図」（足柄上郡皆瀬川村井上家文書・神奈川県立文書館所蔵）のように大和廻りのものが確認されていることから、相模国から訪れた者は大和廻りに関する案内記や絵図を購入し、利用していたことがわかる。
(57) 嘉永四年「駿豆檀用補忘記」（高室院文書八一一）。
(58) 大久保信治「江戸時代奈良の旅籠屋仲間の問題」（『ビブリア』七四、一九八〇年）、山本光正「道中日記にみる近世の旅について」（『交通史研究』一三号、一九八五年）、『奈良市史』通史編3、四五六頁。
(59) 安政五年「日割記」（中橋家文書一〇九）。
(60) 文政一三年「嬉遊笑覧」（『嬉遊笑覧』吉川弘文館、一九九六年）。

(61)　前掲註(2)新城論文。

(62)　嘉永三年「伊勢金比羅参宮道中記」（金井好道編『伊勢金比羅参宮日記』）二月二九日条。

(63)　高室院での位牌数は、一七世紀をピークに徐々に減少する傾向である。詳細は四章で言及する。

(64)　正徳三年は金三五六両二朱・銀一〇五匁五歩・銭一一七貫二二一文、安永一〇年は金三一二両二分（すべて金換算）である。参詣者数から考えても、参詣者一人当たりの出費は減少していると言える。

(65)　宿泊を伴わない参詣者の増加が高室院に与える影響は、参詣者から得る収入の減少である。登山帳の記述では、参詣者が高室院に支払う金銭は、多くの場合、「位牌料」「坊布施」「木仏料（塔婆料）」の三つである。「位牌料」と「木仏料」を払うか否かは、その参詣者が供養をするか否かによって決まり、その額は定額であったが、「坊布施」は参詣者の志次第であった。「坊布施」は宿泊費にも相当するため、宿泊しない場合にはその額に大きな差が見られ、中には全く払わない者もいる。嘉永二年（一八四九）「諸国登山帳」（高室院文書一六三六）によれば、相模国三浦郡宮川村の参詣者が三組に分かれ、二月一二日に五人、翌一三日に一四人、翌一四日に四人訪れている。一二日は宿泊したが、一三日・一四日の一行はどちらも「昼通」している。それぞれの一行の支払った「坊布施」は金二分、金二分、金二朱である。一人当たりで割ると、金　・六朱、金〇・五七朱、金〇・五朱となる。宿泊しない場合には概ね金〇・五朱が目安にされたのに対して、宿泊した場合には、明らかに多くの金銭が払われている。

(66)　前掲註(7)大和田論文。

四章　高野山における供養の展開
――相模西部を事例に――

はじめに

本章は、高野山高室院の過去帳を分析し、霊場における供養の展開を明らかにする。高野参詣の目的の一つは死者・先祖の供養であったため、その実態解明は高野山信仰の内実を明らかにするために重要である。

死者・先祖供養を行う場が菩提寺に限らず、古来高野山や善光寺等の霊場が存在したことは、竹田聴洲・五来重・宮田登らによって指摘されてきた(1)。また、大桑斉は菩提寺や霊場での供養を、ともに「聖域への入口」と包括的に捉えている(2)。しかし、霊場での供養の具体的状況を分析することはなかった。具体的な事例はほぼ高野山に限定され、日野西真定・圭室文雄・村上弘子・倉木常夫らの研究成果が見られる(3)。ただし、分析している期間が短く、その間の供養の変容も明らかにされていないため、近世を通じた分析が必要である。

また、本章の検討は、近世における供養の研究蓄積という点でも重要と考える。日本における死者・先祖供養の研究は、歴史学にとどまらず、社会学・民俗学・考古学等の分野でも多くの蓄積がある。死者をいかに供養するかが、日本の「家」の特性を解明するために重視されてきたためである。様々な「家」の検討により、その特性が論じられてきた。しかし、現在では「家」論は個別分散化し、その性質をどう定義するかによって異なった成立時期が提示されている[4]。大藤修は、「家」を「固有の『家名』『家産』『家業』をもち、先祖代々への崇拝の念とその祭祀を精神的支えとして、世代を超えて永続していくことを志向する組織体」と定義した上で、その成立を一七世紀後半から一八世紀としている[5]。また、市川秀之は近世墓標の分析から、一八世紀中期に「先祖」を供養する墓がつくられ始め、「家」が形成されたことを明らかにしている[6]。しかし、木下光生がその「先祖」は、「自分が見知っている範囲の『先祖』を想定したもので、記憶にない『先祖』を想定していない可能性」を指摘しているように[7]、「先祖」供養をめぐる「家」の性質については、再検討の必要性が提起されている。また、西木浩一は江戸の都市住民の供養について、「先祖を抽象化・没個性化」することなく、「祖先崇拝よりも故人に対する追憶主義の傾向が強い」と述べている[8]。これにより、一地域の事例を単純に普遍化出来るものではないことが示されたと言えよう。こうした研究状況下では、「家」論を前提として供養の実態を論じるよりも、供養の実態に基づき具体的に「家」の有り様を明らかにしていく作業を積み重ねていく必要があると考える。これまで比較的研究蓄積の見られる墓標の分析のみでなく、高野山のような霊場における供養も分析対象とする必要がある。

本章は、高室院の月牌帳[9]・茶牌帳と呼ばれる過去帳を分析し、位牌建立による供養の展開を明らかにする。対象地域は、史料の残存状況から長期的な分析が可能な相模国西部（足柄上郡・足柄下郡・淘綾郡・大住郡・愛甲郡）とする。高野山は古義真言宗の本山であるが、位牌の建立は菩提寺の宗旨が古義真言宗の者に限られたものではない。位牌は、仏壇に納められて家で礼拝の対象になる内位牌、墓地の上に置かれる野位牌などがあるが、高室院で作られるのは高室院の位牌堂に置かれる寺位牌である[10]。その種類は、基本的に日牌・月牌・茶牌の三種で[11]、供養料はそれぞれ金二両・金一分・金二朱であった[12]。日牌は毎日御膳を供えて回向する供養、月牌は死者の月命日に供養、茶牌は毎日煎茶湯を供える供養である[13]。日牌は数が少なく、月牌帳に一緒に記されているため、便宜上日牌も月牌と同様に扱うこととする。

具体的には次の二点を課題とする。第一に高室院における位牌の建牌数の推移を分析し、数量面の変化を明らかにする。第二にその位牌の内容を分析し、その変容を明らかにする。

一　位牌供養の概要

高野山での供養は当初納骨によって行われ、その原形は一二世紀初頭に形成された[14]。貴族層に亡骸尊重の認識が広がり、一定の忌日を経た後に墓で追善仏事を行うのではなく、改葬するようになった。そして、その改葬の場所として、現世浄土と認識された高野山での納骨が行われた。高野山での納骨は、中世に高野聖の活躍によって庶民による納骨へと広がっていった。ただし、納骨の数量や範囲等どの程度行われたのかは明確ではない。

一方、中世の関東では、板碑の建立が広範に見られる。一三世紀から一七世紀初頭にかけて、二万基は下らないであろう数の板碑が造立された[15]。当初は純然たる仏教行為であった板碑造立は、一五世紀中期以降には「墓碑的板碑」へ変化していくという。

竹田聴洲・圭室文雄・青山孝慈は、寺院の開創年代を分析し、一六世紀以降多くの寺院が開創されたことを明らかにしている[16]。青山の分析によれば、相模国で最も多く寺院が創られるのは、後北条氏の盛期から慶安年間までである。武士による開創も多く、民衆が供養を行うために開創された寺院ばかりではないが、この時期に死者の供養場所が必要とされるようになったことがわかる。相模西部の寺院は、曹洞宗寺院が最も多いが、古義真言宗寺院もそれに次ぐ数であった。

三章で述べたように、高野山の諸塔頭が関東の諸大名と檀縁関係を結ぶのも、一六世紀前半期である。大名やその親族だけでなく、家臣や領民も檀家と見なされ、一六世紀前半頃から供養を行っている者が確認できる[17]。高室院は後北条氏と檀縁関係を結び、相模・武蔵・伊豆の者が高野山へ参詣した際の宿坊となった。慈眼院の進出によりその範囲は縮小されるが[18]、近世中期以降は三浦郡・高座郡・鎌倉郡・愛甲郡・大住郡・足柄上郡・足柄下郡・淘綾郡に及んでいた。

高室院の史料を見る限り、相模国の供養では納骨は確認できず、ほぼすべてが位牌の建立である。『通念集』(一六七二年)には、「月牌を建立しけることも、ながく五十六億下生のあかつきまで、其名を此山にとどめ、晨夕の廻向にあづからん、功徳をおもひはかるへし」とあり[19]、位牌の建立によって弥勒が下生する五六億七〇〇〇万年先まで回向を受けることができるという。『野山名霊集』(一七五二年)には、高野山に墓を築き日月牌を建てること、あるいは骨・髪・爪・歯を納めることは、我が国の風俗であり、昔から貴賤や宗派を選ばず行われており、近来まで他の寺社ではないことであったと述べている[20]。また、高野山を菩提所とすることは、「一にハ前にいふか如く当山ハ法爾として大日如来の浄土なり」、「二には大師金剛の大定に入て、当山の人法を加持して弥勒出世の暁に到るまて退転なからしめんと誓霊場なり」、「三には凡霊魂追善の功徳ハ、真言を以第一とすること仏説分明なるか故に自他宗の学者これを許せり」とある。

次に、位牌の建立手順を確認する[21]。文化二年(一八〇五)七月、江戸糀町二丁目の岡田剛助は、母が死去したため、使者をもって高室院での位牌（日牌）建立を芝二本榎の在番所へ願い出た。位牌建立は、①建立の申請（祠堂料を納める）、②江戸から高野山へ伝えられ、高室院で位牌建立、開眼供養、法事を行う、③過去帳（月牌帳・茶牌帳）に記入、④施主に支証を渡す、という手順であった。高室院は岡田へ位牌の建立を報告し、墓へ納めるための「加持土砂」を遣わしている。ただし、このように江戸在番所で申請する者は少なく、多くの場合は高野参詣者が塔頭で申請した。支証は「請取啓月盃之事」[22]や「月牌之契章」なども書かれ、現在でも複数の家に残存している。

嘉永四年（一八五一）高室院の使僧高見院が伊豆国で勧進する際に、村々へ次の書状が送られた[23]。

扨高室院儀先年類焼致し、文化三寅ノ九月也客殿・臺所は再建出来候得共、本堂・位牌堂・表門等ハ只今以仮建ニ而、当院主住職以来右再建之儀朝夕困心被致居候へ共、餘程大金之事故、難及自力ニ、段々延引年月相移り候所、最早灌頂大法会執行順役四・五ヶ年之内相廻り候へ共、只今之仮堂ニ而は手狭ニ而所詮難相勤候、何卒速ニ再建致し右大法会ニ間合候様致度、右勧誘御村内御一統各様御頼申、格別ニ御心情被下度偏ニ頼上候、此帳面ニ寄附金高幷村所名前御記し可被下候、尤再建為助成施之志有之衆中ハ戒名・俗名・命日等此下帳江委敷御記し被下度、則下帳面も御頼申置度候間、有信之衆中江御勧メ可被下候、但し戒名壱人前弐百銅已上志次第ニ候、弐朱又ハ百疋寄附之衆中江は茶牌・月牌證文御渡申、早速本山へ申登セ位牌建立之上、開眼供養法事相勤申候、此下帳へ書記之分本過去帳へ悉く法名等写取、於位牌堂朝暮御廻向相勤申儀ニ御座候間、下帳三冊五冊又ハ十冊精々御受持御勧メ可被下候（後略）

すなわち、高室院は文化三年（一八〇六）に類焼して、客殿と台所は再建したが本堂・位牌堂・表門は依然仮堂のままであった。村内に寄進者がいる場合は、戒名・俗名・命日等を下帳に記すよう求めている。金二朱あるいは百疋寄進する者には、茶牌・月牌の証文を与え、高野山で位牌を建立して開眼供養すると伝えている。このように、幕末には高室院側から積極的に供養を受け付けるようになっていた。

二　供養数の推移

本節では、位牌の数量的推移を検討する。図1[24]・図2[25]で、月牌帳・茶牌帳に記された位牌の推移を示した。史料の残存状況により、月牌は元和二年（一六一六）～安政二年（一八五五）まで、茶牌は享保一七年（一七三二）～安政二年までを対象とする。なお、図中で線が途切れている所は、史料が残存していない、もしくは一年を通しての記載が確認できない年である（数量を比較するため、数が多くても一年を通して記載がない場合は除外）。

まず図1で月牌の推移を見る。慶長年間の相模の月牌が一年平均七〇本程度であるため[26]、寛永期には早くも慶長期を大きく上回る数に達しており、徐々に増加したことがわかる。全体的な特徴として、一七世紀は増減の変化が激しいものの比較的高水準、一八世紀後半以降は減少傾向が指摘できる。最も数が多いのは、寛永一五年（一六三八）の約七一〇本である。この年は伊勢参宮の群参があったことから[27]、高野山にも多くの参詣者が訪れて建立も増加したと考えられる。一八世紀後半以降も年により差異があるが、二〇〇本を超えることはない。

次に図2で茶牌の推移を見ると、一七三二年から一八〇〇年頃まではゆるやかだが増加傾向が見て取れる。ただし、一八二〇年以降は減少している。

前章で述べたように、位牌数の減少は必ずしも参詣者の減少を意味しない。高室院の参詣者は様々な要因に

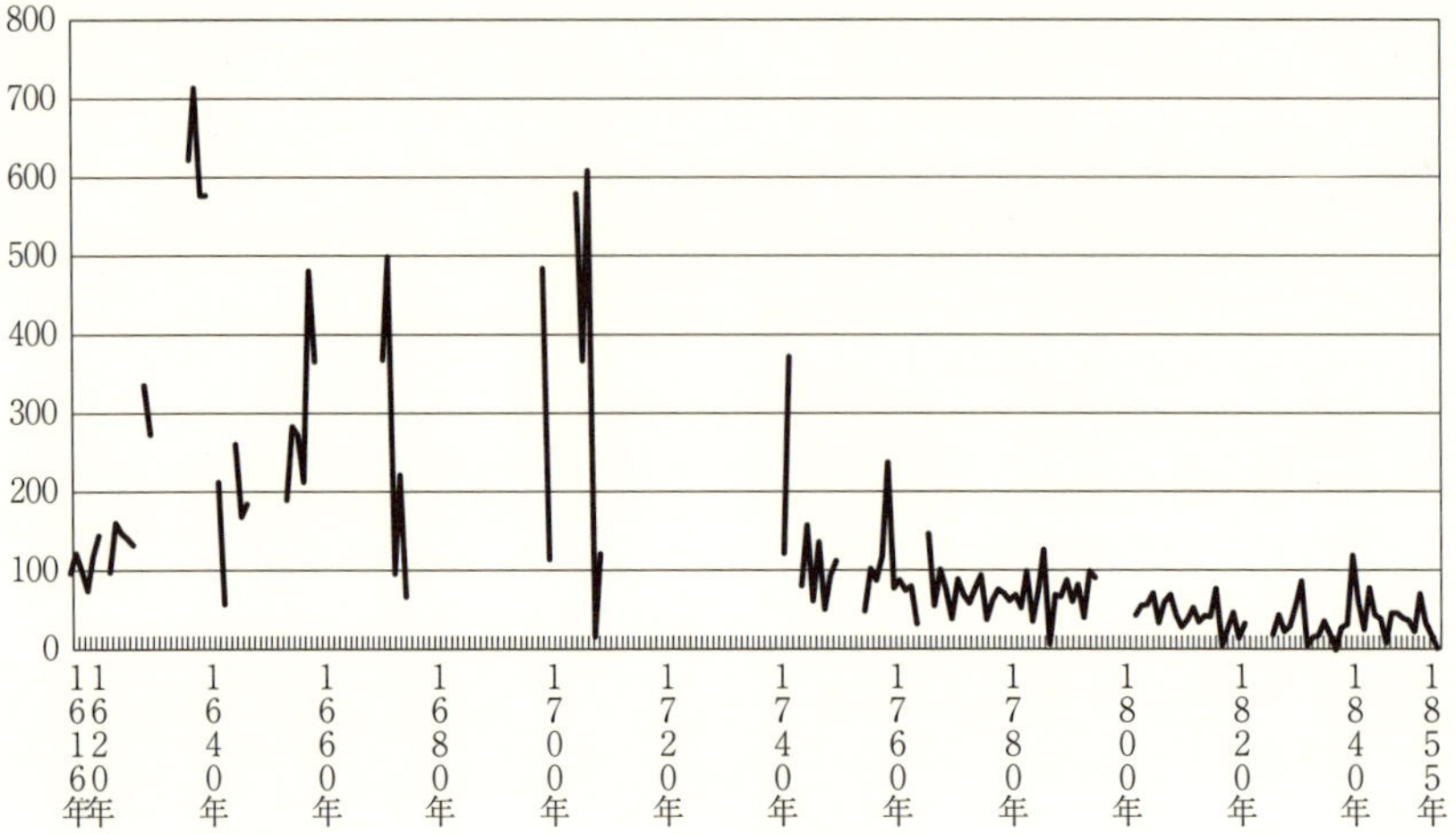

図１　月牌数の推移

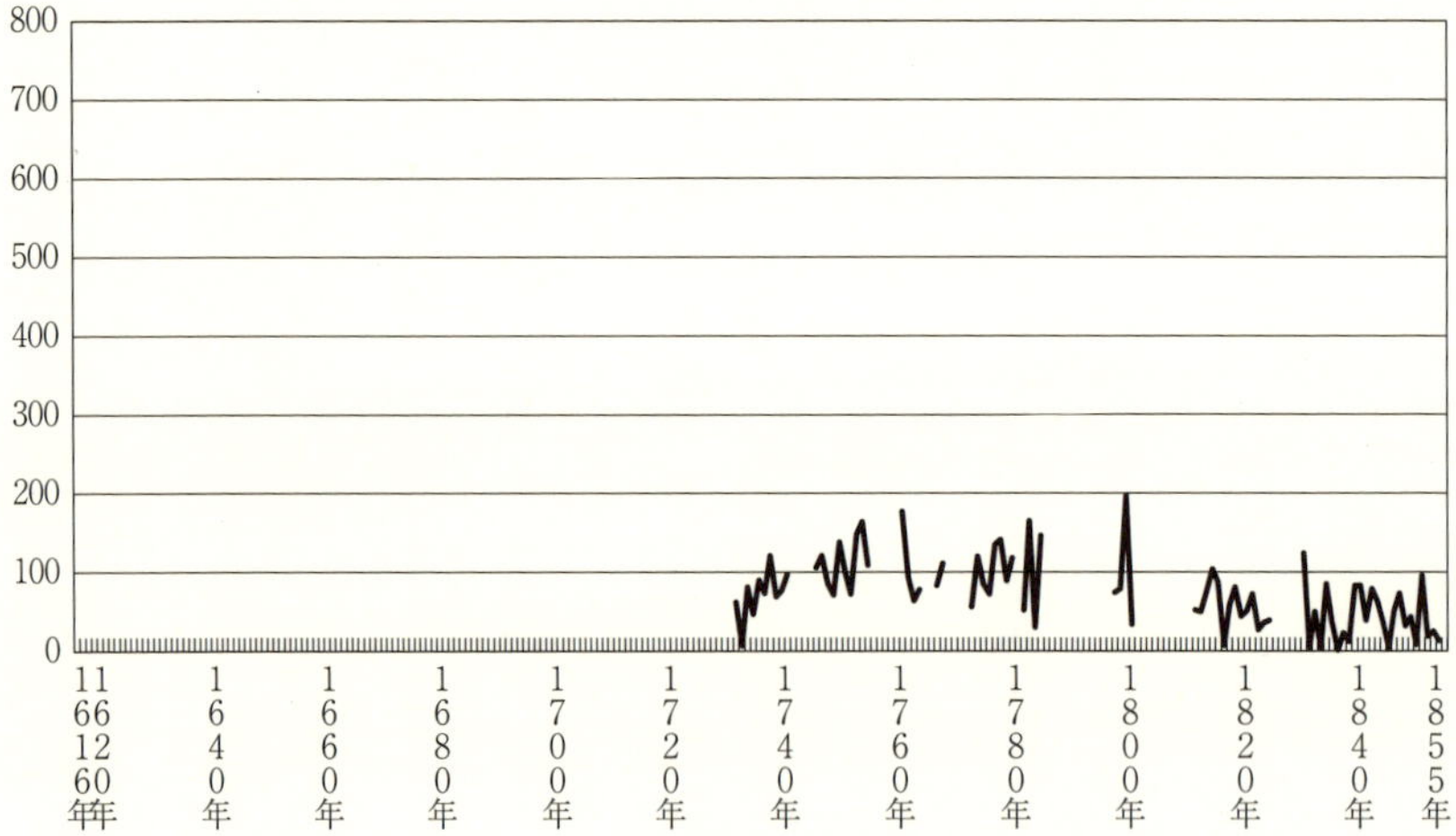

図２　茶牌数の推移

より増減するが、徐々に減少する傾向は見出せない。参詣者数が同程度の正徳二年（一七一二）と嘉永五年（一八五二）を比較しても、位牌建牌数は嘉永五年の方がはるかに少ない。参詣しても供養しない者が増加したためである。

位牌数の減少傾向は、一人当たりの建立数の推移からも明らかである。一八世紀中頃までは月牌を建立する者一人につき平均二本以上建牌していた。しかし、徐々に減少して、一八一〇年代以降は平均一・三本で推移している。茶牌でも、一八世紀中頃までは平均二本以上の建牌が行われていたが、一九世紀中頃には平均一・一本となっている。位牌を建立する場合、一人につき一本が一般的となっていた。

三　供養の変容

1　逆修供養と菩提供養

本節では、位牌の内容の変化を検討する。まずは逆修供養と菩提供養の推移である。逆修供養とは生前に戒名をもらって供養することで、現世において計りしれない福を得ることができ、寿命も長くなり息災になると考えられていた(28)。位牌の建立自体、当初は逆修を目的に作られたものであった(29)。

板碑の総合調査によって、一四世紀以降、逆修板碑の割合は増加することが明らかにされている(30)。逆修の終末は、一七世紀後半から一八世紀前半くらいと大まかな時期を推定しているものは見られるが、具体的にその推移を示したものはないため、逆修供養と菩提供養の割合の変化を明らかにする。

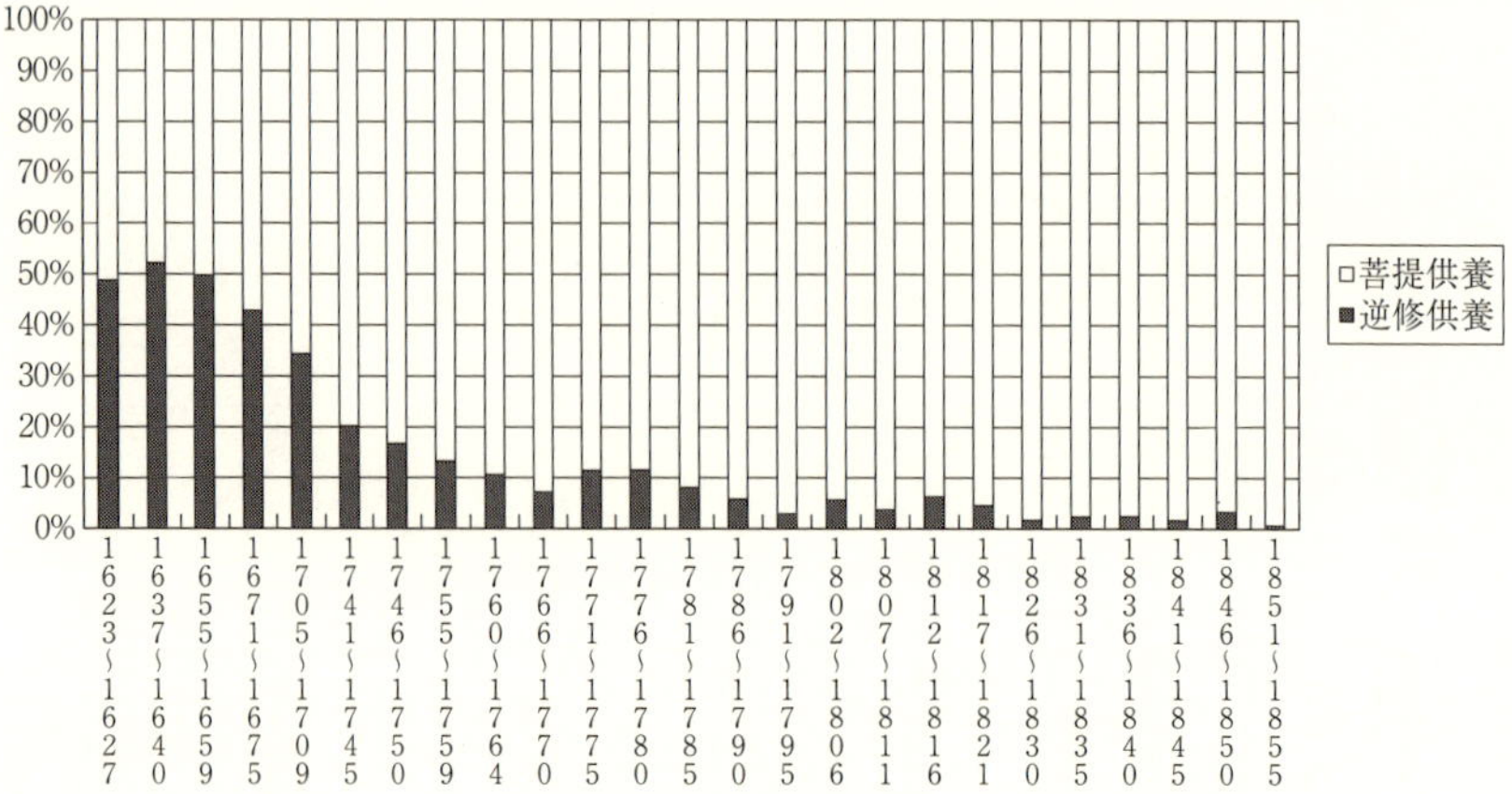

図３　供養形態の変容

図3に、月牌帳に記された逆修供養と菩提供養の推移を示した[31]。一見して明らかなように、徐々に逆修供養が減少し、菩提供養に集中している。元和九年（一六二三）～寛永四年（一六二七）において、逆修と菩提供養の数はほぼ同程度で、その直後はやや逆修が多くなっている。寛文期には再び菩提供養の割合が多くなり、宝永期にはさらにその差が広がっている。その後もこうした傾向のまま進み、一八世紀末には逆修供養がほとんど行われなくなった。

先行研究で、逆修供養がほとんど見られなくなる時期とした一七世紀末から一八世紀前半に大幅な減少が確認できた。全国的な逆修信仰の減少が、こうした供養の変化をもたらしたと考えられる。ただし、大幅な減少は見られたものの、寛保・延享期（一七四一～一七四五）でも供養全体の二割を占めている。その後も減少するが、幕末にいたるまで逆修供養は存在した。茶牌の場合も、月牌とほぼ同様の推移である。享保一七～享保二一年は、逆修が二九％を占めていたが、天保期以降は〇～二％程になっている。

一七世紀の高野山では、菩提供養のみではなく、現世利益を願った逆修供養も盛んだったことがわかる。近世前期の供養を考える場合に、現在では大多数を占める菩提供養だけでなく、逆修供養も想定して検討する必要があると言えよう。

2　供養対象者の変化

宝永年間以前に作られた月牌帳には、戒名・施主の住む国郡村名・施主と供養対象者の関係・建牌年月日・命日（月日のみ）が記されている。そこで、どのような人が供養対象者であったのかを検討したい。

一七世紀の供養対象者を、【表1】寛永六～七年（一六二九～一六三〇）、【表2】承応三～明暦三年（一六五四～一六五七）、【表3】寛文一二～延宝三年（一六七二～一六七五）、【表4】宝永二～同三年（一七〇五～一七〇六）の四期で比較検討する。前項でも述べたように、この時期は逆修供養と菩提供養が併存するため、別々に示した。供養対象者はいずれも史料の表記に基づく。

表1　寛永6・7年の供養対象者

逆修供養		菩提供養	
母	82	父	97
父	53	母	87
自分	39	父舅	33
母舅	35	母舅	22
内儀	30	内儀	14
父舅	18	兄	6
兄	3	祖父	6
姉	3	姉	5
烏帽子親	3	シヂ	5
継父	2	師匠	4
主	2	舎弟	3
養子親父	2	妹	3
養子之母	2	子	3
祖母	2	息女	2
その他	10	その他	11
不明	13	不明	8

※「相州過現帳川西　高相州河西第七号」より作成（高室院文書№966）。

特徴として以下の四点が挙げられる。①自分自身の逆修供養は徐々に減少する。②逆修・菩提ともに、母・父・母舅（姑）・父舅（舅）が上位である。③父母の菩提供養は約五〇%で推移するが、舅・姑の割合は減少傾向、祖父・祖母は漸増傾向である。④宝永年間には、菩提供養にそれまで見られなかった「先祖」「六親眷属七世父母有縁無縁」が現れる。

表3　寛文12年～延宝3年の供養対象者

逆修供養	
母	133
父	82
母舅	51
父舅	33
自分	18
内儀	10
祖母	9
継母	7
烏帽子親	6
姉	4
兄	4
伯父	4
祖父	3
伯母	3
旦那	2
下女	2
その他	12
不明	5

菩提供養	
父	137
母	97
父舅	35
母舅	32
祖父	26
兄	23
内儀	19
姉	13
祖母	12
子息	10
伯父	7
妹	6
弟	6
師匠	4
伯母	4
烏帽子親	3
継母	3
先師	3
娘	2
小舅	2
養父	2
その他	17
不明	30

※「相州河西過去帳」第二十二号より作成（高室院文書No.1005）。

表2　承応3年～明暦3年の供養対象者

逆修供養	
母	162
父	121
母舅	92
父舅	51
内儀	17
自分	14
姉	7
祖母	7
烏帽子親	6
継母	4
兄	3
師匠	2
その他	10
不明	14

菩提供養	
父	112
母	107
母舅	33
父舅	31
兄	23
内儀	19
祖母	13
祖父	12
姉	12
子息	10
娘	8
妹	7
弟	6
伯父	6
師匠	4
甥	3
古舅	2
イトコ	2
姪	2
聟	2
下女	2
その他	10
不明	21

※「相州川西月牌帳」第十四号・第十五号より作成（高室院文書No.986・989）。

①について、天文一一年（一五四二）～慶長二〇年（一六一五）までの供養対象は、判明するもののうち（約六三％が不明）、逆修では自分が一一％、母一一％、父八％であった。寛永六・七年でも、父・母に続く位置であったが（一三％）、その後は減少しており、宝永年間には二％程度である。自分のために逆修供養する志向は低くなっている。

②について、逆修供養では母・父・姑・舅で各年代六三％・八四％・七七％・七八％を占めている。それにさらに自分と妻を加えるとそれぞれ八六％・九〇％・八四％・八〇％と推移する。逆修供養ではその対象が供養者と妻、およびその両親に集中していた。菩提供養でも父・母・舅・

姑が上位を占めている。それぞれ七七％・六三％・六一％・六一％となる。菩提は逆修よりも供養対象が多様であり、兄・姉・祖父・祖母も比較的上位に確認できる。

逆修と菩提の両方に、父・母だけでなく舅・姑が多いことは、この時期の供養が直系の死者のみを供養するよりも、むしろ供養者を中心に身近な人の供養に限られていて、現代見られるような供養形態に近い「直接経験の範囲内の近親に限る代わりに双系に拡がる先祖観[32]」に基づいた供養であったと位置づけられる。この時点では、死者の供養はあっても「先祖」の供養は存在しない。そこでは父方の祖父だけでなく、母方の祖父も供養対象となる。例えば、明暦二年（一六五六）西郡（足柄下郡）中里村から参詣した芦川喜右衛門は、父方の祖

表４　宝永２・３年の供養対象者

逆修供養	
母	112
父	88
姑	28
舅	14
伯父	9
祖母	7
姉	8
兄	5
自分	5
妻	4
養母	3
烏帽子親	3
養父	2
祖父	2
主夫	2
志	2
師	2
その他	9
不明	7

菩提供養	
父	175
母	143
舅	32
姑	32
祖父	28
祖母	25
兄	24
妻	23
姉	19
弟	12
伯父	10
志	10
子	8
師	5
六親眷属七世父母有縁無縁	5
先祖	4
娘	4
伯母	3
六親眷属有縁無縁	3
地親	2
烏帽子親	2
和尚	2
継母	2
養父	2
その他	17
不明	37

※逆修か菩提か不明な位牌が３本ある。
※「相州河西過現名帳」第三十一号より作成（高室院文書№1033）。

父だけでなく、母方の祖父も菩提供養している。寛文一二年（一六七二）愛甲郡下古沢村伊藤半右衛門も同様である。「家」を「固有の『家名』『家産』『家業』をもち、先祖代々への崇拝の念とその祭祀を精神的支えとして、世代を超えて永続していくことを志向する組織体[33]」と定義づけた場合、この時期に行われた供養が、先祖代々より傍系へと拡がる供養であるため、強固な「家」意識は形成されていないように見てとれる。

③について、舅・姑は逆修・菩提を合わせて一八％・二二％・一七％・一一％と推移している。わずかではあるが減少している。祖父・祖母は二％・三％・六％・七％と推移している。わずかな傾向ではあるものの、徐々に直系を供養するようになっている。

④について、宝永期より前の供養では先述のようにほとんどが「直接経験の範囲内の近親に限る代わりに双系に拡がる」供養であったが、宝永二・三年の菩提供養には、それまでに見られなかった「先祖」「六親眷属七世父母有縁無縁」という供養対象が現れている。これらは「直接経験したことはおろか間接経験もない遠い先祖まで含む系譜的な先祖観[34]」に基づいて、供養が行われ始めた可能性を示すと考えられる。この点は次節で検討する。

なお、本節では血縁者のみに言及したが、この時期の供養には血縁者でない烏帽子親や師匠の供養も見られる。供養者にとって、これらの者が血縁者に近い身近な存在であったことが窺える。

四　「先祖代々」供養の展開

一七世紀の供養対象者は、そのほとんどが近親者であったが、一八世紀初頭には「先祖」等それまでにない供養対象者が現れた。本節では、こうした先祖供養がどのように展開したのかを検討してみたい。

柳田国男以来、「先祖」は死者が三三回忌や五〇回忌で弔い上げになり、個性を失った祖霊として初めてなるものとされてきた(35)。しかし、近年では、こうした先祖観は柳田国男自身のものであると言われている(36)。「先祖」自体は、ヘルマン・オームスが述べるように、「頭の中にある論理ではなく、その世界の内にいる人の要求に従う論理をもつもの」であるため(37)、厳密に位置づけていくことは困難と思われる。ただし、前述のように近世において「先祖」が「自分が見知っている範囲の『先祖』を想定したもので、記憶にない『先祖』を想定していない可能性」が指摘されているため、その点を検討してみたい(38)。

管見の限り、相模西部の供養で「先祖」の供養が現れるのは、貞享二年（一六八五）二月二九日に参詣した足柄上郡千津島村名主瀬戸文右衛門の日牌からである(39)。その供養は「為瀬戸氏先祖諸聖霊菩提」と記されている。この一行は、同じく足柄上郡の斑目村名主石塚佐平次や延清村名主金子市郎左衛門、他に千津島村一人、怒田村二人、斑目村四人、各名主の家来三人の総勢一三人であった(40)。他の供養者は従来通り近親者のみを供養している。

千津島村瀬戸文右衛門は、延宝八年（一六八〇）の宗門人別帳では二六歳で、その時点で名主となっている(41)。参詣した年は三一歳にあたる。宗門人別帳には「生国相州中郡大山坂本」とあり、先代の瀬戸文右衛門の実子ではない可能性が高い。母は千津島村生まれなので、先代との血縁関係も想定されるが、詳細は不明である。それより一五年前の寛文五年（一六六五）の宗門人別帳には、六四歳の文右衛門、女房、男子権左衛門、男子四郎兵衛、女房の母妙福がいるが、延宝八年の人別帳には誰一人掲載されていない。延宝八年の宗門人別帳に書かれている者も、寛文五年の宗門人別帳には書かれていない(42)。何らかの原因で先代の瀬戸文右衛門家が相続できなかったため、新たに大山坂本生まれの者が瀬戸文右衛門として瀬戸家を継いだことが想定できよう。瀬戸家は天正年間から当主は文右衛門を名乗り[43]、襲名慣行が成立していたと思われる。永続していく「家」意識が比較的早く成立していたのであろう。高室院で供養した「瀬戸氏先祖諸聖霊」とは、先代以前の瀬戸氏の「先祖」と言えよう。瀬戸文右衛門の「先祖」供養は、養子で名主の家に入り、瀬戸家という継続される「家」を強く意識する中で行われたのではないだろうか。

一七一〇～一七四〇年の間は、月牌帳が現存しないため、「先祖」供養の推移は不明である。しかし、それ以降の状況から、一七世紀末～一八世紀初頭は「先祖」供養がごく少数であったと推定できる。宝永三年（一七〇六）の「先祖」供養は、足柄上郡八澤村小宮八郎兵衛の「為先祖・兄弟」、同村の芦川新兵衛の「為代々先祖法界」の二本である[44]。小宮八郎兵衛は他に逆修二本（対象は父と舅）菩提二本（対象は母と妻）、芦川新兵衛は他に逆修一本（対象は母）菩提四本（祖父・父・兄・祖母）である。千津島村の瀬戸文右衛門のような詳細は不明だが、両者とも「先祖」とともに近親者を供養している。ここでは、「先祖」となりうる可能性がある直系親族の祖父・祖母・父は「先祖」と観念されていない。没年が書かれていないため、死後どの程度経過しているのかは不明だが、死によって即座に「先祖」と観念されることはなかったと思われる。

次に高室院での供養が「記憶にない」者を対象にしているかを考察する。元文年間以降の月牌帳には、没年月日が記されたものが多いので、宝暦五～一四年（一七五五～一七六四）・明和三～七年（一七六六～一七七〇）の月牌帳を分析する[45]。

この期間に菩提供養された一二三二本の月牌のうち、一一一本は「先祖」供養の位牌である（九％）。残りの一一二一本のうち、没年月日が記されているものは七六四本（六八％）であった。死後どれくらいの期間を経て供養されているかを、回忌を基準に分析する。ここでは没年が何年前かで分類したため、月日を考慮すると若干の差異は見られる。

没年から一年を経ないでの供養は三八本で五％である。最も多いのは、三回忌を過ぎ七回忌になる前までの供養で二四％を占める。また七回忌から一三回忌の間は一八％であり、没年から一三回忌の前までに供養されたのが、過半数（五八％）の四四六本を数える。三三回忌以降も七九本（一〇％）あり、五〇回忌以降も一二本（二％）ある。

没年から最も年数が経っているのは、宝暦一一年（一七六一）に供養された万治元年（一六五八）の死者であり、死後一〇三年が経っている。それ以外にも、明和三年（一七六六）に供養された寛文四年（一六六四）の死者（一〇二年前）や、明和六年に供養された寛文一一年（一六七一）の死者（九八年前）が見られる。没年から一〇〇年程を経て、供養者とは接触がない人であっても供養対象となっていることがわかる。明和期以降も、しばしば一〇〇年以上前の死者を供養している例が見られる。管見の限り、死後最も時間を経ているのは、安永五年（一七七六）に愛甲郡用田村成井五郎左衛門が供養した一七九年前の慶長二年（一五九七）の死者である。

以上の例から、死後五〇年以上経ち、明らかに供養者と接触のない人であっても供養対象となっていることがわかる。「先祖」について明確な定義はできないが、少なくともこうした供養者と直接接触のない人を含んでいる可能性が高く、「先祖代々への崇拝の念」を持つ者が多くなったと言えよう。

最後に、図4(46)・図5(47)で月牌帳・茶牌帳に書かれた「先祖代々」供養した位牌数の推移を見る。

月牌・茶牌のいずれも一八世紀後半以降に多く建立されるようになった。年による差異が大きいため、明確な特徴を見出しにくいが、月牌では一八四〇年以降、茶牌では一八三〇年以降「先祖代々」位牌の数が増えて

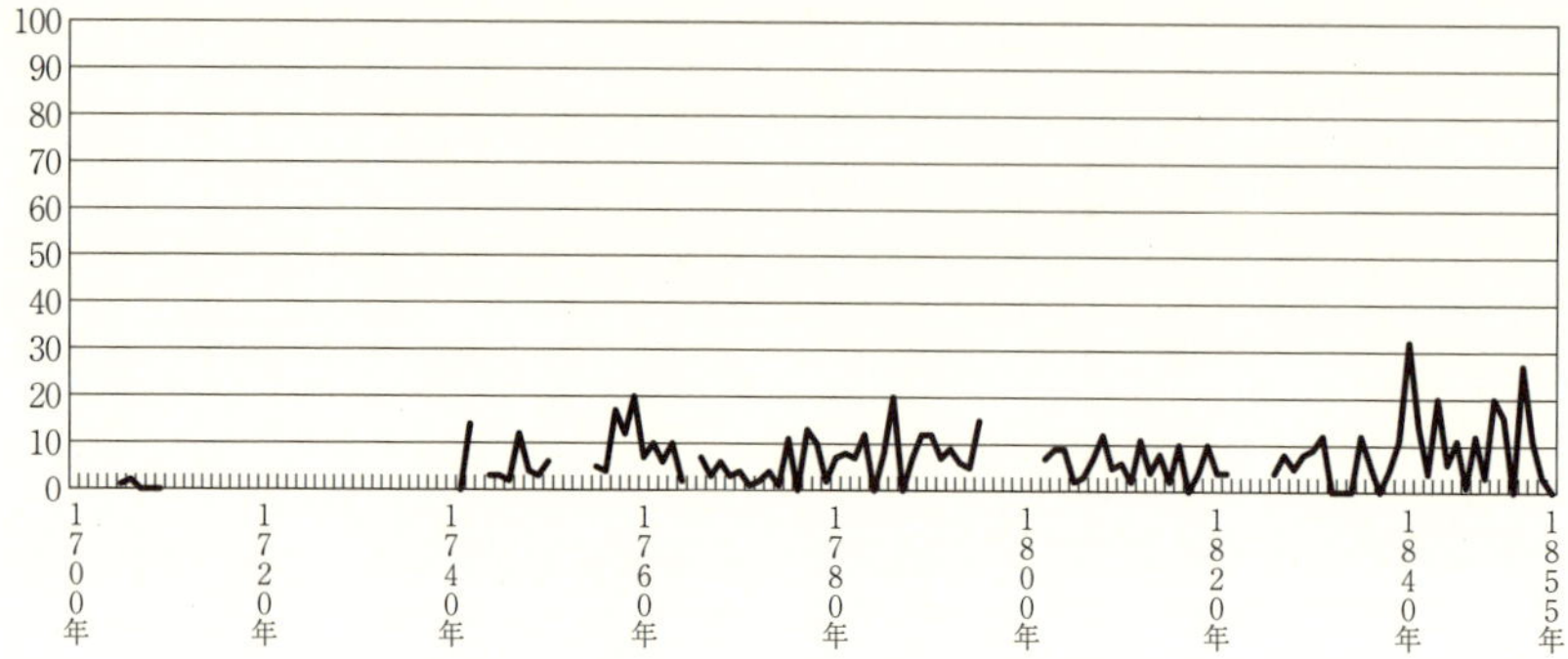

図４　「先祖代々」供養数の推移（月牌）

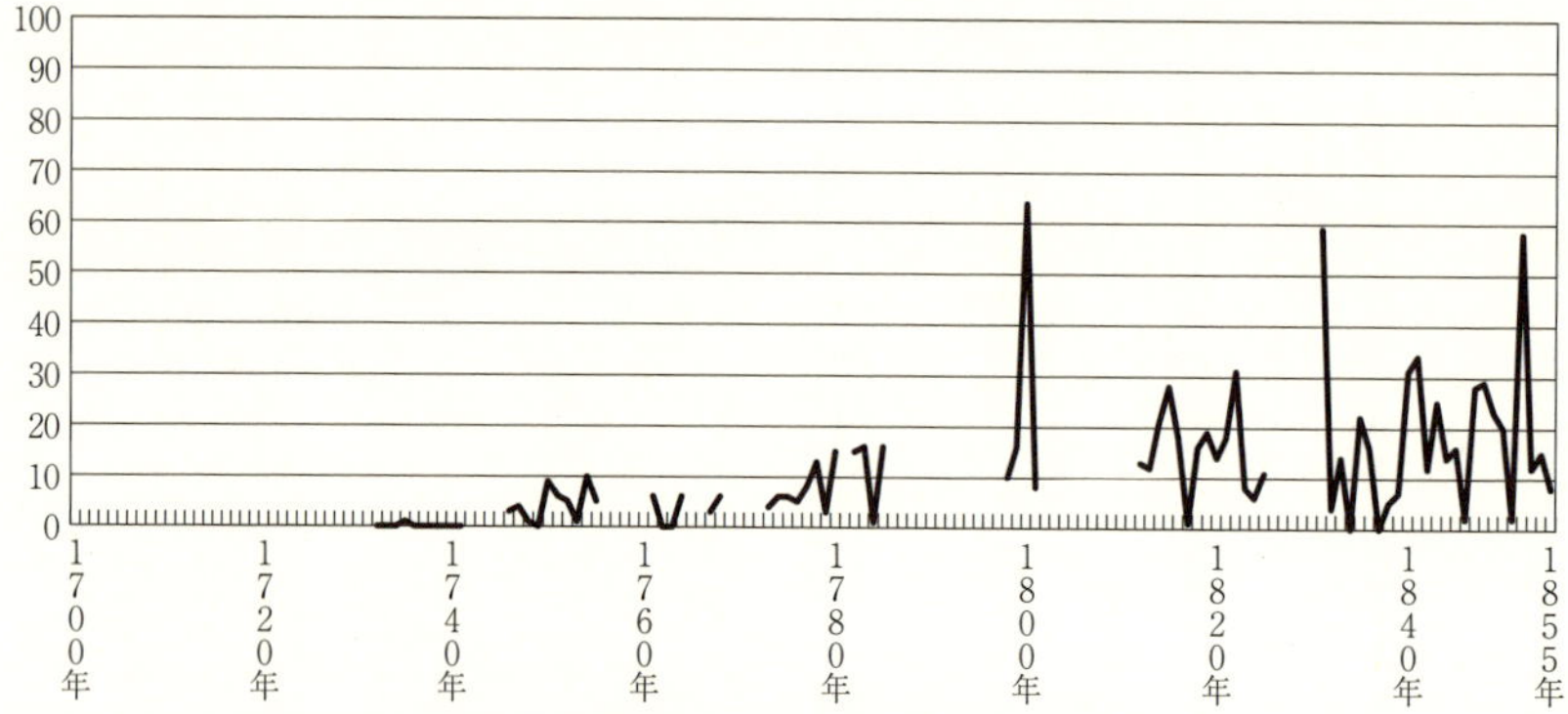

図５　「先祖代々」供養数の推移（茶牌）

いる。前節で明らかにしたように、一九世紀は位牌数が減少しているので、全体の中で「先祖代々」位牌の割合は大幅に増加している。月牌では一八世紀中は全体の一〇％以下だったが、その後一八三〇年代迄は一〇～二〇％、一八四〇年以降は二五～三〇％となって、その割合が増加している。茶牌も傾向は同様であるが、その割合が異なる。一八〇〇年前後は二五％だったが、一八五〇年代には六二％と全体の過半数を占めるようになっている。「先祖代々」供養は徐々にその割合を増やしていき、幕末には高室院で行われる供養の大部分を占めるに至った。高野山が特定の死者を供養する場から「先祖代々」を供養する場へと変容していることが窺える。

おわりに

高野山高室院を事例に、霊場での供養の展開を検討してきた。得られた結論をまとめておきたい。

①中世末から続く高室院での供養は、一七世紀前半に参詣者の増加とともに増加するが、一八世紀以降は減少する。
②逆修供養は近世前期には供養の半数を占めるが、徐々に減少し、大半が菩提供養になる。
③一七世紀の供養対象者は、ほとんどが供養者の直に接触した近親者等に限られていた。
④一七世紀末から一八世紀に供養者と接触のない「先祖」供養が行われるようになる。
⑤「先祖」供養は徐々に増加し、高室院での供養の半数近くを占めるようになる。

以上のことを踏まえて、高野山での供養の展開を概括してみたい。

近世前期の供養は、菩提供養と逆修供養をもって行われていた。その数は年により差異があるが、一七世紀には高野参詣者のほとんどが供養を行っていた。在地での墓の普及が不十分な中で、高野山での供養は民衆にとって大きな意味を有していたと思われる。供養対象者は供養者の近親者に限られていて、直系の親族だけに限らない双系に拡がる供養が行われていた。一八世紀以降は、徐々に直接接触がない「先祖」も供養対象とするようになる。主に「先祖代々」として位牌が建立され、参詣しても供養しない者が増える中で、一九世紀には供養の大部分を占めるようになる。中世末以来、高野山は近親者の菩提供養と現世利益を願った逆修供養を行う霊場だったが、次第に死者の供養のみを主とするようになる一方で、直接接触のない「先祖」も供養するようになり、一九世紀には主に「先祖」や「先祖代々」供養を行う場となった。霊場での供養も、その内容は変化していたのである。

高野山での供養数の減少は、供養者の居住する地域での供養（墓の建立など）と関わることなので、その総括的分析を経なければ推論の域を出ないが、一七世紀後半から一八世紀に居住地域での供養が日常的に行われるようになり（大藤修は「家」の成立を一七世紀後半から一八世紀とする）(48)、民衆にとって高野山での供養は徐々に副次的なものとなり、個々の「先祖」を総括した「先祖代々」供養が行われるようになったのではないだろうか。ただし、一七世紀より大幅に減少したとは言え、一九世紀にも位牌を建立する者も存在し続けている。それらの人々にとっては依然供養の場として欠かせなかったはずで、その存在も過小評価してはならないと考える。

〔註〕

（1）竹田聴洲『祖先崇拝』（平樂寺書店、一九五七年）、五来重『増補　高野聖』（角川書店、一九七五年）、宮田登「民俗学から見た霊魂観」（『心霊研究』四六―一二号、一九九二年、後に『宮田登　日本を語る7　霊魂と旅のフォークロア』吉川弘文館、二〇〇六年所収）。

（2）大桑斉「近世村落の生活文化」（『日本村落史講座』第七巻生活二、雄山閣、一九九〇年）。

（3）日野西真定「登山帳からみた高野参詣の諸問題（その二）」（『密教文化』一一〇号、一九七四年）、圭室文雄「天文一一年～元和二年における相模国月牌帳」（『寒川町史研究』四、一九九一年）、村上弘子「月牌帳にみる高野山信仰の展開―高室院文書相模国月牌帳から―」（圭室文雄編『日本人の宗教と庶民信仰』吉川弘文館、二〇〇六年）、倉木常夫「過去帳群から近世農村を見る」（『高野山龍泉院過去帳の研究―近世荒川流域の庶民・

村・信仰―』三省堂、二〇〇八年)。
(4)渡辺尚志「村の世界」(『日本史講座』第五巻、二〇〇四年)。
(5)大藤修『近世農民と家・村・国家』(吉川弘文館、一九九六年)。
(6)市川秀之「先祖代々之墓の成立」(『日本民俗学』二三〇号、二〇〇二年)。
(7)木下光生「近世畿内近国民衆の葬送文化と死生観」(『民衆史研究』七三、二〇〇七年)。
(8)西木浩一「江戸の社会と「葬」をめぐる意識―墓制・盆儀礼・「おんぼう」―」(『関東近世史研究』第六〇号、二〇〇六年)。
(9)月牌帳には、日牌や宝篋印塔(寛延四年)や石塔(明和五年など)も記されている。
(10)位牌の形態は、岩田重則「位牌論」(『墓の民俗学』吉川弘文館、二〇〇三年)参照。
(11)年によっては大日牌・中日牌・小日牌・大月牌・中月牌などが見られる。
(12)毎年作成された「登山帳」に「祠堂料」として書かれている。
(13)倉木常夫・榎本龍治『高野山龍泉院過去帳の研究―近世荒川流域の庶民・村・信仰―』(三省堂、二〇〇八年)一六頁。茶牌についてはどのように供養されたか諸説ある。
(14)白井優子『空海伝説の形成と高野山―入定伝説の形成と高野山納骨の発生―』(同成社、一九八六年)。
(15)千々和到「東国における仏教の中世的展開(一)」(『史学雑誌』八二編二・三号、一九七三年)。
(16)竹田聴洲「近世社会と仏教」(『岩波講座日本歴史』九、近世一、岩波書店、一九七五年)、圭室文雄「水戸藩の寺院整理」(『日本仏教史』近世、吉川弘文館、一九八七年)、青山孝慈「江戸時代相州の寺院―その数量的側面―」(『神奈川県史研究』三九、一九七九年)。
(17)「下野国供養帳」(『鹿沼市史』資料編古代・中世所収)、「常陸国日月牌過去帳」(『牛久市史料』中世Ⅱ―記録編―所収)、「上野日月供名簿」(『新編高崎市史』資料編四中世二所収)、村田安穂「高野山西南院所蔵『関東過去帳』について(一)」(『早稲田大学大学院教育学研究科紀要』第一三号、二〇〇三年)など。

(18) 圭室文雄「高野山塔頭の檀那場争い―相模国の場合―」（地方史研究協議会編『都市・近郊の信仰と遊山・観光』雄山閣出版、一九九九年）。
(19) 古板地誌叢書五　朝倉治彦監修『通念集』（すみや書房、一九七〇年）。
(20) 日野西真定校注『野山名霊集』（名著出版、一九七九年）。
(21)「文化二丑七月江戸糀町弐丁目岡田剛助殿老母死去ニ付日牌建立有之左之通悔状等遺候事」（高室院文書一一四七）。
(22) 宝永二年「請取啓月盃之事」（『鎌倉近世史料』小袋谷編（上））。
(23) 嘉永四年「駿豆檀用補忘記」（高室院文書八一一）。
(24) 各年の過去帳（月牌帳）より作成（高室院文書九六四・九七〇・九七二・九八六・九八九・一〇〇二・一〇〇五・一〇三三・一〇七七・一〇九七・一一二〇・一一四一・一一七〇）。
(25) 各年の過去帳（茶牌帳）より作成（高室院文書一〇六八・一〇七八・一〇八五・一〇九〇・一〇九五・一一〇一・一一〇四・一一一八・一一二一・一一二八・一一三九・一一五五・一一六二・一一七五・一一七八・一一八七）。
(26) 前掲註(3)村上論文。
(27)「武江年表」（『増訂武江年表1』平凡社、一九六九年）。
(28) 川勝政太郎「逆修供養の史的研究」（『大手前女子大学論集』第六号）。
(29) 跡部直治「位牌」（『仏教考古学講座』墳墓篇、雄山閣出版、一九三六年）。
(30) 千々和実「旧比企郡内板碑の概観」（『武蔵国板碑集録』旧比企郡、一九六八年）。
(31) 各年の過去帳（月牌帳）より作成。註(24)と同じ。
(32) 森岡清美『家の変貌と先祖の祭』（日本基督教団出版、一九八四年）。
(33) 前掲註(5)大藤論文。

（34）前掲註（32）森岡論文。
（35）こうした先祖に対する認識は柳田国男『先祖の話』（筑摩書房、一九四六年）以来、民俗学のみでなく歴史学・社会学でも共有されてきた。
（36）岩田重則「人生儀礼研究の現在」（『日本民俗学』二四七号、二〇〇六年）。
（37）ヘルマン・オームス『祖先崇拝のシンボリズム』（弘文堂、一九八七年）。
（38）神奈川県内では「三十三年忌をトリオサメとかトリキリ・トイキリ・トリバライ・トヨオサメなどといって、若杉の葉のついた生の塔婆をあげる。杉の前皮をそいで戒名を書く。これ以後は先祖様になるという。三浦半島一帯・鎌倉市腰越・大磯町西小磯では五十年か五十一年をトイツキリといって、杉の葉の塔婆をあげる。」（『神奈川県史』各論編5民俗）。
（39）天和三〜貞享二年「相州河西過去帳　高相州河西　第二十五号」（高室院文書一〇一九）。
（40）貞享二年「登山御檀那帳」（高室院文書一五一八）。
（41）延宝八年「相州西郡西筋千津嶋村吉利支丹改帳」（『神奈川県史』資料編四）。
（42）寛文五年「相州西郡西筋千津嶋村吉利支丹改帳」（『神奈川県史』資料編四）。
（43）宝暦四年「公用永代書留牒」（明治大学博物館瀬戸家文書）。なお、高室院の月牌帳から、慶長四年に瀬戸文右衛門が供養を行なっていることがわかる。
（44）宝永二〜七年「相州河西過現名帳　高相州河西第三十一号」（高室院文書一〇三三）。
（45）元文二年〜宝暦五年「高相州河西　第三十五号　相州川西過去現名帳」（高室院文書一〇七七）・宝暦六年〜安永六年「高相州河西　第三十六号　相州川西建牌現名帳」（高室院文書一〇九七）。
（46）各年の過去帳（月牌帳）より作成（高室院文書一〇七七・一〇九七・一一二〇・一一四一・一一七〇）。
（47）各年の過去帳（茶牌帳）より作成。註（25）と同じ。
（48）前掲註（5）大藤論文。

五章　高野山塔頭の勧進と民衆

――相模国三浦郡を事例に――

はじめに

本章は、霊場と民衆の関係をさらに考察するため、霊場による勧進を検討する。引き続き、高野山高室院を事例とする。

これまでの近世宗教史研究は、宗判権を媒介とした寺檀制度の解明を中心に展開してきた。そのため、宗判（葬祭）寺院以外の寺院や神社と民衆の関係も、それとの比較により把握されてきた。特に霊場と民衆の関係は、民衆側に選択権があって信仰により支えられたと述べられている。しかし、これまでは檀家の信仰により成り立っていると考えられていた祈禱寺檀関係にも、宗判寺檀関係と同様に離檀困難な場合もあって、その類似性が指摘されており(1)、従来の宗教的枠組みの再検討が行われている。霊場と民衆の関係についても再検討の余地があると思われる。

勧進は、初穂や勧化金など金銭の提供を求めて檀那（家）を廻る行為で、高野山以外にも御師・修験者・虚無僧・道心者など様々な宗教者・芸能者によって行われた。勧進・勧化・檀那廻り・檀廻・廻檀など様々に表現されているが、本書では原則として勧進で統一する。[2] 霊場の勧進は、伊勢神宮や立山や大山など様々な研究の蓄積がある。[3] 勧進の経路、土産物、檀那場の範囲、金銭授受の方法等が明らかにされ、高室院の勧進の基本的な性質も鈴木良明によって解明されている。[4]

一方、地域史研究では、多数の勧進宗教者の来訪が村の財政上大きな負担となり、一八世紀後半以降に各地でその対応を定めた議定が作成されたことが明らかにされている。[5] 近世後期には、宗教者が勧進を行うことは決して容易ではなかったと想定される。青柳周一は、一八世紀後半から一九世紀の状況を「いくつかのものとは従来からの関係の維持を図りつつ、その一方で切り捨てるべきを切り捨てようとする選択的な態度が明白に現れている」と述べている。[6] こうした状況からも、「一般に、民衆の宗教生活の全体に占める檀那寺や産土神の位置は相対的に低下してゆき、他方、共同体外の宗教的次元が重要性を増してゆくことは間違いないといえよう」との評価は一面的なものと言えよう。[7]

しかし、先行研究ではこうした困難な状況に宗教者がいかに対応したのか、十分に明らかにされてこなかった。澤博勝は、「勧進組織のすべてが地域社会から「排除」されたわけではなく、その存在形態いかんでは積極的に受け入れられたということを主張する」ため、「排除」されずに信仰された西国三十三度行者組織の存在を明らかにしている。[8] その点では、地域社会に受け入れられた伊勢神宮や大山などの研究と同様の性格を持つものと評価できよう。本章では、文化年間に高野山高室院の勧進を担った使僧の日記から、民衆の対応を具体的に明らかにし、高室院の使僧が困難な状況にいかに対処したのかを明らかにしたい。

一　勧進の特徴

本節では、高室院の勧進の概要を把握する。高室院の史料からは、勧進が近世に複数回行われたことがわかる。しかし、それを迎えた村の史料では、高室院の書状が「御用留」に書き写されるか、金銭の支出を記した帳簿がわずかに残る程度であり、勧進の頻度や民衆の信仰内容などを窺える史料は見られない。

勧進が開始された時代も明確にはできないが、遅くとも元禄年間には行われている[9]。正徳二年（一七一二）と享保三年（一七一八）には、高室院が檀廻帳を作成しており[10]、一七世紀末から一八世紀初期にかけて定期的に行われ始めたと考えられる。

中世期、高室院は後北条氏と檀縁関係を結び、文禄年間以前に相模国の高野山末寺七寺の門徒や熊野先達二十七坊及び修験七坊の輩下の檀家を縄張りとしていた[11]。ただし、後北条氏滅亡後の慶長年間に同じ高野山の塔頭・慈眼院が相模国に檀那場を持ち、争論に及んでいることからわかるように[12]、高室院と民衆の関係は脆弱で、高野山末寺や修験者を介した関係であったと言えよう。このような末寺などへ依存する状況から直接民衆へ接触を図るよう移行したのが一七世紀末～一八世紀前期である。現存する史料で、具体的にその様相がわかるのは享保期以降である。こうした変化の背景には、中世以来、高室院の檀那場を支える存在であった古義真言宗寺院と玉瀧坊を中心とする修験の両者が、元禄期に争論に及んでいることが挙げられよう[13]。

享保期の勧進は、各村で村民の名前を書き取ることも目的の一つとしており、享保一二年（一七二七）、享保二〇年（一七三五）の檀回帳が現存する。享保二〇年の勧進の際、高室院が相模国大住郡落幡村に遣わした書状では、高室院の使僧が村を訪れた際、①村継の案内人や人足を差し出すこと、②村役人・百姓の名を記すこと、特に名主・年寄などの肩書きを記すよう求めている(14)。作成された「川西檀回帳」には、落幡村は上分・中分・下分の三地域に分割され、計一五〇人の姓名が記されている(15)。高室院が檀家を直接把握するため、このような檀回帳が作成されたと言えよう。

ただし、それによって真言宗寺院の存在が全く必要なくなったわけではない。宝暦期の相模西部の勧進では、寺院に立ち寄った後に名主の家へ向うことが多く、寺院の存在は引き続き重要であったと思われる(16)。享保期以降、檀廻帳は宝暦期にも作成されるが、享保期に比べると簡略で、名主・組頭の姓名や戸数、寺院名のみが記載され、その他の名前が書かれることは少なくなる。全檀家を把握しようという志向は低くなった。そして、宝暦期以降は、修復資金の調達を目的とする勧進が多く見られるようになる。

鈴木良明は、高室院の勧進（勧化）は公儀の「御免」を受けていない私的勧進で、勧進者が村方等へ巡行し、名主を窓口にして金銭・勧物を取り集めるものであるが、名主の印形を請けるなど御免勧化に極めて近いものと指摘している(17)。高室院の勧進は、札を配って喜捨を依頼することが基本である。檀那寺の宗旨が日蓮宗の檀家には「大黒天」札、真宗には「名号」札を配った。日蓮宗や真宗の者が御札の受け取りを拒否した事例は複数見られるが、高室院が用意した札の数からは、宗旨に関わらず檀那場の全戸に配ろうと努めていたことが窺える(18)。

勧進の頻度は不明だが、安政三年（一八五六）に高室院から三浦郡の各村へ送った書状には、「当院廻檀久々打絶御疎遠ニ相成候ニ付、此度為御見舞使僧幷俗役者相添差向申候」と記されている(19)。三浦郡では、高室院の勧進が長い期間行われていなかったことが分かる。これは三浦郡に限ったものではなく、天保一一年（一八四〇）大住郡の「廻章」や、[20]相模国の高野山末寺へ送った天保九年（一八三八）の書状でも「久々御無音ニ罷過候」とある。[21]高室院から檀家や末寺への接触は、毎年かそれに近い頻度で行われるものではなく「久々打絶御疎遠」になるほど間隔を開けて行われていた。

一方、同年に伊勢御師・幸田源内大夫の手代が送った書状には、「誠ニ毎々其御地之儀預り御世話忝存候、然ハ例年之通御旦廻り罷越申候間、相替ず万端宜奉願上候」とあり、[22]伊勢御師の手代がほぼ毎年訪れていた。[23]このように、毎年かそれに近い頻度で相模の村々を訪れていたのは伊勢御師だけではない。小田原藩領内の二〇か村による嘉永七年（一八五四）の規定[24]では、伊勢神宮・大山・富士山・江ノ島・鹿島神宮・熱田神宮・津嶋牛頭天王が「数年来参り候ニ付、御初袚之儀者、是迄之通取計可申候」と、数年来訪れていたことからこれまで通り廻村が認められている。この規定は、列記した宗教者以外は断るように申し合わせ、朝熊岳・磯部神宮・香取神宮・筑波山・榛名山は訪れる頻度が低かったためか、最終的に受け入れられなかった。武蔵国久良岐郡根岸村では、伊勢・富士山・大山・榛名山・江之島の御師が毎年訪れる宗教者とされ、[25]熊野三社・熱田・高尾山・三峯・妙義山・筑波山・伊勢浅間・鹿嶋・香取・浮渕・御嶽・戸隠の御師がそれに次ぐ宗教者と位置づけられた。伊勢神宮の御師だけでなく、大山や富士山などの宗教者も毎年のように村々を訪れ、来訪頻度が低い他の宗教者と区別されていた。

前述のように、来訪する宗教者の増加は大きな負担となるため、宗教者への対策として全国各地でこうした議定が作成されていた。高野山は、管見の限り、議定の中で受け入れられる宗教者として記されていない。小田原藩の村々の議定で勧進が許可された宗教者のように、ほぼ毎年訪れていたわけでもない。では、様々な寺社の宗教者が頻繁に村を訪れないと排除の対象とされる状況下で、高室院はどのように勧進を行い、どう対応されたのであろうか。次節では、文化七年における相模国三浦郡の勧進について検討したい。

二　文化期の勧進

文化三年（一八〇六）九月二七日、朝七つ（午前四時頃）過ぎに高野山の西門院から出火した。その影響で、高室院は本堂・護摩堂・客殿・庫裏・上蔵・会下表門・裏門を焼失した[26]。自力での再建が不可能なため、文化六年から翌年にかけて檀那場の相模・武蔵・伊豆・駿河で勧進を行い、再建資金の確保に努めた。相模国の村々へは、勧進が打ち絶えて疎遠になっているが、文化三年の火災後に住んでいた仮堂が文化六年七月に火災にあい、自力での再建が叶わないため、助力を頼みたく使僧を遣わすと通達している[27]。

相模東部（三浦郡・鎌倉郡・高座郡）を廻る高室院の使僧は、高室院の室下である密厳院の随厳房である。文化六年九月二〇日に供二名と高野山を出立し[28]、一〇月一五日に江戸芝二本榎の高野在番所に到着した。随厳房が病気となって医者にかかったため、江戸を出立して相模に向かったのは一二月九日で、三浦郡逗子村の延命寺に到着した[29]。高室院院主の書状を手渡し、勧進の相談をしたところ、年末のため年明けまで待つよう提案された。随厳房は足柄上郡金子村の西明寺に滞在し、その後再び江戸での療治に努めた。二月一〇日に江戸を出立し、再び延命寺に訪れた後、音物（檀家へ配る札などの土産物）を保管している三浦郡西浦賀村の感応院へ訪れ、勧進を開始した。

ところが、開始地点の西浦賀村・東浦賀村で勧進を断られた。説得を試みるが叶わず、延命寺の勧めもあって、六月一五日に浦賀を出立し、三浦郡は後回しにして鎌倉・高座郡の勧進から行った。両郡の勧進が九月までに終わり、三浦郡は一〇月八日に西側の小坪村から開始した。相模湾沿いを南下し、三浦半島の最南部である城嶋村まで廻り、江戸湾沿いを北上して浦郷村を最後にして、一一月一三日に三浦郡を終えている。天明二年（一七八二）に高室院使僧が勧進した際は、三浦郡は四月六日から同月二二日までに終わっているので[30]、今回は随厳房が病気であったこともあり、多くの時間を費やしている。

この勧進も各村に札を配って、喜捨を依頼する形式で、村々が承認した金額が表1である[31]。この表は、実際に納められた金銭を記したもので、事前に決めていた額を「皆済」した村のみ記した。金銭は、勧進の際に全額納めるのではなく、須軽谷村が未年（文化八年）から金二朱ずつ三年間納めることで金一分二朱を皆済したように、多くの村が数年かけて納めた。須軽谷村は村民の約半分が日蓮宗で、真宗の者もいたが、「至極気丈成名主殿」が伊勢御祓と高野山御札は、「拙者在役中ハ異儀不申セ為致頂戴候」と述べ、勧進に協力的であった。

金銭は村入用から支払われていたと考えられる。須軽谷村では、明治初年の村入用で「諸勧化・瞽女・座頭合力臨時諸入用」の項目を立てている[32]。村入用を「高七分」と「家三分」に分けて、三割に当たる額を後家や難渋者の五戸を除く六〇戸で割り、一戸につき三貫二文を課した。東浦賀村でも[33]、嘉永七年（一八五四）の村入用として通常の支出の他に「御定便・無宿入用・臨時入用・年中筆墨紙代・御役所脇火之番・御番所裏掃除賃・餌差瞽女一宿銭、伊勢大神宮初穂・虚無僧一ヶ年仕切、諸勧化・合力」が記されている。支出は村入用で賄われ、帳面に記した金銭がたとえ高額でも、評議の上で掛かった経費のため、「百姓共一言之申分無之」と取り決めている。他にも多くの村で村入用によって賄われており、村は出費を抑えるべく勧進を拒否する場合もあったと考えられる。

三浦郡での勧進拒否およびそれに対する高室院の対応をさらに検討してみたい。随厳房は勧進を始めた西浦

表1　文化7年三浦郡各村の勧化金

No.	村　　名	戸数	勧 化 金	一軒当たりの勧化金（文）	備　　考
1	長柄村	76	銭14貫650文	192.8	
2	向ヶ崎	75	銭12貫879文	171.7	
3	桜山村	113	銭18貫400文	162.8	
4	内川新田	91	金1両2分	112.9	
5	逗子村	62	金1両	110.5	
6	西浦賀村	686	金11両・200文	110.1	
7	東浦賀村	450	金7両	106.6	
8	不入斗村	36	金2分	95.1	
9	原村	38	金2分	90.1	
10	久村	20	金1分	85.6	
11	下宮田村	131	金1両2分	78.4	
12	池子村	267	金3両	77.0	
13	野比村	145	金1両2分	70.9	
14	東岡村	25	金1分	68.5	
15	芦名村	132	金2分2朱・銭4貫700文	68.0	
16	宮川村	75	金2分2朱・600文	65.1	
17	沼間村	55	金2分	62.3	
18	金田村	166	金1両2分	61.9	
19	三崎村	597	金5両	57.4	
20	長沢村	221	金1両3分	54.2	
21	諸磯村	96	金3分	53.5	
22	大田和村	97	金3歩	52.9	
23	横須賀村	201	金1両2分	51.1	真宗が半数を占める
24	松輪村	168	金1両1分	51.0	
25	武村	101	金3歩	50.9	
26	城嶋村	70	金2分	48.9	
27	中里村	21	銭1貫文	47.6	
28	三戸村	108	金3分	47.6	
29	須軽谷村	63	金1分2朱	40.8	
30	公郷村	203	金1両2朱	38.0	
31	和田村	183	金1両	37.4	
32	深田村	19	銭700文	36.8	
33	走水村	199	金1両	34.4	
34	小網代村	103	金2分	33.2	
35	小坪村（浜・岡）	311	金1両2分	33.0	
36	久里浜村	214	金1両	32.0	
37	佐嶋村	166	金3分	30.9	
38	邊見村	117	金2分	29.3	
39	林村	99	金1分・銭1貫文	27.4	

40	上宮田村	263	金1両	26.0	
41	長井村	545	金1両2分	18.9	真宗が7割を占める
42	長坂村	105	金1分	16.3	
43	久野谷村	53	金2朱	16.2	村中日蓮宗
44	田浦村	78	金2朱	11.0	宝塔院檀家
45	堀之内村 （葉山・三ヶ浦）	272	金1分・銭850文	9.4	
46	長浦村	109	金2朱	7.9	宝塔院檀家

※勧化金は文化6年「房舎再建勧化帖」（高室院文書1803）より作成した。
※戸数は『新編相模風土記稿』による。
※一軒当たりの勧化金は1両＝6850文で計算（児玉幸多他監修『日本史総覧』Ⅳ近世一、569頁「近世貨幣相場一覧」の文化7年江戸での相場を参考にした。）

賀村で、約四か月に渡って滞在し説得を試みている。

西浦賀名主斉藤氏江参、高室院義再三之類焼甚難渋罷在候ニ付、且所中一統之御助力を以房舎再建之企ニ候、右ニ付今般拙院罷下候間、宜御相談被下出来候様頼入候処、斉藤氏申候者、近年打続村方困窮、其上伊勢・大山抔其外無拠勧化等被頼居候得者、所詮御為ニ相成候事ハ出来不申、殊ニ拙者義茂病気ニ而引籠居候間、下役共江申聞相役とも示談可申、乍去中々御為ニ相成義ハ出来申間敷と之事、夫より東名主石井八右衛門殿江参、音物御札等進候処、留主故罷帰り明日参候得とも、段々勧化之趣頼入候処、是茂斉藤氏同様之返答、扨年寄并町頭中江見舞申度候間、御案内御貸し被下度段頼入候処、不承知、先々より之趣申候得共一圓聞入無之候（中略）夫より年寄町頭中之名前書申受、無案内ニ而見舞申候、且又町内江之御札町頭江頼入候処、何連共示談之上御答可申由申候間罷帰り候、両三日過申来は、先役共ニも聞合候処、是迄左様之致御世話候事ハ無之候間御断申と之事、左候ハヽ、拙院銘々見舞可申候間、町内々之御案内御貸し被下候と申候得者、是又出来不申と之事

名主に勧進の依頼をしたが、近年の困窮や伊勢・大山の御師など諸宗教者の来訪を理由に、高室院に協力できないと返答された。東浦賀村でも西浦賀村と同様の返答で、村内の案内者を出すことも拒否された。そのため案内者な

しで年寄・町頭を見舞い[34]、町中への札配りを依頼したが、前例がないとの理由で断られ、銘々を見舞うための案内も断られた。

天明二年（一七八二）には、東西浦賀村は問題なく勧進できていたので[35]、その対応が大きく変わったことがわかる。その時には、真言宗の感応院の助力によって問題なく勧進できたこともあり、今回も感応院へ助力を依頼した。しかし、「右之趣、感応院江茂御咄申候得共、彼是ニ而一向方附不申、勧化之義も度々斉藤氏江申入候得共、兎角取極り不申」とあり、ほとんど機能していなかった。感応院は延命寺の末寺だが、西浦賀村では村鎮守・叶神社の別当として村民と関係していたと考えられる。西浦賀村民の宗旨は不明だが、東浦賀村は寛延二年（一七四九）の時点で三九二軒中、浄土宗二三七軒・真宗一〇〇軒・日蓮宗四七軒・禅宗八軒で[36]、浄土宗が最も多い。名主は浄土宗であり、宗旨を理由にした札受け取りの拒否ではないと考えられる。その後も感応院の助力を得られず、いつまでたっても説得できずにいた。さらに三浦郡の大部分を領分とする川越藩主松平直恒が文化七年正月に亡くなったため、領分の村は一〇〇石につき三五両の御用金を課され、余計に勧進を頼みにくい状況になった。そこで延命寺の勧めもあり、まず鎌倉郡・高座郡から勧進を始めた。

随厳房が延命寺で浦賀の一件を伝えたところ、盆後に浦賀へ相談に赴くので、まずは鎌倉周辺を勧進するよう勧められた[37]。感応院の本寺・延命寺が東西浦賀村の説得に当たることとなった。どのような説得が行われたかは不明だが、表1では、西浦賀村が金一〇両（他に村内の町単位でも勧化金を納めている）、東浦賀村が金七両を納めたことがわかる。延命寺の説得が成功した結果であろう。文化年間の勧進は、それ以前と比較して立ち寄った寺院が減少しており、末寺を媒介に徴収する体制から名主層を媒介とする「取集め勧化」に移行をはかっているとされるが[38]、勧進拒否のように問題が起こった時には、依然として末寺の協力が不可欠であった。

このように延命寺は勧進の後ろ盾として重要で、それは他村での勧進からも窺える。

早朝出立、桜山名主石渡孫右衛門殿へ参、御札等進、勧化之義頼村内配札頼入、尚又継人足頼入候処、高野山之義ハ格別之事ニ御座候得共、去年より三浦郡中一統御用之外、継人馬等致間敷之取極ニ御座候得者、当村より人足差出候而茂、先々江御出御差支可有之候間、延命寺様幷豆子村名主之添状御持参候ハヽ、御差支有之間敷と被申候

随厳房は桜山村で継人足を頼んだが、前年に三浦郡では御用以外に継人馬を提供しない取り決めがなされたため、桜山村が人馬を提供しても先々で差し支えるので、延命寺と逗子村の添え状を持参するよう返答された。延命寺の添え状所持が三浦郡中で人馬を差し出す条件の一つになっていた。

一方、その他にも高室院へ協力的でない村は見られる。

朝食後罷出、久野谷村名主松岡六郎兵衛殿江参、大黒天・音物等進候、此村方不残日蓮宗ニ候故、前々より不参候由古帳ニ有之候得共、今度勧化之趣延命寺様兼而名主殿へ御頼置被下候事故、無拠延命寺様御手紙等申請参候処、当村者拙者始不残日蓮宗ニ御座候間、前々より御出無之候得共、勧化之義延命寺様より先達御咄茂御座候得者、村方へ茂申談可仕、乍去御為ニ相成候義者出来申間敷と之事、勧化帳ニ名主名前記印形申請候

三浦郡久野谷村では、延命寺の書状を所持していたが、宗旨が日蓮宗であることを理由に協力を断わられた。表1では金二朱とあり、勧進に応じた村の中でも低い位置にある。しかし、高室院はそれ以上の強い要求を行うことはなく、別の協力を求めることもなかった。こうした反応は真宗においても同様であった。

横須賀村名主代永嶋孫右衛門殿江参、名号音物等進、村方名号御札勧化之義頼入候処、当村出入等有之、殊

之外物入多御座候間、勧化之義中々出来申間敷与被申候得共、檀縁之由段々与申入候得共、一向宗之事なれハ餘分之義出来申間敷、夫より人足申受

横須賀村では、出入り等があって出費が多いとの理由で協力を断わられた。表1から金一両二分払っていることがわかるが、東西浦賀村と比較すると少額である。しかし真宗であるために、随厳房は強い要求をしていない。天明期の勧進では、二〇〇戸に対して御札と名号札を半数ずつ配っており、名主を始め真宗が約半数であったと考えられる。真宗門徒が多い長井村でも、次のような対応であった。

朝食後出立、名主（長井村―著者註）龍崎重右衛門殿へ見舞、大黒天音物等進、村方御札勧化等御頼申度趣申入候処、當村者両給ニ而甚六ヶ敷、殊ニ一向宗過半有之候処、此節他山之札守等決而受申間敷由旦那寺より厳申渡、其上連印等為致候故、昨日浦之郷役所江伺ニ相成居候得者、中々高野山之札ニ而も不受申候間、一向宗江者御無用と被申候間、任其意候、且又私組下弐百四五拾軒茂可有之候、余者相役之組下ニ候間彼方へ御出御頼可被成候、尤相役鈴木三郎左衛門今日ハ他出申候間、下役惣右衛門方江御出と被申候間、人足申受、右惣右衛門殿江名主殿江之音物名号等頼、尚又名号扇子ニ惣右衛門殿江進、勧化之義委細頼入候得共、一宗之事故宜敷挨拶も無之候

長井村は相給で名主が日蓮宗と真宗であり、ともに厳しい反応を示している。天明二年の勧進では四〇〇戸が真宗で、五〇戸が日蓮宗であった。表1では金一両二分支出しているが、戸数から考えれば比較的少額である。ここでも随厳房による強い要求は見られない。

また、高野山の別の塔頭の檀那場となっている村の対応は、次の通りである。

一、長浦村名主鈴木定四郎殿江参、御札等進候処、当村方者宝塔院旦那之由ニ而、是迄登山之節茂右院江参

着、殊ニ昨年宝塔院様直檀廻等有之、已来右院檀所与一決仕候間、貴院様之御札之義御断申与之事、尤古帳面幷古日記等ニ右之趣逐一ニ相見候得共色々掛合候得共一圓承知無之、左候ハヽ、以来御札之義者進申間敷候、併人足継悪敷御座候間、継送被下候様頼入候処、其儀者外様之事ニ無之候間、随分継人足指下し可申候間御心置なく御出可成与之事、右任其意人足申受

長浦村は天明の勧進の際に、すでに宝塔院の檀家で、今回も札の受け取りを拒否している。隣村の田浦村も同様の対応であった。こうした場合、勧進に応じる必要はないと考えられるが、表1から両村ともに金二朱支出していることがわかる。

全体的に協力的な村も少なくないが、その金額には名主など村民の宗旨が大きく関係していることがわかる。協力を拒否した場合でも、真宗や日蓮宗が多い村では強い要求がなされず、支出額も少ない。しかし、それ以外の宗旨の場合には、古義真言宗の末寺や田舎本寺の延命寺までが説得に乗り出してくる。勧進に非協力的な態度を取るのは難しかったと言えよう。また、真宗や日蓮宗の者すべてが勧進を拒否したわけでもない。野比村は真宗門徒が多いが「勧化之義者勧可申、殊ニ名号不被遣とも、高野山之宿坊者高院と申事ハ存居申候間、御無用ニ被成候歟宜御座候」と返答し、表1でも支出額が比較的上位である。

三　勧進への対策とその実態

一八世紀後半から幕末にかけて、全国各地で村外宗教者に対する議定が作成された。三浦郡では明和六年（一七六九）池子村において、領主の鎌倉英勝寺が領民の願いにより、諸勧進・合力の諸浪人・猟師等の入村を禁止

する高札を建てた[39]。本節では、三浦郡の議定の内容と宗教者への対応を検討してみたい。

文化一五年（一八一八）三浦郡の一六町村で作成された議定では、①出家・社人・修験が案内を受けて軒別に配札することの禁止、②勧進・合力の数を過分に記すことの禁止、③勧進帳の始めは久野谷村か堀之内村とすること、④御免勧化と主張して強いて廻村する者は留め置き、役所の指図を受けること、⑤継人足は出さないことが決められた[40]。また、その後も御免勧化以外の諸勧進は拒否するよう取り決められた。ただし、鹿島・香取・大山・富士・京都愛宕・熱田・津島・榛名のように、前々から訪れている宗教者は村々の帰依次第とした。それらの宗教者でも、定例の初穂以外の勧進は禁じ、記帳や継人足の提供も禁止された。文化一五年の議定以上に、村外宗教者に対して厳しい内容になっている[41]。

このような議定がある中で、実際にどのような対応が取られたのだろうか。表2は、嘉永四年（一八五一）一〇月から翌年末までの三浦郡秋谷村の村入用のうち、村外宗教者に対する出費の一覧である。御免勧化以外の様々な宗教者に対する支出が見て取れる。嘉永五年二月晦日には、出雲大社役人を名乗る者達に、偽物とわかっていながら、詮索するとかえって迷惑になるとの理由から支出している。また、六一年ぶりに勧進に訪れた加賀国の白山大権現へも金銭を納めている。

嘉永五年一〇月に秋谷村へ訪れた出雲大社の宗教者は、村中で六〇〇文、寺社方二〇〇文を求めた[42]。村は、凶作なので御免勧化でも三五〇文位で、「御取締よりも厳敷御申渡し」を理由に断っている。しかし、それでも三〇〇文を要求してきたので、札料は一二文から二〇〇文と答え、結局二〇〇文を納めている。禁止されている記帳も一度は断りながら、頼まれて応じた。今度廻ってきたら一文も出さず一宿もさせず、記帳もしないと注記しているが、この時は宿泊させ、二〇〇文納めて、記帳もしている。議定があるにも関わらず、村役人が

表２　嘉永４年10月～嘉永５年末　三浦郡秋谷村の村外宗教者に対する出費

№.	年	月　日	宗教者名	支払高	備　　考
1	嘉永４年	10月28日	京都石清水八幡宮勧化	200文	当亥年限り
2	嘉永４年	11月４日	信州善光寺勧化	金１分２朱	帳面には「壱分也村方・弐朱源左衛門」と記す
3	嘉永４年	12月25日	出雲国大社宮勧化	800文	600文は村方・200文は寺社方
4	嘉永５年	１月19日	大田和村疱瘡神宮再建初穂	３貫646文・米５合	
5	嘉永５年	２月22日	大山麓子安観音堂勧化	青銅200疋	
6	嘉永５年	２月晦日	出雲大社役人	200疋	「全偽ものと心得候へ共相改メ候得ハ村方迷惑ニも相成候間、差遣し申候」
7	嘉永５年	閏３月（閏２月ヵ）８日	大己貴命勧化	20疋	
8	嘉永５年	３月４日	片瀬村竜□山法源寺堂修覆勧化	金２朱	
9	嘉永５年	３月14日	尾州国府宮	金50疋	
10	嘉永５年	６月23日	錦嶋三太夫勧化	金２分	
11	嘉永５年	７月２日	米ヶ浜勧化	金１両	
12	嘉永５年	８月９日	御師ニ遣ス	100文	
13	嘉永５年	10月28日	出雲之国大社役人	200文	
14	嘉永５年	12月21日	豆州上嶋神主	銭200文	「来ル丑寅両年ハ拝札ニ罷出不申、両年分願ひと申遣ス」
15	嘉永５年	12月21日	加賀国一之宮白山大権現	350文	「先年寛保十二年始寛政六年ニ廻り、此度六十一年目と申罷出、尤、名主幸左衛門取計ひ相断ニ付遣ス」

※嘉永４年「御用村用出勤郷中諸賄帳」（横須賀史学会編『相州三浦郡秋谷村若命家文書』上）より作成。

様々な宗教者の説得に応じて譲歩している様子が分かる。

高室院は、文化年間以降も相模国三浦郡において勧進を行ったが、日記などが残っていないため、その詳細はわからない。いかに勧進を成功させるかは重要な問題であり、文政一一年（一八二八）に武蔵国で勧進する際は、使僧に次の注意書きが与えられた(43)。

当院檀廻之義（中略）近年御改革ニ付、諸勧化等一切断致抔申処多分有之、其余檀廻之様子相心得候輩ハ、登山之節止宿甚不取扱已来檀廻之儀御断り可申入抔申村方も、間々有之迷惑至極、右之始末ニ候得者、村内配札之義さへ彼是申、至而面倒ニ候（中略）何国ニ而も勧化筋者、最初取附六ヶ敷者ニ御座候、其處被致しんぼう頼込候得者、又相應ニ者出来申者ニ御座候、中々誰人も金銭出候事ハ難渋ニ候間、彼是与謂訳いたし申者ニ候（中略）七月朔日大時化ニて、玉川筋当院旦中之村々も田畑等大ニ荒損し候場多分、其上明年伊勢宮御遷宮ニ付旦所村々龍太夫先廻り致、是等大ニ差支ニ相成候趣御尤之至御座候、乍然伊勢・高野は神仏之相対ニて、何も不被捨所ニ候えは、適々致廻檀候とて伊勢へ勧物等差出候而、高野江不出と申ては不相済儀ニ候間、此處篤と御申入被成度候、尤も利音斗ニ而も勧誘事者難出来者ニ候得者、何分折入相頼候方可然存候、何程誤り入候而も檀廻筋上出来之方肝要ニ候事

この年、多摩川筋の村々の田畑は荒損していて、さらに伊勢御師龍太夫へ支出して、高室院の勧進は差し支える状況であるが、伊勢神宮と高野山は神仏の相対であり、どちらも捨て難い所なので、高室院の勧進が毎年ではないからと言って、伊勢には金銭を出して、高野山に出さないのは認められないと述べている。

原淳一郎は武蔵国世田谷村大場家の「金銀出入帳」などの分析により、寛政一一年（一七九九）から文政九年（一八二六）の内、一一年間の村外宗教者への出費を明らかにしている(44)。伊勢神宮の御師が一二回訪れているの

に対して、高野山宝塔院は一回のみである。それにも関わらず、津嶋や富士や江ノ島が一〇〇文しか得られない中、宝塔院は三〇〇文得ている。これは原が述べるように、民衆側が高野山の塔頭を別格として位置づけた面もあるが、高野山側が別格に扱うよう求めた可能性もあろう。

高室院は安政年間にも勧進を行っており、多くの村でその後も関係を維持していたと考えられる。もっとも安政年間の勧進でも文化年間に焼失した本堂と位牌堂の再建が目的なので[45]、高室院が意図したほどの成果を出さなかったのだろう。

弘化四年（一八四七）には、五月一九日から九月二四日まで、武蔵国の檀那場で勧進して金八二両と銭七五三文を得ている[46]。武蔵国の檀那場は、武蔵国橘樹・都筑・多摩・荏原・榛澤・豊島・児玉・那賀・男衾郡と広範囲に及んでいた（いずれも郡の全域ではない。また久良岐郡も檀那場であるが、弘化四年は廻っていない）。児玉郡本庄宿では配札を拒否されたが、使僧が説得した結果、相対にて宿内を廻って配札を許可された。また、橘樹郡上菅生村の広福寺（新義真言宗）は、それまで勧進の際は宿泊場となっていたが、「此度ハ宿坊抔と申儀ハ此方ニハ一向不致、且又旧規聞傳等茂無之、高野山抔ノ恩ニ預候儀一切無之、兎も角茂當村名主方へ御越可被成、彼方ニて可然取計仕候、左様御心得可被成と被申候」と、宿泊を拒否されている。一方で、橘樹郡箕輪村では「此仁見懸ケニ不寄信心者と相見、寄附大出来ニ御座候」とあり、文政一一年の勧進では銭一貫六〇〇文だった村が金一両・銭二四八文と大幅に増加している事例も見られる。同じ霊場の宗教者でも村々の対応は多様であり、宗教者もそれぞれに応じた行動が必要であった。

おわりに

以上のように、高野山高室院の勧進は多くの村に支えられているが、その関係を維持するために高室院側が苦心している様子が確認できた。霊場が一様に篤く信仰されていたわけではないことは明らかであろう。先行研究では、霊場が民衆側の信仰に支えられ、自由に選択可能なものであったと評価されているが、霊場はその選択的な態度を安易に受け入れるのではなく、説得を試み、時には末寺などの協力を得てその維持に努めていた。こうした行為を堕落的行為と断ずることはたやすいが、筆者は民衆との関係維持を図る宗教者の積極的な活動として評価したい。一方で、真宗や日蓮宗を宗判寺院とする檀家は、勧進を拒否することも可能で、わずかな支出でも強く要求されることはなかったことから、真宗や日蓮宗の檀家への影響力の大きさを改めて窺うことができた。

〔註〕

(1) 朴澤直秀『幕藩権力と寺檀関係』(吉川弘文館、二〇〇四年)。

(2) 勧進に関する近年の代表的成果として、村上紀夫『近世勧進の研究—京都の民間宗教者』(法蔵館、二〇一一年)が挙げられる。

(3) 福江充『近世立山信仰の展開』(岩田書院、二〇〇二年)、田中宣一「相州大山講の御師と檀家—江戸末期の檀廻と夏山登拝をめぐって—」(『日本常民文化紀要』八—二、一九八二年)、原淳一郎『近世寺社参詣の研究』

（思文閣出版、二〇〇七年）第一章。
（4）鈴木良明「『相模国廻檀日並記』にみる勧化と村方の対応」（『寒川町史研究』四、一九九一年、後に『近世仏教と勧化―募縁活動と地域社会の研究―』岩田書院、一九九六年に所収）。
（5）藪田貫『国訴と百姓一揆の研究』（校倉書房、一九九二年　新版・清文堂出版、二〇一六年）、久留島浩「百姓と村の変質」（『岩波講座日本通史』第一五巻近世五、岩波書店、一九九五年）。
（6）青柳周一「人の移動と地域社会史・試論―参詣旅行史研究の視点から―」（『関東近世史研究』四八、二〇〇〇年）。
（7）『日本の近世』第一六巻民衆のこころ（中央公論社、一九九四年）二一二頁。
（8）澤博勝『近世の宗教組織と地域社会』（吉川弘文館、一九九九年）。
（9）足柄上郡皆瀬川村井上家文書（神奈川県立文書館所蔵）には元禄五年「高野山勧物之日記」がある。
（10）圭室文雄「相模国の檀廻帳と姓氏名（苗字）」（『寒川町史調査報告書』二、一九九三年）。
（11）新城常三『新稿社寺参詣の社会経済史的研究』（塙書房、一九八二年）高野山詣。
（12）近世初頭の檀那場争いに関しては、圭室文雄「高野山塔頭の檀那場争い―相模国の場合―」（地方史研究協議会編『都市・近郊の信仰と遊山・観光』雄山閣出版、一九九九年）が詳しい。
（13）有本正雄『近世日本の宗教社会史』（吉川弘文館、二〇〇二年）、三三頁。
（14）享保一九～寛保三年「御用留」（秦野市史史料叢書『落幡村の御用留』）。
（15）高室院文書六八〇～六八三。
（16）宝暦一二年「相州川西檀回日並記」（高室院文書七三五）。
（17）前掲註（4）鈴木論文。
（18）田宮明博「高野聖の土産物について」（『寒川町史研究』四、一九九一年）。
（19）安政四年「御用留」（横須賀史学研究会編『相州三浦郡須軽谷村鈴木家文書』所収）。

(20) 天保一一年「高野山高室院廻章」（秦野市史史料叢書『幕末の御用留』）。
(21) 天保九年「相州川西廻章」（高室院文書一八一九）。
(22) 安政三年「御用留」（横須賀史学研究会編『相州三浦郡須軽谷村鈴木家文書』）。
(23) 『相州三浦郡須軽谷村鈴木家文書』による。
(24) 足柄下郡府川村稲子家文書（『小田原市史』史料編、近世Ⅲ所収）。
(25) 文政四年「御五給様名主月番ニ相当候砌り諸勧化村方江相廻り候刻取斗旧記心得儀定連印一札之事」（白井哲哉「村への来訪者と村人の対応―武蔵国久良岐郡根岸村の村役人議定書から―」（『神奈川地域史研究』第一〇号、一九九一年）において全文翻刻されている）。
(26) 文化三年「日並記」（高室院文書二五九二）。
(27) 文化六年「相州川東連村帳」（高室院文書七六七）。
(28) 本節の記述は、注記のない限り文化七年「三浦郡檀廻中日記」（高室院文書七七〇、『寒川町史研究』第二二号所収）による。
(29) 延命寺は真言宗の田舎本寺で、教相（真言宗教学）・事相（真言密教修法儀礼）ともに高野山が本寺。末寺は三浦郡一七・鎌倉郡一の計一八宇。
(30) 天明二年「川東檀廻日並記」（高室院文書七四三）。
(31) 文化六年「房舎再建勧化帳」（高室院文書一八〇三）。
(32) 明治二～四年「村入費高掛書上帳」（横須賀史学研究会編『相州三浦郡須軽谷村鈴木家文書』）。
(33) 嘉永七年「村入用夫銭帳」（横須賀史学研究会編『相州三浦郡東浦賀村石井三郎兵衛家文書』第三巻）。
(34) 両浦賀村は、村の中に複数の町が存在するという構造を持っていた。東浦賀村の構造については平川新「村と町―湊町浦賀の構造と住民―」（村上直編『幕藩制社会の地域的展開』雄山閣、一九九六年）に詳しい。
(35) 天明二年「川東檀廻日並記」（高室院文書七四三）。

(36) 寛延二年「相模国三浦郡東浦賀村五人組宗旨御改帳」(横須賀史学研究会編『相州三浦郡東浦賀村石井三郎兵衛家文書』第四巻)。
(37) 文化七年「川東廻檀日並　鎌倉郡・高座郡」(『寒川町史』寺院編)。
(38) 菅根幸裕「相模国檀廻帳にみる近世寺院の変遷について」(『寒川町史調査報告書』一、一九九二年)。
(39) 明和六年「乍恐書付を以奉願上候」(『逗子市史』資料編近世Ⅱ)。
(40) 文化一五年「(浪人諸勧化申談)」(横須賀史学会編『相州三浦郡秋谷村若命家文書』上)。
(41) 「三浦郡中締方議定連印帳」(横須賀史学会編『相州三浦郡秋谷村若命家文書』上)。
(42) 嘉永四年「御用村用出勤郷中諸賄帳」(横須賀史学会編『相州三浦郡秋谷村若命家文書』上)。
(43) 文政一一年「(伊豆・武蔵檀廻帳)」(高室院文書七八三)。
(44) 原淳一郎『近世寺社参詣の研究』(思文閣出版、二〇〇七年)第一章。
(45) 安政四年「御用留」(横須賀史学研究会編『相州三浦郡須軽谷村鈴木家文書』所収)。
(46) 弘化四年「武州児玉郡多摩郡榛沢郡荏原郡稲毛領小机領廻檀日並記」(高室院文書八〇六)、「武州廻檀帳」(高室院文書八〇八)。

(付記) 近年、村上博秋「高野山本覚院と豊後臼杵藩の関係」(『大分県立歴史博物館研究紀要』一七、二〇一六年)、同「高野山子院と地方檀家の関係―本覚院と豊後臼杵藩の伽藍再建支援をめぐる交渉に注目して―」(『地方史研究』三九六、二〇一八年)が発表され、高室院との比較も試みている。本章とも関わるので参照いただきたい。

二部　旅行者と地方寺社・地域社会

六章　道中日記に見る紀伊の旅

はじめに

近世後期に刊行された地誌『紀伊国名所図会』には、様々な名所の解説とともに多数の挿絵が掲載され、その絵の所々に遠方から訪れた旅行者（巡礼者）が描かれている。当時の紀伊へ他国の旅行者が恒常的に訪れ、その姿を見かけるのが珍しい事ではなかったことを物語っていよう。熊野三山参詣を目的とするいわゆる熊野詣は、中世後期に衰退するが、伊勢参宮や西国巡礼、高野参詣が盛んになり、近世の紀伊には中世以上に旅行者が訪れていた。しかし、中世の熊野詣に比べ、近世の旅はあまり注目されず、その内容も充分に解明されていない。

旅行者が道中での出来事や出費、宿泊先などを記した道中日記が、全国各地に現存している。自治体史などに全文（またはほぼ全文）掲載されて、容易に確認できるもののうち、和歌山県域に訪れているものだけで、管見の限り約二〇〇点確認されている。[1] 未掲載の史料や道中日記を記さなかった旅行者の存在を考えれば、紀伊へ訪れた旅行者がいかに多かったか想像することができよう。本章では、この道中日記を分析し、旅行者が紀

図１　紀伊国（「紀伊国海岸之図」個人蔵）

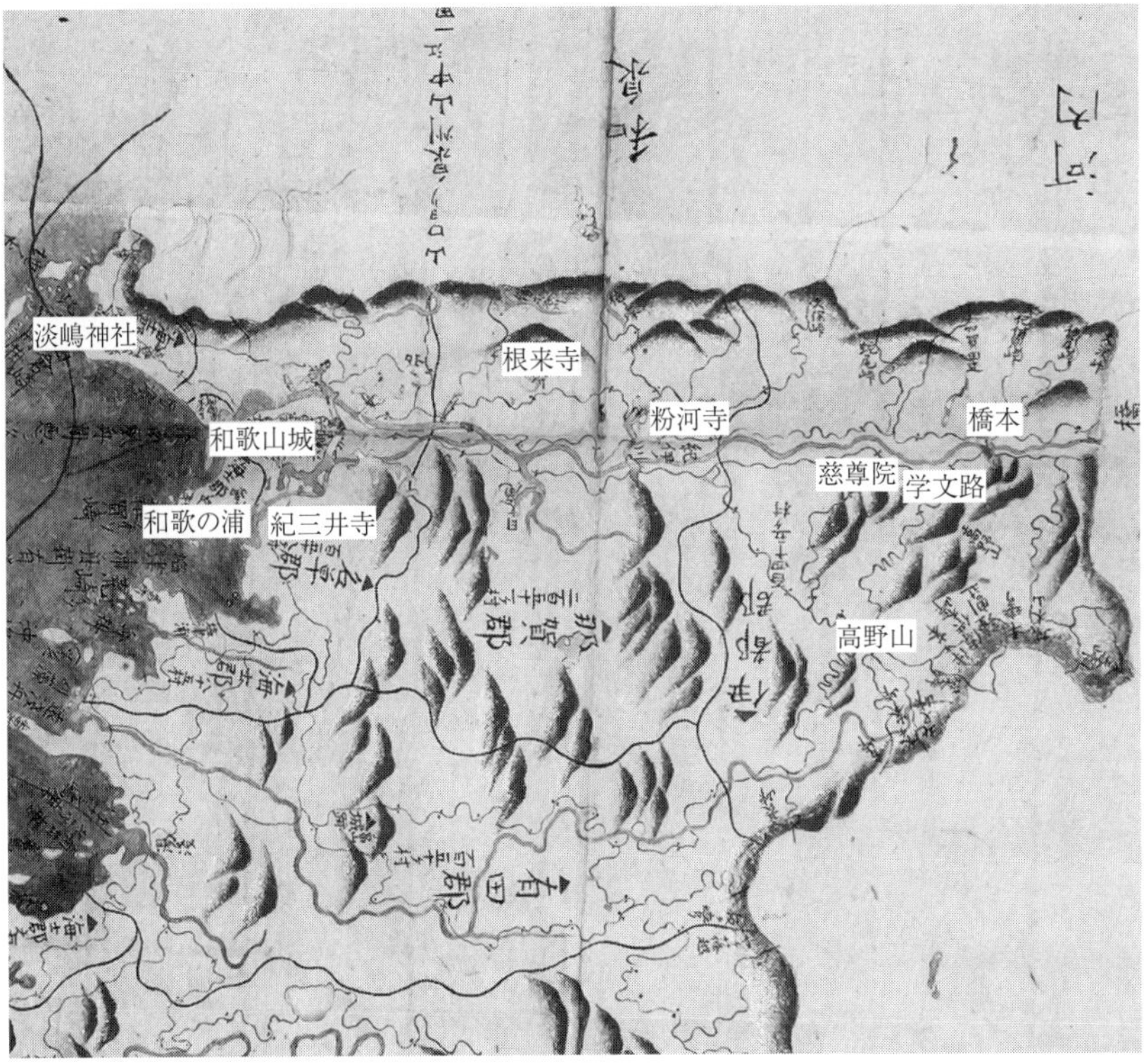

（紀北地域）

伊をいかに巡っていたか、そして霊場やその周辺の人々がいかに応対したのか、その全体像を俯瞰したい。概説的な記述となるが、七・八章の前提として、また三〜五章の背景として把握しておく必要がある。

紀伊へ訪れた道中日記（主に東国を出発）は、その行程から概ね五つに分類できる。

①西国巡礼

②伊勢参りの後に、奈良を経由して（史料では「大和廻り」とある）高野山を参詣し、北上して堺や大坂へ向かう行程

③高野山までは②と同様だが、参詣後は紀ノ川沿いを西に進み、和歌山城下を経て、加太から四国へ渡り金毘羅を目指す行程

④和歌山・加太までは③と同様だが、陸路を北上して堺や大坂へ向かう行程

⑤その他

本章では、これらの行程のうち紀伊国内を比較的長く巡った①と③を分析する。なお、道中日記の他に文人層の紀行文も存在するが、現時点で確認できている数は少ないため、部分的な分析に留まる。しかし、文人層の旅も今後さらに精緻な分析が必要である。

一　西国三十三所観音巡礼

西国巡礼とは、近畿地方を中心に存在する観世音菩薩を安置する霊場三三ヶ寺を巡ることである。三三の数は観音が衆生救済のため三三身になって現れるという法華経の記述に基づく。近世には病気平癒の祈願を強く

意識する巡礼者も多かった。[2] 紀伊には、一番札所の那智山青岸渡寺（和歌山県那智勝浦町）、二番札所の紀三井山金剛宝寺（和歌山市、通称紀三井寺）、三番札所の風猛山粉河寺（紀の川市）が存在した。伊勢参宮を目的とする旅行者にとって、巡礼の開始は旅の出発点ではなく、伊勢神宮を参詣した後から意識され始める。[3] 伊勢本街道から分岐する熊野街道の始点である田丸城下（三重県玉城町）付近には、巡礼の装束である笈摺などが販売されており、この地で巡礼の準備が可能であった。

巡礼者が年間どの程度紀伊へ訪れていたのかは不明だが、新宮川（熊野川）の通行者が享和期（一八〇〇年代）に年間三万人程、文化・文政期（一八一〇〜一八二〇年代）に年間一万〜二万人であることから、[4] 毎年少なくとも一万人程度の通行者があったと考えられる。三章で検討した相模国の事例では、一八世紀後半に西国巡礼者は減少し、後述する「大和廻り」などの行程を選択する者が増えたので、全体的に西国巡礼は減少傾向にあったと推定する。文政八年（一八二五）九月、熊野本宮から紀伊藩寺社奉行へ出された次の嘆願書は、そうした状況を物語っていよう。[5]

当山並新宮那智三山とも早春者専ラ五畿内西国順礼参詣有之、六月廿日過ゟハ関東奥州之者共勢州御祭ゟ熊野三山へ掛参詣有之候、然る処近年勢州田丸松坂近辺ゟ熊野道中へ掛宜からさる者徘徊いたし、右参詣人へ不実躰之義相違〆、事ニ寄候而ハ路用等無躰ニ押取候様之義も有之由、尤右者彼是数十人之仲間有之由ニ而関東奥州之者共大ニ恐怖仕熊野へ者得参詣不仕、多者勢州ゟ徒ニ罷帰又者伊セゟ直ニ上方へ抜ヶ候由粗承り及候事御聞候、左候而者内々熊野者不及申候、御国中淋しく成行候事ニ御座候間、何卒彼辺厳敷御道制被為成下、且駅々幷通り筋在々迄乍恐御建札ニ而も被為成下候ハヽ、自ら参詣之旅人奉仰　御国恩繁栄之基へ相成候義御座候間、此段乍恐宜ク御取扱被為成下願之通御聞済被為成下様奉願上候すなわち、熊野三山には早春は畿内の巡礼者、六月二〇日過ぎから関東や奥州の者が参詣していたが、近年は田丸や松坂周辺に不法者が多数いるため、熊野への参詣者が減少し、多くの者が伊勢から帰国するか、直に上方へ向かっている。そうなっては御国（紀伊藩）がさびしくなるため、藩へ厳しい取締を求めている。参詣者減少の原因の妥当性は不明だが、熊野本宮が巡礼者の減少を認識し、その打開を図っていたことが窺える。なお、藩は文政一〇年二月に河川の渡船で賃銭以外に受け取らないよう命じ、さらに旅籠屋は客に親切に応対し、家屋や飲食膳部・夜具を奇麗にすること、旅行者の意思を無視して宿を順番に行うことの禁止を命じている(6)。旅行者が多く訪れれば、「自然旅籠屋共家々へも行届、外稼之者迄も渡せ相成、一村之繁昌」と述べている。

それでは、旅行者は具体的にどのように紀伊を巡っていたのだろうか。弘化四年（一八四七）下野国安蘇郡中粕尾村（栃木県鹿沼市）の神山政之丞が記した道中日記から西国巡礼の行程を見ていきたい(8)。旅行者によって一日に進む距離や宿泊地などは異なるが、他の西国巡礼の道中日記も似た行程を記述している。

政之丞は、正月二〇日に中粕尾村を出発し、成田山、江戸などを経て東海道、伊勢街道を通って二月一七日に伊勢神宮へ到着した。御師の屋敷に滞在して、二五日に出立した。熊野をめざして南下し、二六日の夕方に紀伊へ入り、長島（三重県紀北町）で宿泊した。それ以降の行程は、次の通りである。

二月

二七日　長島（有馬屋次郎大夫）→古里→馬瀬→船津→古本→尾鷲（新宮屋仁右衛門）泊

二八日　八鬼山峠→三木→曽根→二木島→新鹿→波田須→大泊観音→木本（山本屋）泊

二九日　有馬→阿田和→熊野川→新宮（三光坊）→神倉社→三輪崎（杉浦屋松兵衛）泊

三月

一日　浜宮・補陀洛寺→那智山（那智社・青岸渡寺）→阿弥陀寺泊
二日　大雲取→小雲取→本宮→御師音無大夫の屋敷泊
三日　湯峯→湯川→野中王子・秀衡桜・野中清水→近露（田中屋弁右衛門）泊
四日　花山院塚→高原→芝→上三栖→田辺（ねじがね屋庄兵衛）泊
五日　船に乗り南部へ→結松→切目五躰王子→印南（菓子宇右衛門）泊
六日　草履塚・袈裟掛松→小松原→道成寺→原谷→井関→湯浅（廣屋久七）泊
七日　得生寺→爪書地蔵→地蔵堂→筆捨松・硯石→藤白社→藤白（柳屋太兵衛）泊
八日　鈴木屋敷→紀三井寺→和歌の浦→和歌山城下（藤屋源兵衛）泊
九日　八軒屋→川辺→根来寺→長田観音→粉河寺→高野辻→麻生津峠（茶屋嘉蔵）泊
一〇日　花坂→高野山（清浄心院）泊
一一日　山内を巡り、神谷→椎出→善名称院→慈尊院→大野→大畑→槙尾山（文殊院）泊

1　紀伊長島〜田辺

二月二六日に到着した長島は漁師が多く、ここから木本（熊野市）まで向かう船もあったが、道中日記にここで船に乗らないよう注記し、その後も陸路を進んでいる。二九日には、花の窟、阿田和、井田などをへて新宮川（熊野川）へ差しかかり、成川の渡し場で名前や居住地を記帳して船で川を渡った。

新宮（熊野速玉大社）には、鳥居の内に番所があり、居住地を述べて宿坊（三光坊）へ案内された。宝暦四年（一七五四）以降、参詣者は番所で一二文を納め、札を受け取った後に参詣する形式を踏むようになっていた（紀

伊国の巡礼者のみ宝暦八年から一二文納めるようになった[8]。元禄一三年（一七〇〇）以降、境内で牛玉宝印が販売されており、購入する参詣者も少なくなかった。神山政之丞らは三光坊で神酒や吸物が出され饗応された。その後は、神倉社へ参詣して、広角、御手洗坂（高野坂）を進み、三輪崎で宿泊した。

三月一日は、海辺の風景や那智黒石を横目に見つつ、西へ進み（「此辺南海之はて風景よし」とある）、補陀洛寺（那智勝浦町）を参詣した後、那智山へ向かった。那智山では実方院へ立ち寄って饗応された後、青岸渡寺で納札した。「三月朔日納札始ル」と記しており、西国巡礼の開始を強く意識していたと思われる。

那智山周辺では、寛文一一年（一六七一）に麓の牟婁郡市野々村（那智勝浦町）の庄屋が那智山大蔵坊の道者を宿泊させたことを詫び、以後宿泊させない旨を誓約している[9]。それ以前から、那智山に宿泊しない旅行者の宿泊を禁止する触が度々出されていた。那智山とその周辺地域は宿泊者の獲得で競合しており、度々禁止令を出さなければならないほど遵守されていなかったのであろう。元禄四年（一六九一）には、巡礼者にまぎれて人をだまして金銭を貪る者がいることを街道筋の庄屋・肝煎や茶屋へ申し聞かせており[10]、当時は多数の巡礼者が通行していたと考えられる。那智山の参詣者を巡っては、天明五年（一七八五）に国所によって宿坊を割り振る取り決めがなされている[11]。

二日は、大雲取・小雲取を越えて、熊野本宮（田辺市）へ向かった。「大雲取といふて大難所なり」と記すように、大雲取・小雲取は熊野でも屈指の難所であった。本宮では御師音無大夫の屋敷で宿泊した。政之丞らは熊野三山のいずれでも宗教者のもとへ立ち寄っていたことになる。三日は、車塚（小栗判官を乗せてきた車を納めた塚と伝わる）を見た後に、湯峯温泉へ到った。当時の湯峯温泉には、男湯・女湯のほか留湯（小栗湯）という豪華な湯船もあった（留湯は二四文、他は六文）。その後は、湯川、野中を経て近露で宿泊し、四日には田辺城下へ到っている。旅行者によっては、田辺城下で熊野参詣を終えたことを祝って、「山祝」という餅をついて食す宴会を催す者もおり、その様子は『西国三十三所名所図会』に描かれている。

2　道成寺〜藤白

六日は、道成寺（日高川町）に参詣し、「安珍清姫之縁起」の絵解きを聞いた。当時、安珍・清姫の物語（道成寺縁起）は、能や歌舞伎、書物『道成寺物語』（一六六〇年）などを通じて多くの人々がよく知る話であり、旅行者は道成寺へ向かうまでの道中に存在する清姫の腰掛石、清姫の草履塚、安珍の袈裟掛松、清姫の衣掛柳（いずれも御坊市）などを興味深く見たと考えられる。

道成寺は紀伊藩主導で慶安二年（一六四九）〜明暦元年（一六五五）に本堂の修復、寛文九年（一六六九）に本尊・脇侍の修復が行われ、この頃から巡礼者の参詣も盛んになった。一六八〇年頃には、縁起の絵解きが始まり、その話の舞台を現実に体感できる腰掛石・草履塚・衣掛柳も存在していた(12)。宝永期には、絵解きが経営上重要な位置を占める程多くの参詣者が訪れたが(13)、相対的に宿駅の小松原（御坊市）を利用する者が減少した。宝暦一一年（一七六一）日高郡奉行から大庄屋へ、「海道筋泊り之宿之外、脇にて往来之者一切留申間敷候」という延宝二年（一六七四）の定書が再度申し渡され、足を痛めた者や暮れに及んだ場合以外は宿泊禁止とされた。文化八年（一八一一）から翌年にかけて、道成寺門前の茶屋が足を痛めた旅行者や丹波国の巡礼者を宿泊させたことに不満を持った小松原村の者が、門前に客引きに訪れて「狼藉」を働き、争論へと発展している(14)。結果として、以降は足を痛めた旅行者であっても、茶屋での宿泊が禁止され、公用通行を担う小松原村の権利が優先された。ただし、同時に小松原村の者が客引きのため道成寺門前に訪れることも禁止されたため、実際には道成寺門前で宿泊する者も存在し続けたと推測できる。天保九年（一八三八）には、道成寺が再び藩へ門前茶屋での宿泊公認を願い出ている。嘆願書の中で、道成寺は檀家のない寺院のため、旅行者に縁起を聞かせ、その礼銭で経営してきたが、門前茶屋での宿泊が禁止されて以来零落している旨を述べ、どの霊場や大社であっても参詣人を宿泊させている例は多く、それは「間の宿」とは異なり、宿駅を妨害するものではないと強調した。しかし、藩は道成寺の嘆願を受け入れなかった。小松原村は文政年間にも南塩屋浦の茶屋が旅行者を宿泊させたことを問題視して訴え出ており、宿駅経営のため旅行者を集めようと努めていたことがわかる。

七日に通過した糸鹿峠では、茶屋で案内人を頼んで周囲の名所を見物し、得生寺（有田市）に参詣している。得生寺は当麻寺の「当麻曼荼羅」を織ったとされる中将姫ゆかりの寺として知られ、その宝物を公開しており、一人八文ずつ出して見物した。この日は大雨のため、藤白（海南市）に宿泊し（藤白社では「是迄熊野」と記述しており、政之丞はこの地点までを熊野と認識している）、翌日紀三井寺へ向かった。

3　紀三井寺～和歌の浦

八日は二番札所の紀三井寺に参詣した。「此所町家宜敷」と記しているように、寺の門前には複数の茶屋・宿泊施設があって賑わっていた。道中日記では紀三井寺からの眺望を絶賛するものが多く、中には日本一の景色と述べている者もいる[15]。政之丞らは、参詣を済ますと門前から五人で船を貸し切り（一〇人乗りの船一八四文）、和歌の浦へ渡っている。『紀伊続風土記』には、「西国順礼の旅客は皆此ノ門前（紀三井寺）より船にて和歌浦妹背の水閣に渡り、玉津島に詣つるに甚タ便利なり」とある。巡礼者の大半は、紀三井寺を参詣した後に和歌の浦へ訪れ、その後に和歌山城下へ到った（道中案内記『新増補細見指南車』によれば、紀三井寺から粉河寺へすぐに向かう場合は、紀三井寺門前を右に曲がり、三葛村を過ぎ、右に曲がって細い道を一里ほど進み、日前宮の境内を抜けて、さらに進んで八軒屋の東に出て粉河寺をめざす）。安政五年（一八五八）に東北から訪れた旅行者は、和歌の浦、和歌山城下に立ち寄らなかったため、日記に「和歌山へ廻りて宜し、私ともハ後悔ニ候」とわざわざ記しており[16]、名所として名高い和歌の浦や和歌山城下へ立ち寄ることが一般的であったと言えよう。

和歌の浦は、元禄二年（一六八九）に訪れた貝原益軒が次のように評したことで知られている[17]。

（紀三井寺の）山上より臨めば、和歌山の城、東照宮、天神の社、玉津しま、妹背山、すべて弱浦眼下に見えて、海山のけしきかすみわたり、塩竈の煙たちのぼりて風にたなびき、眼界広ければ、かしこゝ、見所多し、日本三景の内、松島はいまだ見ず、安芸の厳島、丹後天橋立も尤美景也といへども、おそらくは此浦の烟景には及ぶべからず、予が遊観せし諸国の佳境多しといへども、かくのごとくなるはいまだ見ず、且、大国の城下なれば、神社仏閣、美大にして、其洒掃もきれいなれば一入の光景をませり、今日そらくもりながら終日雨ふらずして、心しづかに此勝遊をなす事、まことに大なる幸也

益軒は紀三井寺から見る和歌の浦の景観を絶賛し、日本三景の厳島・天橋立もこの景観には及ばないと述べている。同じく元禄期に作成された『紀南郷導記』にも、「風景他国ニ無双ナリ、陸奥千賀ノ塩釜ノ浦ニモ勝レリトカヤ」とあり[18]、和歌の浦を絶賛する書物は複数みられる。一方で、貝原益軒の評価を過大とする者もいる。

天保一〇年四月に和歌の浦へ訪れた松坂の小津久足は、次のように記している[19]。

（紀三井寺の）かたへに絵馬堂といふがさしいでたるところいとけしきよく、欄干によりかゝりてしばしめをよろこばしむるをりしも、日くれかゝりて、いひしらぬながめなり、こゝのみわたしは人のよくしるところなれば、あへていはず、よのつねならぬながめなれど、われははたわすれがたきけしきなりともおも

はざるに、貝原のおぢはこの寺の景をことのほか賞美せられしこと、いまだ解せざるところ也、はた若山人のこゝとわかのうらとを天下の勝のごとくいふもいかゞにて、など那智の滝をしもほこりかにはいはざるぞと口をし、この那智の勝はとほくへだゝり、こゝはちかきゆゑにも有べけれど、那智の勝はくらべんものなく、こゝの勝はくらぶべきかたもなきにあらず、さはいへこの景わがすむあたりにはたあるべくもあらず、かりにもいひおとすべからぬ優美の景なれば、立ことをおぼえず時をうつすほど、日はくれはてゝ、月の光やう〳〵あかくなるに、沖にいさり火のみゆるさまなどいはんかたなし

すなわち、和歌の浦の眺望は確かに美しいが、忘れがたいほどのものではなく、益軒の高評価は理解できず、那智山の景観とは比べようもないと述べている。久足はこの後に訪れた天橋立で、「和歌のうら、すりばりなどのたぐひにて、和歌のうらにはまさり、すりばりにはおとれりとやいふべからん」と述べ、名所の序列を摺針峠・天橋立・和歌の浦の順で評価している。文政八年（一八二五）に和歌の浦は塩浜願が許可され[20]、当時は徐々に塩田が増えていたことも、こうした評価につながった要因と言えよう。万延元年（一八六〇）に訪れた西村美須は「倭国八景の其の一なれども、磯辺の普請又新田等拵へて景色を失う、元なりとは申しながら余りの事なり、景色なくんば何ゆえに多くの人の来たるべき」と述べて、失われつつある景観をなげき、「いにしへの気色は残せ和歌の浦に神の恵みのなどなかるべき」と詠んでいる[21]。

こうした塩田開発の一方で、文化一〇年〜天保三年に藩儒仁井田好古の撰文による史蹟顕彰碑が建立され、奠供山上には拝所が築かれている[22]。しかし、道中日記の記述からは、旅行者が史蹟顕彰碑に関心を持っている様子は見られない。天保四年二月二九日に小津久足は和歌の浦へ訪れ、次のように記している[23]。

和哥の浦の妹背の拝殿のもとに船はつ、そこより岸にあかりてその拝殿にのほりてむかひを見わたすに、

紀三井寺まちかく見えて桜もいとおほく見ゆれと、おほかたはさかりすきて青葉かちなり

ふく風のなくさの山もなにかかせむさくらハはやくさかりすきたり

さて玉津島明神の御社にまうて、その御やしろの右のかたはらより二三町はかりも坂をのほりて奠供山といふにのほる、山のうへいとひろくうちひらめにてかきつくりめくらしたるハ、このところにちかきほとに楼をつくる也とそ、そのゆゑをたつぬるに、むかし聖武の帝の大行幸ありし時、望海楼といふ楼をこのところにつくり給へる跡なれハ、その跡をつきてこゝにしも楼をつくるなりといへり、けに望海楼のあとなりといへるハさもあるへし、そのみわたしのおもしろくたへなることめさむるはかりにて筆にも詞にものへかたし

奠供山に登った久足は聖武天皇が訪れた望海楼について友人から情報を得ており、顕彰碑を読んだ知ったわけではない。久足は本居春庭に国学を学ぶなど教養人として知られるが、注意深く顕彰碑を見ることはなかった。ましてや、そこまで教養を身につけていない旅行者であったなら碑には殆んど関心を示さなかったと思われる。

紀三井寺から和歌の浦へ向かった政之丞らは、妹背山の亀岩で上陸し、輿の窟（塩竈神社）、玉津島神社、天満宮、東照宮を参詣した後、羅漢寺、秋葉山、愛宕山を経て和歌山へ向かった。一八四〇年代には、和歌の浦の名所を説明する案内人の存在が複数の道中日記から確認されているが、この一行は利用していない。しかし、旅行者によっては「此処之名処難究、案内頼而吉シ」(24)や「案内たのみて、名にしおふ浦のけしきにうかれあるきぬ」(25)、「案内は是迄なり、お暇とて案内は立帰る、人々感心、不残旅のうさをはらしぬ、誠に若の浦の景色筆詞ニのべかたし」(26)という記述が見られる。

4　城下町和歌山〜高野山

政之丞らは和歌山城下に入り、本町三丁目の旅籠藤屋源兵衛に宿泊している。『新増補細見指南車』（一八二九年）には、「御城下町中寄合橋より加太粟嶋へ参る人た丶行て北嶋渡へ出、（中略）右へ橋をわたり本町通筋を行て、粉川道町の出端、大手御門の外をかけづくり町といふ宿や町也」とあることから、和歌の浦から和歌道を通って城下町に訪れ、寄合橋で東へ曲がり本町へ到り、嘉家作へ抜ける順路がよく利用されていたと考えられる。寄合橋で曲がらず、まっすぐに進むと加太へ向かうことができた。

和歌山城下やその周辺での行動を、別の巡礼者の事例からさらに細かく見てみたい[27]。天保七年（一八三六）姫路から訪れた大和屋庄兵衛ら五名の一行は、四月二九日に和歌山市域に入り、紀三井寺を参詣した後に和歌の浦へ渡って宿泊した。翌日は、東照宮、大相院の庭、玉津島神社、奠供山（「山之上へ上り甚景宜敷」とある）、羅漢寺などを巡って城下へ到った。その印象は「賑々敷キ町也」であった（和歌山を江戸に似ていると評価する旅行者も多かった）。南片原町の南方屋で昼食を済ませて、橋向丁の大立寺、有田屋を訪れて是法上人（？〜一八三七）の所在を尋ねた。是法について詳細は不明であるが、和歌山市直川には是法の墓が残っている（是得の墓に隣接）。是得（一七六三〜一八二五）は、日高郡阿尾浦（日高町）出身で江戸の増上寺で修行に励んだが、のちに退いて、徳本（一七五八〜一八一八）に師事して名草郡直川村の小庵で念仏三昧に努めた人物である[28]。庄兵衛ら一行は、その直川へすぐに向かわずに鷺森御坊、朝椋社を参詣し、北島で紀ノ川を渡り、狐島村にあった根古寺を見て、加太へ到った。淡嶋社へ参詣して同所の柳屋善蔵のもとで宿泊した。淡嶋社は、天保九年（一八三八）江戸の回向院で出開帳を行うなど、他国での宣伝活動を活発に行っていた。翌日、庄兵衛らは大川の報恩講寺に参詣し、引き返して山道を進み、直川の本恵寺へ参詣した。その後、同村の是得庵に居住する是法を訪ねている。話が盛り上がったためか引き留められ、その日は庵に宿泊した。このように、旅のついでに特定の人物と交流する者もおり、和歌山へ訪れた者が宗教者と交流した事例と言えよう。

話を神山政之丞らの旅に戻して、旅の続きを見ていこう。九日に和歌山城下を出立し、八軒屋を通過して田井ノ瀬で紀ノ川を渡り、川辺、西坂本を経て根来寺（岩出市）に参詣した。「境内桜多し」と記しており、当時から多くの桜が咲いていたのだろう。その後、さらに東へ向かい長田観音、三番札所の粉河寺（紀の川市）を参詣し、粉河寺門前の金屋茂兵衛のもとで休憩した。『紀伊国名所図会』によれば、粉河村は「紀川に沿ひて上下運漕の便あり、加之、西国第三番の観音此に在すを以て、四方香花の客、昼夜となく肩を摩し踵を交へ詣参すれば、人家日々にたちつゞきて、商賈市廊軒を並ぶ」ほどの賑わいを見せていた。

旅籠屋の金屋茂兵衛は、旅行者を呼び込むため複数の道中案内絵図を作成した。明治期には、「月参講」という旅籠屋の組合を組織している。金屋茂兵衛が作成した道中案内絵図「西国順礼道中記」には、次のような文言が記されている（図2）。

紀州第三番札所　粉川寺　金屋茂兵衛
御客様方、此道中記進上仕候間、此名前之通り御尋可被下候、あと〳〵の御ゐんニも相成やう宜敷御ヒイキ御頼申上候、尤道筋外宿并大坂宿より宿引多く出し、又ハ道つれニ相成いろ〳〵悪せつを申、此道中記ヲすりかへ申者沢山御座候間、かならず〳〵御聞よひ不被成御参詣被下度、私方もあと〳〵御ゐんをたのしミ此道中記進上仕候間、かならず〳〵御取替被下間敷候、已上

この文言は、順路絵図の右下部分に記されている。文中で金屋を訪ねてほしいと記していることから、旅行者

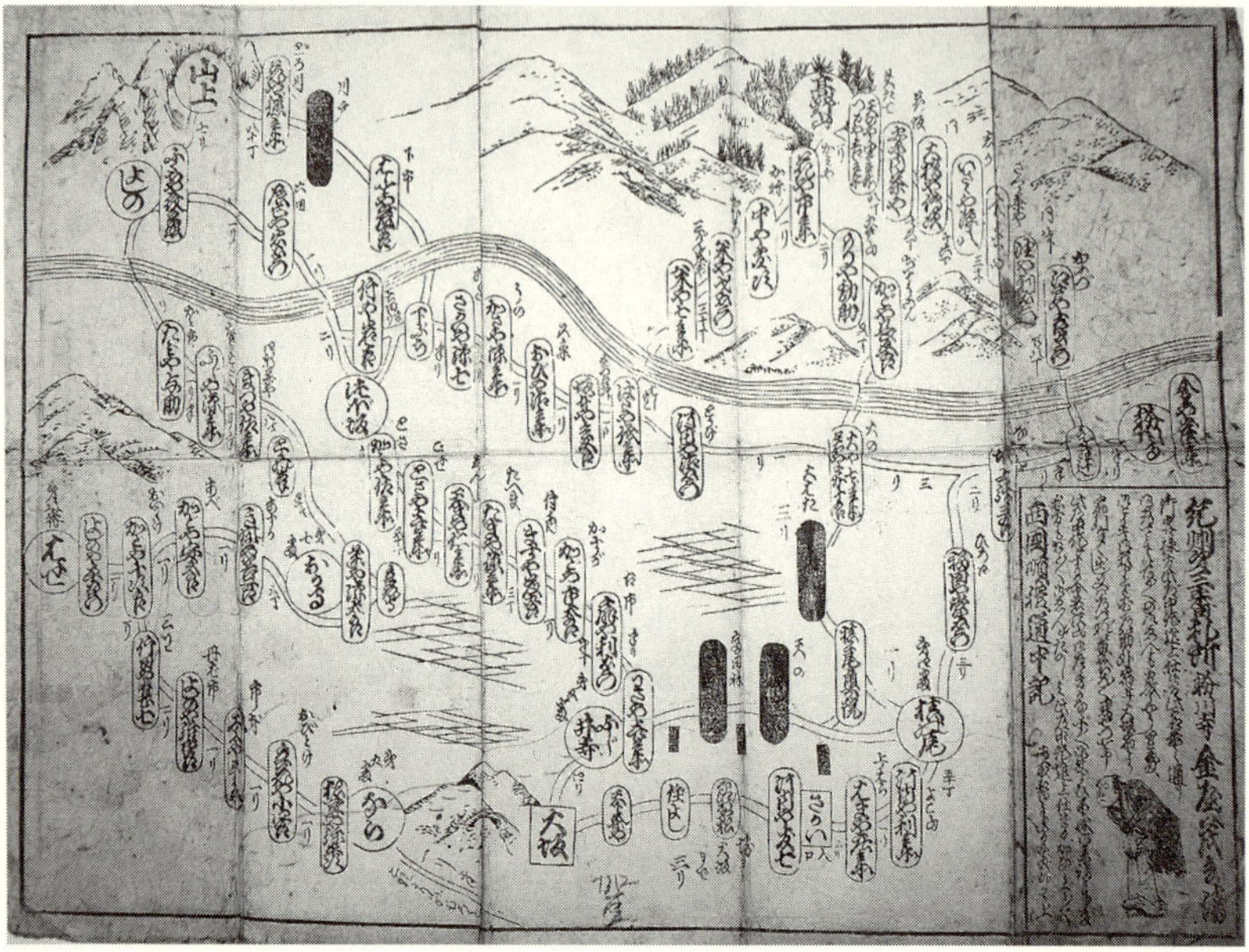

図２　「西国順礼道中記」（和歌山市立博物館蔵）

を誘うために作成されたものであろう。文字の下には、お辞儀した人物も描かれている。金屋茂兵衛は、他にも道中案内図「高野山紀州加太越四国札所本道筋幷讃州金毘羅近道順路」などを作成しており[29]、旅行者の誘致にも積極的であった。旅行者を対象に、預かった荷物を大坂まで運送する事業も行っていた。

　また、粉河では宝暦・明和年間に鉄子屋、明和～文化年間に大坂屋が数多くの道中案内記を出版している[30]。大坂屋（青木）長三郎は、元禄一三年（一七〇〇）に『粉河寺略縁起幷霊験記』を出版し、明和期から文政一二年（一八二九）にかけて『西国順礼記』（明和元年）、『道しるべ』（明和二年）、『順道ひとり案内』、『指南車』（天明二年）、『じゅんれいえんぎ』（享和二年）、『道中独案内図』などを出版した[31]。こうした出版活動を踏まえると、粉河は旅行の振興や旅行者の誘致に積極的に取り組む地域であったと言えよう。

政之丞ら一行は、高野山へ向かうため名手で紀ノ川を渡り、麻生津峠で宿泊した。「昔ハ無銭也しか賃舟ニ成ル」と記しており、この渡し場は延享二年（一七四五）から文化一〇年（一八一三）まで無料で紀ノ川の渡船が行われていた(32)。

一〇日は、花坂を経て大門口から高野山に参詣した。花坂では酒を出され饗応され、宿坊へ案内された。矢立茶屋から町石道を通り袈裟掛石、押上石、鏡石、大門、壇上伽藍を案内され、一の橋に近い清浄心院に到着した。壇上伽藍は天保一四年（一八四三）に焼失したため、この時は普請中であった。清浄心院へ着くと、案内人に連れられて奥院に訪れている。一の橋を渡って多田満仲の墓、玉川、蛇柳、汗かき地蔵、棺掛桜、姿見の井戸などを通って御廟橋を渡り、燈籠堂、御廟へ到っている。その日は清浄心院で宿泊し、一一日は壇上伽藍、東照宮、女人堂まで案内され、ここで清浄心院の案内人と別れた。塔頭での信仰的営為は記述されていない。不動坂口から下山し、神谷の清浄心院用達の茶屋で休憩し、下山して善名称院、慈尊院（九度山町）を参詣した後に、紀ノ川を渡った。慈尊院村には紀ノ川の渡し場があり、安永五年（一七七六）から明治初期まで無料で渡船が行われた(33)。大畑、滝の畑を経て四番札所の槇尾山施福寺へ参詣している。

その後、政之丞らは大坂、京都などを経て四国へ渡った。この日記は、金毘羅宮（香川県琴平町）の参詣を済ませて多度津に着いた四月五日で記述が終わっており、本来は帰路の旅日記も存在したと考えられる。

二　高野山から加太を経て四国へ渡海する行程

この行程は、伊勢参宮後に奈良を経由して高野山へ参詣し、紀ノ川沿いを通って、粉河寺・根来寺などを参詣して、加太から四国へ渡る行程である（天候などの都合で、加太から渡海しない場合もある）。四国へ渡って金毘羅宮をめざした。西国巡礼に比べて難所が少なく、奈良の様々な寺社を参詣した後に紀伊へ到る。もともとは高野参詣後、北上して三日市や堺を経て大坂へ到るルートを進む者が多かったが、文政一一年（一八二八）に加太浦から阿波国撫養（徳島県鳴門市）への渡船が本格的に開始されたことで、西へ向かい加太から四国へ船で渡る者が多くなった。

文久二年（一八六二）「御伊勢参宮道中記」から、この行程の旅を見ていきたい(34)。正月一〇日に地元を出発し、伊勢参宮を済ませた後に奈良や吉野を巡っている。他の道中日記の記述を見ても、奈良の東大寺や興福寺、法隆寺、龍田明神、達磨寺、当麻寺、橘寺、多武峯、吉野を経て紀伊に到る者が多い。一行は二月二一日に大和街道を通って紀伊へ入った。紀伊での行程は、以下の通りである。

二二日　土田→五條→橋本→学文路（仁徳寺）→河根→神谷→高野山（清浄心院）泊
二三日　花坂→志賀→麻生津→粉河寺→根来寺→西坂本→八軒屋（油屋利兵衛）泊
二四日　紀三井寺→和歌山城下→西ノ庄→本脇→加太（魚屋彦太郎）泊
二五日　加太から舟に乗り、阿波国撫養に渡る

二二日は、橋本で昼食の後、学文路の仁徳寺に立ち寄り、苅萱道心・千里ノ前・石童丸の絵を見物している。苅萱道心とその息子石童丸の話も芸能や書物などを通じて、多くの人が知る話であった。一章で取り上げた湯橋長泰も『苅萱道心行状記』を引用していた（三七頁）。学文路には、旅籠屋の玉屋があり、高野参詣者で賑わっていた。この道中日記には記述がないが、橋本・東家でも無料で紀ノ川の渡船が行われていた。

学文路から山道を登り、河根を経て神谷へ到ると、花坂と同様に塔頭用達の茶屋があり、饗応されて塔頭へ

案内された。高野山では奥院や壇上伽藍を廻り、清浄心院で宿泊している。清浄心院では茶牌を建立した。二三日は、大門口から下山し、花坂を経て、麻生津で紀ノ川を渡り、粉河寺に参詣した。巡礼者とは逆の順路である。粉河寺門前の茶屋では、無料で配布されていた道中案内を貰っている。

二四日は、紀三井寺へ参詣し、「和歌浦目ノ下ニ見落し風景よろし」と和歌の浦方面の景色を絶賛している。また松尾芭蕉の「見上ぐれば桜しもうて紀三井寺」の句を道中日記に記しており、本堂へ登る途中の句碑を見たのであろう。参詣後は、西国巡礼者と同様に船で和歌の浦へ渡り、亀岩で上陸し、玉津島神社、輿の窟、東照宮などを巡っている。嘉永四年（一八五一）に完成した不老橋を「石ニテ結構なるはし有」と記述している。松尾芭蕉の「行春を和歌浦にて追付たり」の句も記述しており、妹背山から三断橋を渡った場所に天保四年に建てられた句碑を見たのだろう。その後は、和歌山城下へ訪れ、「結構成る御城下」「御城廻り江戸同様」と称賛している。加太で宿泊し、淡嶋神社に参詣した。二五日に阿波の撫養（徳島県鳴門市）へ渡った。

高野山方面から和歌山城下に訪れた別の旅行者の事例から、その行動を細かく見てみたい[35]。嘉永二年（一八四九）四月一〇日に大坂を出立して高野山を参詣した渡辺氏ら五人の一行は、慈尊院を参詣し、そこから船に乗って紀ノ川を下って和歌山へ到った（途中で鎌八幡に参詣）。水主の勧めで、本町三丁目の旅籠藤屋源兵衛で宿泊した。藤屋の奥の座敷は広々として、床の間には掛軸や活けた花が置かれていた。夕飯を運ぶ女性を見て「紀州女子のうつくしさ、三人尻目を見合し」ている。翌日は朝食で鮭の雀ずしを食べた後に出立し、紀伊名物「扇子や」の店の前を通り、「大手口」、「御城御門」を通って丸の内（三の丸）を見物し、「丸之内ニは御家老の御屋鋪、御門花やかに、天子《（天守）》は御普請最中ニて、二の丸本丸打詠め」ている。この一行は丸の内へも容易に入れたことが窺える。その後は、紀三井寺・和歌の浦を巡り、馬に乗って高松の根上り松を通り過ぎ（「不思議の名所」とある）、和歌山を通って加太へ向かった。途中の茶屋で一休みして、加太の新屋弥太郎で宿泊した。翌日は淡嶋神社に参詣し、「聞しにまさる絶景なり」と記している。その後は、船に乗って大坂へ戻った。

前述のように、加太から四国へ渡る行程の道中日記は、西国巡礼より少ないが、文政一一年（一八二八）以降に散見される。この年に、加太から四国への渡海船が本格的に整備されたことが影響している[36]。もともと加太浦は、阿波の撫養へ渡海するのに便利な場所であったため、諸国の旅行者が訪れていた。しかし、人引による船賃の貪りや船中での酒代乞いにより諸国への評判が悪くなり、徐々に旅行者は訪れなくなったという。こうした事態は、藩の外聞にも関わるため、文政一一年四月六日船持の一二人へ渡海船頭が申しつけられ、その後七艘雇い入れ、合わせて一九艘に四国への渡海が認められた。道中日記からは、加太での宿泊先として、「正木屋」「魚屋」「日高屋」などが確認できるが、ほとんどの旅籠屋が渡海船を所持している[37]、旅行者は四国への渡海船を宿泊先で手配したと考えられる。なお、文政一二年に加太から四国へ四国遍路を無料で渡す無銭渡が恵信行者によって計画されているが[38]、実現したかは不明である。

加太の渡海船が整備される以前は、伊勢参りの後に、奈良を経由して高野山を参詣した場合、ほぼすべてが高野街道を北上して橋本、紀見峠、三日市（大阪府河内長野市）、福町（堺市）、堺を通って大坂へ向かった。文政一一年以降、旅行者が加太から渡海できることを知り得たのは、その道中で人に聞いたり、案内記・絵図を手に入れたり、街道沿いに建てられた道標を見たりしたためであろう。

道中案内絵図の一例として、「紀州高野山ヨリ加太越讃州金毘羅江近道略図」を見ていきたい（図3）。高野山から金毘羅へ向かう場合、紀伊通りは三五里、大坂通りは六五里とある。そして、「この絵図黒すじの通まいり候へバ近道順路にて（中略）道法二十九里程の近道にて、海上ハ図の通り加太浦より阿州むやへわづか十三里な

図3　「紀州高野山ヨリ加太越讃州金毘羅江近道略図」（和歌山市立博物館蔵）

り、しかも鳴戸をこさず舟の上いたつて静也、昔より加太越に難船したる事なし、よき折ハ八ツ時舟にのり七ツ時むやへ着也、道中にて宿引などいろ〱偽りをいふ共信ずへからず、唯此絵図通りまいり候へバ、近道といひ道中筋諸事不自由なし」と述べ、加太から四国へ渡る行程は近道で、粉河寺・根来寺・日前宮・和歌山城下・紀三井寺・和歌の浦・淡嶋神社・白鳥神社（香川県東かがわ市）・仏生山（高松市）などの名所旧跡を残らず見物できると記している。

明治七年（一八七四）に加太へ訪れた一行は、強風により一日逗留して翌日出帆した。強風のため船が大きく揺れ、船酔いで誠に難儀したと記している[39]。案内絵図では船の上は至って静かと紹介するが、四国への渡海船はほとんどが小船（三人乗り）のためよく揺れたようで、道中日記には人数を偽ってでも大船に乗った方が良いと注記している。道中案内絵図の表現には誇張が見られるのである。

このように加太へ向かう旅行者が増えたことで、

この行程で新たに利益を得るようになった地域と旧来の行程で利益を得ていた地域で、旅行者の獲得をめぐる争いが起こった。安政五～七年に高野山領に建つ道標をめぐって争論が起っている[40]。

安政五年（一八五八）、高野山領の神谷辻（伊都郡西郷村）の追分に建つ道標が何者かに破壊される事件が発生した。粉河村の金屋茂兵衛・角屋作造たちが学侶方の目代を務めた慈尊院村の中橋家を訪れ、この道標の再建を求めて高野山への取次を依頼した。嘆願を受けて、中橋弘道は一一月一日に学侶方の高室院を訪ねて、道標再建を相談し、六日に高室院から道標銘文の指示を受けた。道標の作業工程は不明だが、現存する道標から銘文を確認できる（図4）。

（右面）
右　京大坂道

（正面）
じそん院弘法大師御母公御廟所
左　槙の尾　大坂ご江　粉河寺しん四国　道
紀州加田ご江　金毘羅江ちか道

（左面）
是ヨリ二里麓九度山村□□
安政五年午霜月建之

（裏面）
慈尊院村

施主　牧野甚三郎
九度山村
中村新兵衛

道標の後方には三基の道標が建っており、近世にはこの場所がその後の行程を左右する追分であったことがわかる。高野山から訪れた場合、道標は道の左側にあり、そのまま直進して河根・学文路へ向かえば堺や大坂に到る「京大坂道」、道標の手前を左折すれば四番札所施福寺や粉河・和歌山・加太へ向かうことができる「慈尊院及び槇尾道」であった。道標は花崗岩を材質とする蒲鉾形角柱で、高さ一六六cm、巾四六・五cm、厚さ二四・五cmである[41]。粉河村の旅籠屋などが再建を求めた理由は、旅行者が銘文の「紀州加田ご江　金毘羅江ちか道」を見ることで、道を左折して粉河にも訪れると考えていたためであろう。当時の粉河寺の納札数から判断すれば、安政五年の巡礼者は少なくないと思われるが[42]、巡礼以外で粉河を訪れる旅行者の増加を目的として、道標の再建を嘆願したのだろう。

図4　神谷辻に建つ道標

翌年二月二二日、中橋は高野山の定光院へ呼び出された。「大坂道中筋」の旅籠屋が定光院へ訪れ、神谷辻の道標に「紀州加田越金毘羅道」と刻まれていることを抗議し、道標のその部分を削るよう求めたことが伝えられた。すでに高野山では施主の住む慈尊院村・九度山村の庄屋へ、道標の撤去を促す書状を送付していた。しかし、中橋はせっかく建てたので、このまま差し置きたいと述べて引き取っている。翌月にも、河内国錦部郡三日市宿（大阪府河内長野市）の役人が定光院へ道標の撤去を求めた。三日市宿は高野街道の宿駅で、宝暦年間には家数二一五軒あったが、嘉永年間には一一二軒と大幅に減少していた(43)。

三日市宿は嘉永五年（一八五二）三月に人馬賃銭の割増を膳所藩へ嘆願した際に、当時の三日市宿の状況を次のように伝えている(44)。

当駅之儀者過半旅籠屋幷往来稼仕候而、往古ゟ御用向相勤来候駅所ニ御座候、外ニ助成ニ可相成儀一切無御座候、然る処、東国筋ゟ伊勢参宮、夫ゟ大和名所を廻り、紀州高野山ゟ大坂江罷出、讃州金毘羅江参詣仕候旅人者、悉く先《前》年ゟ当駅ヲ通行仕候処へ、近年高野山ゟ紀州か太浦、夫ゟ阿州むや江新規之渡海船ヲ拵、四国路ゟ金毘羅江之道法取縮メ、又当駅大坂江掛り、播州路江之本道之道法者相延し、判摺之絵図面・道中記を新規ニ諸国江相弘メ、右ニ付、西国・中国・四国路之旅人も、金毘羅ゟむや・かた浦江渡り、高野山、夫ゟ大和名所廻り・伊勢参宮仕、京・大坂江罷出、播州路ゟ国元江罷帰り申候、右様諸国参詣仕候旅人之向者、多分新規之閑道江罷通り、高野山本道之当駅者御用通り而已ニ相成、実々困窮仕詰、難渋之駅所ニ相成候、乍恐御憐察奉願上候

すなわち、三日市宿は旅籠屋や往来稼ぎの者が多く、東国を出発して伊勢神宮、大和の名所、高野山を訪れた後に大坂へ出て、讃岐の金毘羅を目指す旅行者は皆通行していた。しかし、近年高野山から加太浦、そこから阿波撫養へ渡海し、金毘羅を目指す道程の距離を短く記す絵図や道中記が広まっている。西国や中国・四国の旅行者も金毘羅から撫養、加太を経て高野山・大和・伊勢参宮をして、京・大坂へ出て国元へ帰るようになっ

たという。旅行者が三日市宿を通過せず、加太へ向かっているとの主張である。この史料は、嘆願書のため誇張している部分もあるが、道中日記でも加太から四国へ渡る者が多くなったことは裏付けられる。三日市宿の役人は、旅行者が神谷の道標を見れば、「京大坂道」を通行しないと判断して撤去を図ったと考えられる。ただし、嘆願は受け入れられず、銘文が変更されることもなかった。

ところが、翌年二月二七日には、「大坂道筋之宿や」たちがこの道標を打ち捨てる事件が生じた。嘆願が受け入れられないため、強硬手段に出たのである。三月五日には、粉河の森屋らが再び中橋家を訪れ、再建を願い出ている。翌日、中橋弘道は西郷村の庄屋重兵衛に詳しい事情を問い合わせ、「大坂道筋之宿や」らの仕業との情報を得た。同一五日には、道標の再建を求め、粉河村の森屋勘助・かじや作蔵・金屋茂兵衛らが高野山を訪れた。粉河の者にとって、この道標はそれほど重要なものであった。応対した定光院や高室院は、争点となる「加田越金毘羅道」の文言を削るよう求めるが、粉河の者たちも引き下がらなかった。同二六日・二九日には、再度森屋・角屋が中橋へ嘆願し、長田観音寺や粉河寺の添状も持参して元通りの再建を願い出ており、争いは平行線をたどっている。その後の経過は、史料的な制約から不明だが、現存する道標から判断すれば、粉河側の主張に基づき元通り再建されたと考えられる(45)。

おわりに

本章では、紀伊へ訪れた記述のある道中日記を分析して、西国巡礼および高野山から加太を経て四国を目指す行程について、受け入れた各地の様相も踏まえて概観した。近世後期には、旅行者の獲得をめぐる争論が各地で起こり、旅行者を誘致するための道中案内記・絵図なども作成されていたことを確認した。本章は、次章以降の記述の前提となるものであり、七章では高野山麓の慈尊院村、八章では淡嶋神社について、さらに掘り下げて検討する。

〔註〕

(1) 拙稿「江戸時代、紀伊の寺社めぐり」(和歌山市立博物館二〇一四年特別展図録『江戸時代を観光しよう』)。
(2) 塚本明「江戸時代の熊野街道・伊勢路と巡礼たち」(『山岳修験』三六、二〇〇五年)。
(3) 田中智彦『聖地を巡る人と道』(岩田書院、二〇〇四年)第四章。
(4) 新城常三『新稿社寺参詣の社会経済史的研究』(塙書房、一九八二年)第八章第一節西国巡礼。
(5) 文政八年「御用留」(『松阪市史』第一三巻、一五〇頁)。
(6) 文政一〇年「御用留」(『松阪市史』第一三巻、一五一頁)。
(7) 弘化四年「伊勢参宮道中記」(和歌山市立博物館蔵)。
(8) 「熊野年代記古写」(『熊野年代記』一九八九年)。
(9) 『熊野那智大社文書』第五(続群書類従完成会、一九七七年)。
(10) 『東牟婁郡誌』上巻、七七六頁。
(11) 笠原正夫『近世熊野の民衆と地域社会』(清文堂出版、二〇一五年)。
(12) 天和三年「熊野案内記」(『松原市史研究紀要』第六号)、元禄二年「紀南郷導記」(紀南文化財研究会『校訂紀南郷導記』一九六七年)。
(13) 宝永四年「奉願覚」(道成寺文書)。
(14) 以下、道成寺周辺の争論は、『和歌山県日高郡誌』五四七~五六一頁、『御坊市史』通史編第四編第五章による。
(15) 明治七年「四国伊勢参宮道中記」(『高畠町史』下巻)。
(16) 安政五年「伊勢参宮並諸国神社・仏閣礼拝道中記」(『田老町史資料集』近世四)。
(17) 元禄二年「南遊紀事」(新日本古典文学大系『東略記・己巳紀行・西遊記』岩波書店、一九九一年)。
(18) 元禄二年「紀南郷導記」(紀南文化財研究会『校訂紀南郷導記』一九六七年)。
(19) 天保一〇年「熊野日記」(髙倉一紀・菱岡憲司・竜泉寺由佳編『小津久足紀行集』二、皇學館大學神道研究所、二〇一五年)。
(20) 薗田香融・藤本清二郎『歴史的景観としての和歌の浦〈増補版〉』(ウイング出版部、二〇一三年)。
(21) 万延元年「多比能実知久佐」(『日吉津村誌』下)。
(22) 薗田香融・藤本清二郎『歴史的景観としての和歌の浦〈増補版〉』(ウイング出版部、二〇一三年)。
(23) 天保四年「梅桜日記」(早稲田大学図書館)。なお、前掲註(20)では拝所の完成を天保三年九月以後、天保四年四月以前と推定しているが、この紀行文の記述から天保四年三月〜四月に完成したと見ることができよう。
(24) 天明三年「西国道中記」(『大越町史』第二巻)。
(25) 弘化二年「西杖日記」(『土浦市史』資料第一集)。
(26) 文化九年「西国順礼道中記」(『大子町史料』別冊九)。
(27) 天保七年「順礼道中日記」(『天理参考館報』第一一号)。
(28) 『南紀徳川史』第七冊、六六九頁。
(29) 高市績『江戸時代紀州若山出版物図版集覧』(私家版、一九九八年)。
(30) 『粉河町史』第一巻、六四〇頁。
(31) 高市績『江戸時代紀州若山出版物出版者集覧』(私家版、一九九三年)。
(32) 本書七章。

(33) 本書七章。
(34) 文久二年「御伊勢参宮道中記」(『立川町史資料』第五号)。
(35) 嘉永二年「南紀高野山ゟ和歌山権現加田淡嶋大明神参詣道之記」(個人蔵)。
(36) 弘化二年「渡海船一件留」(『和歌山県史』近世史料一)。
(37) 『和歌山市史』第二巻、六六〇頁。
(38) 村上紀夫『近世勧進の研究―京都の民間宗教者』(法蔵館、二〇一一年)二三三頁。
(39) 明治七年「四国伊勢参宮道中記」(『高畠町史』下巻)。
(40) 安政五～七年「日剳記」(中橋家文書一〇九～一一一)。
(41) 歴史の道調査報告書集成『近畿地方の歴史の道3　和歌山』(海路書院、二〇〇五年)三三八頁。なお、北川央『近世金毘羅信仰の展開』(岩田書院、二〇一八年)でも、この道標及び後述の三日市宿の嘆願書が取り上げられている。
(42) 前田卓『巡礼の社会学』(ミネルヴァ書房、一九七一年)。
(43) 嘉永元年「河州錦部郡三日市宿人馬賃銭割増願一件幷落着次第書」(『河内長野市史』第七巻史料編四)。
(44) 嘉永元年「河州錦部郡三日市宿人馬賃銭割増願一件幷落着次第書」(『河内長野市史』第七巻史料編四)。
(45) 中橋家の日記には、文久二年(一八六二)一月二一日神谷辻の建石について高室院・惣持院・定光院へ言上とあり、この時期に建て直された可能性はあるが、詳細は不明である。

七章　西国巡礼と地域社会
――紀伊国伊都郡慈尊院村を事例に――

はじめに

本章では、西国三十三所観音巡礼の道沿いに位置する紀伊国伊都郡慈尊院村（和歌山県九度山町）で安永年間に始まった紀ノ川の無銭渡を事例に、道中筋の地域における旅行者を誘う活動を明らかにしたい。

近世史研究における旅行者への救済行為は、御蔭参りや四国遍路を事例に研究が蓄積されてきた。藤谷俊雄は「おかげまいり」の解放性を指摘し、無言の大衆的圧力が富豪・封建支配者による施行の実施をもたらしたことを明らかにした。[1]また、新城常三は四国遍路に対する積極的援助、遍路宿・茶所・接待（物品の恵与）の内容や、善船・善渡しと呼ばれる無料の船渡の存在を指摘する。[2]前田卓は四国遍路における①接待の動機（遍路への同情心・弘法大師信仰・祖先の冥福）、②接待の形態（自宅や霊場などでの個人接待・霊場付近の村落民による接待・接待講）を分析している。[3]これらの研究で施行や接待の具体像が明らかになったが、その内容の解明が中心であり、実施した地域の状況は充分明らかにされていない。[4]旅行者を迎えた地域については、序章で述べたように、青柳周一や高橋陽一の研究が見られる。本章は、両者の研究に学びつつも、研究対象としては充分に扱われていない旅行者の主要な目的地ではない地域（旅の途中で通過する地域）を分析対象とする。前述のように、近世の旅では旅行者への救済行為が多く存在することを考慮すれば、旅行者への「善根」がいかに成り立っていたかを検討することも重要であろう。

本章は、二章でも検討した慈尊院村の無銭渡を事例として、①無銭渡が実施に到る過程、②無銭渡が行われた背景、③無銭渡の他地域での実践を検討し、「善根」が成立する地域的な意義を考察したい。(5)

慈尊院村の概要は、二章でも言及しているが、本章に関わる範囲で再度触れておく。(6)同村は高野山学侶方領で、宝暦一二年時点の村民は五五一人だった。一七世紀前期には、持高三石未満の家が約八二％を占め（最高は九石余）、比較的零細な農業経営を行うものが多く、紙漉や酒造などの諸稼ぎが行われた。村内には茶屋・旅籠も存在し、巡礼者から得る収益も一程度あったと考えられるが、道中日記などの記述から宿泊する旅行者は少なかったと思われる。同村は高野山学侶方の金剛頂院・北室院が支配しており、それぞれの下に庄屋・年寄が置かれた。安永期には村内に地士の中橋英元・牧野藤左衛門がおり、(7)中橋家は高野山から五石五斗を得ていた。中世は官省符荘に含まれ、慈尊院の石段上に位置する七社明神が官省符荘の総氏神であった。官省符荘の村々の支配は、近世には紀伊藩と高野山に分かれた。地士中橋家は政所（慈尊院）の別当職という中世的な権威を背景に、近世においても荘宮座の支配権を維持しようとしたため、寛文年間から荘中の紀伊藩領の村々と対立を繰り返した。(8)

一　西国巡礼と慈尊院村

慈尊院村は、西国巡礼者が三番札所の粉河寺から高野参詣を経て、四番札所の槙尾山施福寺へ至る槙尾道に位置している。現存する多くの道中日記からは、巡礼者のほとんどが高野山へ参詣していたことがわかる。高野参詣後の巡礼者は、慈尊院を参詣して紀ノ川を渡り、大野・中飯降・大畑・滝畑を経て施福寺に至った。例えば、嘉永三年（一八五〇）武蔵国比企郡小川村を出立し伊勢参宮を経て高野山に訪れた吉田氏は、二月一三日塔頭の龍光院に宿泊した。翌日高野山を出立し、神谷、椎出、九度山を経て「慈尊院、此寺ニ弘法大師御母様之墓所、此所江参詣」した後、紀ノ川を無賃で渡り、槙尾山へ至り、喜蔵院へ宿泊している。[9]

塚本明は、尾鷲に残る往来手形や願書の分析から、西国巡礼と病気平癒祈願との結び付きが強く意識されていたことを指摘している。[10] 安永五年（一七七六）中橋英元の日記に「今年ノ順礼病人多し」と記述があるように[11]、慈尊院村を通過する巡礼者にも多くの病人が含まれていた。中橋家の日記には、七月初旬のみ大凡の通行者数が書かれている。関東・東北の巡礼者の多くは、伊勢神宮の祭礼の後、熊野三山へ六月二〇日過ぎに訪れるため[12]、東国の巡礼者がこの地を通過するのが七月初旬となり、年間を通して最も通行者が多い時期であったのだろう。無銭渡が開始される安永年間の通過者数を表1に記した。年により差異はあるが、安永八年（一七七九）には一日に三〇〇〇人ほど通過するなど、多くの巡礼者が通過していたことがわかる。

安永期の無銭渡は次節で詳述するため、ここでは無銭渡の始まる以前の状況を概観しておきたい。慈尊院村の渡し場が設けられた時期は不明だが、元文五年（一七四〇）の史料に、老人（彦重郎）の話として五四、五年

表1　安永期の村内通行の巡礼者概数

	7月1日	7月2日	7月3日	7月4日	7月5日	備　考
安永元年	少し	―	500～600	1200～1300	―	
安永2年	なし	200	300	400	100	九度山村を通過する者が多い
安永3年	3000					
安永4年	―	―	―	―	―	「今年度順礼二三百斗り之由也」
安永5年	少々	600～700	600～700	600	200	
安永6年	200	500	1200～1300	1000	少々	
安永7年	700					
安永8年	300	700～800	3000	1800～1900	400	6月29日200、7月6～8日で400
安永9年	260～270	500	300	―	―	
安永10年	600～700	700～800	500	100	1組	
天明2年	300	400	400	100	―	「今年少し、但武蔵もの多し」

※各年の日記より作成。厳密な数ではなく「凡……」「……余り」「……斗り」と記されている。

以前から横渡しが始まったが、それ以前は柴橋をかけて、往来の多い時は近辺の川船を借りて船橋として、銭を取って渡していたと記述がある。(13) この記述が正しければ、一七世紀末頃に渡し場が設けられたことになる。

宝暦三年（一七五三）二月二四日、中橋英元は慈尊院村での無銭渡を領主の北室院へ嘆願した。(14) 勧進して銀二〇貫目を集め、高野山年預坊へ預け、その利息で無銭渡を行う計画であった。しかし、「大坂勧化念願ニ御座候得共、大願ニ而片付不申」であった。宝暦八年（一七五八）にも再び無銭渡が計画され、学侶方の成福院弟子の真了房を願主として勧進したが、願主の死亡により計画は中止された。(15) 無銭渡が始まるのは、安永五年（一七七六）正月で、その後「永代」無銭渡となった。

なお、高野山領内において紀ノ川の無銭渡が始められたのは、慈尊院村が最初ではない。元禄年間には、高野街道に位置する橋本（東家）―清水で無銭渡が始まり、(16) 巡礼者が三番札所の粉河寺の後に高野山へ向かう際に通過する名手―麻生津でも延享年間に開始された。(17) 慈尊院村の無銭渡は、これらに倣って開始されたと考えられる。

慈尊院村の無銭渡がいつまで続いたかは不明であるが、史料上は明治四年（一八七一）まで実施されていたことが確認できる。(18) 橋本での無銭渡は明治五年に廃止され、以降は有料になっており、慈尊院村でも同様に明治初期に有料になったと考えられる。なお、渡船自体は昭和二〇年代まで運営されていたという(19)。

二　無銭渡の様相

本節では、慈尊院村で安永年間に成立する無銭渡の内容と、その資金の集金方法を明らかにする。
まずは無銭渡の内容を、高野山年預坊から慈尊院村に申し渡された掟書から確認する(20)。

此度慈尊院村船渡無銭渡しに相成候付村役人江申渡條々

一、此度武州本庄宿威徳院一代百光律幢房と申僧発願にて、永代無銭渡之祠堂十方有信之道俗相勧候處、懇願已成就候而右為永代祠堂金去申暮金子三百両年預坊江被指出候、依之右支分壱ヶ年ニ文銀壱貫目宛永代相渡申筈ニ願主律幢房江令約諾候上ハ、永代不可有相違候、右永祠堂手形之儀者、願主律幢房願ニ付、慈尊院村両地頭北室院・金剛頂院幷宿坊持明院以上三ヶ院名当ニ而相渡置候、尤為後代右之通認置候上者、永代右三ヶ院之差図、右之手形三ヶ院より村方江預ヶ置候共、村方之自由ニ者決而不相成候事

一、右無銭渡しに相成候上者、船懸り役人者両庄屋江申渡候、尤箱預り之儀者年番ニ致之、諸事示談之事者、箱元ニ而受持之可申事

但、勘之丞・藤左衛門両人者可為横目事

一、願主律幢房願旨者、無限之利益万人之好事ニ候得者、役人者不及申村中一統ニ、右之懇志能々可致存知事ニ候、其外多少ニ不局今般捨財之善心疎略ニ難相成候条、万代不朽ニ無改轉相勤り候様能々相心得可

中事肝要ニ候也

（中略）

一、順禮之輩者、為善根遠国旅行之事ニ候得者、別而気を付疎略無之様可渡之、右者願主律幢房無銭渡相企候願旨之第一ニ付、別段ニ念入申渡置候事

一、入郷・名倉・大野・中飯降等之村之儀者、此度之助力別而厚く志し候由ニ候得者、出作往来等平日其志を不失様可相心得事

（中略）

一、制札之通堅相守満水風雨之節たりとも、旅人に對し一銭之合力不可受之、勿論酒手等乞申事堅不相成候、其外正月祭り初婚礼等之諸祝儀無常等之志堅不可受之旨与得可申付置候、万一乗り合之内誰人共なく志し差置候節者呼懸ヶ差戻し可申、且又乗合之旅人船中ニ而捨置、忘置候等之物有之節者、早速呼懸ヶ可相渡、若難相知時者役人江相渡候様申渡事

（中略）

一、船頭給銀者、壱ヶ年六百目宛ニ相定置、内三百目宛極月・七月二季ニ可相渡候、船頭江者役人より月割を以、月十五日可相渡候、其外之入用筋者別紙書付之通、是亦二季ニ可相渡候、尤二季銀子受取之節者、為至後々無不埒、壱年宛々勘録書仕立三ヶ院江差出糺しを請、且船造り替料百目之儀者、村方誰夫江預ヶ置候證文茂持添罷出請見届、其上ニ而三ヶ院添書申請、年預表江可罷出候事

附、勘録書二季ニ差出候節、両庄屋者勿論、勘之丞・藤左衛門致加印差出可申候、尤役人此儀ニ付高野江登り下り之日別臨時定例一日弐匁ニ不可過事

（中略）

右者無銭渡為令萬代不朽念入申渡事候間、ヶ条之趣逐一能々相心得疎略不可有之者也

安永六丁酉年八月日

年預坊

この掟書からうかがえる無銭渡の内容は、以下の通りである。

①武州本庄宿律幢房が永代無銭渡の祠堂金として金三〇〇両を高野山年預表へ差し出したので、利息として毎年銀一貫目宛を与える。

②慈尊院村の両庄屋は「船懸り役人」、地士両人は「横目」とする。

③巡礼者は「善根遠国旅行」しているので疎略ないように川を渡すこと、このことは願主律幢房が無銭渡を企画した目的であるため、特に念をいれるべきである。

④入郷・名倉・大野・中飯降村などの村は助力が厚かったので、その志を失わないように心掛けなくてはならない。

⑤増水しても銭を取ってはならず、酒代も受け取らない。

⑥船頭の給銀は一年六〇〇目で、七月・一二月の二季に半分ずつ下げ渡す。

紀ノ川沿いには、「永代無銭渡し」と書かれた立石が造られ、船頭の小屋も建てられた。開始当初は、船頭がこの掟書に違反することもしばしばあった。例えば、安永六年（一七七七）三月に船頭吉三郎が中飯降村の者を乗せなかったため、後日過料一貫文が申しつけられたり、同年八月に船頭又七が渡し賃四〇〇文を受け取ったため咎められたり、同年一一月に船頭吉三郎と善蔵が子供に船頭を任せたことで咎められたりしている。[21]ただし、

たびたび村民へ掟書の内容を申し聞かせており、その場限りの建前ではなく、遵守が目指されたと考えられる。寛政四年（一七九二）に作成された村役人の「定例年中行事心得」によれば[22]、無銭渡費用の半年分が七月に高野山から渡され、七月上旬に半期の勘録書（無銭渡に関わる出費の記録）を領主の北室院と金剛頂院、及び無銭渡に関わった持明院へ提出しなければならなかった。一二月にも同様に勘録書が提出された。

掟書に記されているように、無銭渡は金三〇〇両を高野山年預表に預けて運営されたものであった。三〇〇両の内訳は主に、律幢房一〇両、中屋半兵衛一〇〇両、高野山学侶方五〇両、行人方銀三〇枚、聖方銀五枚、町方不残二〇両、慈尊院村銀二貫二〇〇目、入郷村一〇両、名倉村三〇両などである[23]。以下、中橋家の日記から金銭を寄付した様々な人々を見ていきたい。

○願主　律幢房

律幢房は、武蔵国児玉郡本庄宿威徳院（新義真言宗）の僧である。いつから慈尊院村に滞在していたかは不明だが、中橋家の日記には安永二年（一七七三）からその存在が確認できる（「律堂師」と記されている）。同村の光明真言講などで法華経や光明真言を講員へ伝授している。安永三年一〇月には、金一〇両を慈尊院村の阿闍梨へ寄付した。その理由は、「先頃、於大坂東国ノ一家衆対面被成候節、親子之約束達而望候故、無是非親子之契約致し候得ハ金拾両くれられ候、則其金ヲ無銭渡し之石居ニ可致候」とあり[24]、律幢房が大坂で親子の契約を結んだ者から得た金一〇両を慈尊院村の阿闍梨へ寄付し、無銭渡の資金としたことがわかる。その後も、律幢房が中心になり、金銭が集められた。安永四年三月には、律幢房の親類である本庄宿の中屋半兵衛（二代）から一〇〇両の寄付を得ている（後述）。

○光明真言講[25]

安永四年（一七七五）二月八日、律幢房は慈尊院村で行われていた光明真言講で寄付を募ることを提案した[26]。講員から一ヵ月六文宛集めて無銭渡を行う提案に「皆々悦」び、一四〇人ほどが集まった。慈尊院村内の阿弥陀寺で律幢房の説法が行われ、以降も定期的に行われた（二章参照）。安永四年二月は銭二貫二七文、三月は銭一貫二二一文集まっており、単純計算すると、二月は三七九人、三月は二〇三人集まったことになる。参加者数から判断すると、参加者は慈尊院村内に限らなかったと考えられる[27]。

○近郊村落

安永四年（一七七五）三月一〇日、村内の阿弥陀寺で律幢房、村役人、中橋・牧野の会合が行われた。無銭渡の資金調達方法が相談されたと考えられる。一六日には律幢房と年寄の利左衛門（金剛頂院方）が高野山へ訪れ、勧進の実施を願い出た。二五日に行われた高野山老分の会合で承認され、二九日には慈尊院村の村方寄合で寺領内の勧進方法を相談した。律幢房は帳簿二〇〇冊を持ち、慈尊院村地士の付き添いをえて、四月一五日から五月四日まで寺領内で勧進した。なお、中橋英元と阿闍梨は、無銭渡のために金五両宛差し出していた[28]。高野山は、「無銭渡ハ別而善根厚キ事ニ候間、志之處一銭弐銭にても助力可申候」、「諸勧化之筋ハ先達而法度ニ申触置候得共、今般之儀ハ勧化と申筋にても無之」との廻状を送り[29]、「善根」厚い無銭渡への協力を呼び掛けている。一度だけでなく、七月二五日からも（期間不明）寺領内の勧進は実施された。

また、紀伊藩領の紀ノ川右岸（北）での勧進も計画され、丁ノ町組大庄屋を勤める地士森田禅助に依頼した。多くの勧進の結果、藩領の中飯降村木下伊右衛門から金五〇両寄付する約束を得るなどの成果を出している。多くの

表2　安政3年高野山年預坊の貸付と預り

貸付金	御手元貸附	金7815両2分
	安楽川貸附	金1120両
	表貸附	金17860両
	同断	銀210貫148匁
	紙郷貸附	金900両余
	焼下貸附	金819両2分
	同断	銀200匁
	救民貸附	金2668両3分2朱
	仕法方貸附	金2065両2分2朱
	當金方貸附	金5435両余
	合計（金換算）	金43188両2分2朱・銀3匁1歩
	利息（収入）	金2961両2分・銀2匁7歩2厘

預り金	祠堂金預り	金30190両
	同断	銀552貫651匁
	当分預り	金8702両
	同断	銀99貫200匁
	合計（金換算）	金48709両・銀2匁2歩
	支払分（支出）	金2555両2分2朱・銀4匁4歩8厘

※高室院文書2460より作成。

村が勧進に応じたが、その金額を見ると慈尊院村に隣接する村が金銭を多く支出していることがわかる。なお、近郊の九度山村からも金一〇両の寄付があったが、受け取っていない（後述）。

○槙尾山施福寺

同寺は天台宗で、西国三十三所の四番札所である。安永四年一二月一三日、慈尊院村地士中橋・牧野が文殊院・遍照院(30)を訪ね、勧進帳を預けた。安永五年二月九日に施福寺から慈尊院で九重守を配るよう依頼があり、安永六年七月一三日に槙尾山文殊院の使僧が勧進帳三冊と金銭を持参している。勧進帳の具体的内容は不明だが、無銭渡は巡礼者が槙尾山へ訪れる際に利用することから協力したと考えられる。

このように高野山領内に限らず、その周辺地域からも寄付を募って調達した金三〇〇〇両は、高野山年預坊へ預けられ、年々銀一貫目の利息を得た(31)。高野山年預坊（年預代）の貸付金・預り金は、史料的制約から不明な点が多いが、安政三年（一八五六）のみ概要を知ることができる（表2）。年預坊の貸付総額は金四万三一八八両二分二朱と銀三匁一歩、預り総額は金四万八七〇九両と銀二匁二歩である。利息の収入と支出を差し引きすると、およそ金四〇〇両の黒字である。貸付先はほとんど不明だが、借りている側の史料から、学侶方の高室院が幕末期に金一六〇〇両を借りて毎年金一一二両を年預代に払っていることや、慈尊院村の中橋家が嘉永期に金三二八〇両を借りていることが確認できる。預り金も詳細不明だが、江戸の放生寺が金一六〇両を高野山へ預けて、利息で牛込穴八幡社の修復を行っていることや[32]、天台宗の粉河寺が金一五〇両を預けていることが確認できる[33]。高野山は広範囲にわたって金銭の貸借を行っていた。

以上、無銭渡の内容とその資金集めの過程を見てきた。実施の主体は、律幢房と慈尊院村の地士や村役人で、巡礼者への「善根」の試みに領主の高野山を始め、多くの者が賛同して協力していたことがわかる。ここからは多くの者が巡礼者への救済の志を持ち、無銭渡が実施されたように見て取れる。

三　無銭渡の目的

前節では、願主律幢房や慈尊院村の者たちが主体となって無銭渡を実施したことを見てきた。本節では、慈尊院村だけでなく近郊村落の当時の状況も考慮し、無銭渡の目的を考察してみたい。

1　元文期名倉村との争論

まずは無銭渡が開始される三〇年以上前の元文年間における慈尊院村と紀伊藩領名倉村の渡船をめぐる争いに注目する[34]。

元文四年（一七三九）一二月、紀ノ川右岸（北）の名倉村が、慈尊院村と入郷村との境に渡し場を構えた（五七頁の図参照）。同村の者が川の南側で農作業に従事する際に利用したと考えられる。元文五年正月、名倉村の船頭（仁右衛門・伴七）が慈尊院村の船渡しを妨げ、名倉村域への着岸を認めないと述べ、慈尊院村の船で渡した場合も船賃は名倉村の船頭が受け取ると主張した。さらに、正月一九日には、両村の船頭が争いを起こしている[35]。慈尊院村の渡し場で両村の船頭が喧嘩し、名倉村の船頭が「数十人之者」と共に慈尊院村役人方へ押しこみ、そのまま留まった。二二日、仁右衛門親類の説得によりようやく帰村した。

その後の経過は不明だが、紀伊藩の裁許に基づき、畑に通う以外は名倉村民も慈尊院村の船を利用するよう慈尊院村から名倉村へ伝えている。ただし、畑に通う渡船は存続して渡船場を構えていたため、翌年も争論となった。

二月二五日、名倉村の船頭が巡礼者を渡し、慈尊院村が糾弾したことで争論が始まった[36]。名倉村船頭は「手前共、村ゟ之人足」で、巡礼者を乗せることは問題なく、高野参詣者は渡さないと返答した[37]。そこで慈尊院村は名倉村へ事情を問い合わせ、巡礼者も渡さないよう注意した。しかし、二七日も名倉村の渡船は止まらず、慈尊院村への道案内を多数出して、巡礼者が名倉村の渡船を利用しないように促さなくてはならなかった。慈尊院村は、たとえ無銭であっても巡礼者を乗せないよう頼むが、名倉村の庄屋は無銭で乗せることは船頭の「志」なので問題はないと返答し、その取締を拒否した。

そこで三月には中橋家から中組大庄屋の学文路村平野作太夫へ取締を依頼した。もともと平野の嘆願により名倉村の渡船が始まったので、その不法を藩へ訴えては平野に気の毒との配慮から、平野主導の解決を依頼している。四月初旬も名倉村安左衛門が巡礼者七人を船に乗せる事態となったが、名倉村の庄屋は巡礼者を乗せないよう村内の船頭に申しつけると約束した。大庄屋から名倉村庄屋へ指示があったと考えられる。

以上から、この地域における巡礼者の渡船は、もともと慈尊院村で行われていたが、元文期には隣村でも行われていたことがわかる。慈尊院村は他村の無銭渡を認めていなかった。名倉村に掛け合っても解決しないため、同村の属する大庄屋を頼った。この時点では、藩領の大庄屋が慈尊院村の立場を理解し、他村での渡船を否定していた。

2　安永期の渡河状況

安永期には、慈尊院村の近郊でより多くの渡船が行われていた。名倉村では確認できないものの、隣村の紀伊藩領入郷村と高野山領九度山村で確認できる（五七頁の図参照）。

明和九年（一七七二）一月二六日に入郷村の船が巡礼者を渡した。安永二年（一七七三）三月一六日に「近年入郷村孫太郎大庄屋被致候ニ付、御用船と申横渡し致し候」の記述がある[38]。紀伊藩領の中組大庄屋（入郷村）の守安孫太郎が「御用船」を利用して巡礼者を渡していた[39]。入郷村では川に土俵を入れ、道を整備していた。そこで、入郷村で渡らないように、慈尊院村の者が九度山村へ道案内を頼もうとしたが喧嘩になった。慈尊院村の船頭は村間での解決を求めているが、双方譲らない事態に陥っていた。安永二年二月には、慈尊院村の阿闍梨が守安へ直に頼んだが、「両日旅人を不渡して、三日目ゟ又渡ス」状況であった。三月二五日には、再度中橋や牧野が守安へ申し入れたため、旅行者は一切乗せないとの返答を得た。しかし、その後も入郷村での渡船は継続された。

また、九度山村でも渡船が行われていた。前掲の表1で、安永二年七月二日から四日までに慈尊院村を通過した巡礼者を見ると、二〇〇人・三〇〇人・四〇〇人である。一方、九度山村は、七月二日「九度山を六七百斗越ス、阿闍梨ゟ案内ヲ遣スといへとも右之通り也」、三日「九度山を今日五六百余越ス」、四日「今日も九度山と入郷御用船と二処ニ而四百斗りも越ス」状況であった。入郷村と九度山村の渡し場で、慈尊院村よりも多くの者が渡船していたことがわかる。慈尊院村は高野山へ届け出た上で、九度山村で道案内させて巡礼者を呼び込んでいたが、状況は改善されなかった。

この翌年、律幢房が無銭渡を嘆願して、慈尊院村が主体となって実施することになる。近郊村の渡船が、慈尊院村よりも利用されていた状況を考慮すると、慈尊院村がただ巡礼者の便宜を図るためだけに実施したとは考えにくい。同村は渡船による稼ぎを放棄して高野山の認可を受けることで、九度山・入郷の渡船をやめさせることを意図して実施したと考えられる。元文期には大庄屋が名倉村の渡船を止めさせたが、当該期にはむしろ大庄屋が率先して巡礼者を渡しており、地士や庄屋の力だけでは解決不可能であった。慈尊院村はこうした状況を打開するために無銭渡を始めたのであろう。

3　無銭渡の目的

慈尊院村はなぜ渡船での稼ぎを放棄してまで無銭渡を開始したのか。史料的な制約もあり不明な点も多いが、慈尊院村の中橋家や村役人の意図を考察してみたい。

慈尊院村が紀ノ川の無銭渡を開始した主な目的は、巡礼者を慈尊院へ参詣させることであった。安永二年に大庄屋守安孫太郎が「御用船」で巡礼者を渡した際には、慈尊院村は、「遠国ノ順禮大師御母公（慈尊院―引用者注）尋参候ヲ、爰ニ而渡し得不参候段、如何斗ニ存候、すゝめても参詣為致度存候」[40]と述べている。慈尊院へ訪れる参詣者が増えることで、その功徳を広く伝えたいという願望（特に光明真言講で寄付した者たちには、こうした思いも強かったと考えられる）や、当時の因果応報感に基づき協力した者もいたと考えられる。天明元年（一七八一）に慈尊院で旅行者を接待する茶所の建設が計画されたのも、こうした理由からだろう。

しかし、表立って述べられることはなかったが、無銭渡によって慈尊院への参詣者が増えれば、結果として賽銭や宿泊・茶代などの収入増加に繋がることもその一因と考えられる。律幢房が戸谷三右衛門・中屋半兵衛から金一〇〇両を受け取った際に送った返書には「一日茂急ク思願を遂、昼夜之往来万人之歓悦を希御事ニ候、左候得者慈尊院之村方も追而繁昌致、且ハ高祖大師之御威光も弥々以増輝致、冥慮ニも相叶候而、共ニ三仏乗之縁を結候事不成一世御事と奉存候」とあり(41)、律幢房も慈尊院村の繁昌を願っていた。また、後年の史料だが、天保八年（一八三七）中橋家と阿闍梨で交わされた「規則書」では(42)、阿闍梨から「御廟拝殿迦梨帝母散銭之儀、往古ゟ日記ヲ以貴家（中橋家―引用者注）へ相納」ていたのを改めて、毎年銭六九貫文納めることとなった（実際は諸雑費を引いて銭四〇貫文）。慈尊院の賽銭は、中橋家と阿闍梨で分けられていた。巡礼者の多かった安永期には、より多くの賽銭収入があったと考えられる。宿泊による収入も不明だが、寛政四年「定例年中行事心得」によれば、庄屋は一人旅の者を多い年には一五〇人程、少ない年でも一二〇人程宿泊させており(43)、複数で訪れる旅行者も同程度村内に宿泊したと想定すれば、一定の収益をもたらしたと考えられる。慈尊院村が渡船を有料で行っていた宝暦三年（一七五三）に、慈尊院村の船渡しを請け負った新太郎・七三郎は、年間銀七〇〇匁を村へ上納すると契約していたが(44)、安永段階では巡礼者が九度山村・入郷村で川を渡るようになり、同程度の収入確保は難しかったと考えられる。慈尊院村を訪れる者も減少し、賽銭や宿泊による収入も減少していた。そこで渡船による稼ぎを放棄して、領主の高野山の公認を得ることで、近郊村の渡船をやめさせることに成功した。無銭渡は、宗教的な願望とともに、収益の増加も図って実施されたのであろう。

無銭渡の開始によって、入郷村・九度山村の渡船は停止され、安永七年三月に九度山村の庄屋が慈尊院村へ訪れた。中橋家の日記には、「九度山渡船、當村（慈尊院村）無銭渡しニ付、村方ニ渡し之上銭なく成候ニ付、御當地阿闍梨ゟ九度山村ニ案内料として少々御心付被下ハ、左り槙尾道として諸人ヲ通し候様ニ致度旨相談ニ付、銀百目ぐらい年々ニ被遣候ハ、出来可申様ニ致し候」とある[45]。すなわち、九度山村は渡船がなくなって「上銭」もなくなるため、阿闍梨から九度山村へ少々案内料をもらえれば、旅行者を道案内すると申し出た。無銭渡以前に九度山村がどの程度収入を得ていたか判明しないが、渡船収入の消滅は少なくない損失であったと想定される。嘆願を受けて、阿闍梨から九度山村へ毎年銀一〇〇匁を遣わすこととなった[46]。

また、安永七年三月一三日、九度山村から慈尊院村へ無銭渡供養料として金一〇両寄付されるが断り、逆に金一〇両を「九度山ノ渡船へ補ひとして」遣わした[47]。補填として慈尊院村から金一〇両と毎年銀一〇〇匁が遣わされ、九度山村は訴訟を起こすことなく合意している。無銭渡により旅行者の獲得を図る村同士の争論が解決しており、結果として地域間の争論を止揚することとなった。

以上、無銭渡開始の要因を、慈尊院周辺地域の状況を踏まえて考察した。無銭渡が慈尊院村などの単なる善意ではなく、参詣者から得る収入確保なども目的としていたと推定した。慈尊院村は、渡船による稼ぎを放棄することにより（銀一貫目は余っても慈尊院村に入るわけではない）、入郷村・九度山村が行っていた巡礼者の渡船をやめさせることに成功した。無銭渡は旅行者への「善根」という名目ゆえに、領主がその渡し場を公認し、当該地域の唯一の渡し場となることができたのであろう。慈尊院村に匹敵するほど巡礼者を渡していた九度山村に対しては、その補填が行われた。元文期に名倉村の無銭渡が慈尊院村に否定されたように、無料となるのみで他の村へ効力を持つのではなく、領主の公認を得ることで、他の渡し場の否定が可能だったのである。

四　神流川の無銭渡

前節では、紀ノ川の無銭渡が無料ゆえに、領主が公認し、慈尊院村で旅行者を渡すようになったことを明らかにした。無銭渡にこのような意義があるならば、他の地域で実践された可能性もあると考え、他の地域の渡河を調べたところ、慈尊院村の無銭渡に金一〇〇両寄付した中屋半兵衛（二代）の親・戸谷三右衛門（初代中屋半兵衛）が、安永六年に神流川で無銭渡を嘆願したことがわかった。時期的に考えて、慈尊院村の無銭渡の影響を受けていると考えられるため、そこで見られる無銭渡の意義を考察したい。

中山道の本庄宿（埼玉県本庄市）は、江戸よりおよそ二二里で、高二一五八石二斗三升五合である[48]。軒数は、三七七軒（元禄六・一六九三年）、一〇八八軒（文政五・一八二二年）、一二一二軒・四五五四人（天保一四・一八四三年）と推移した。他の地域と同様に高野参詣が行われており、同宿は高室院・大楽院・西室院・持明院の檀那場（ほとんどが高室院檀那場[49]）であった。

戸谷家当主は代々「中屋半兵衛」を襲名した[50]。初代中屋半兵衛の戸谷三右衛門は奇特な行いによって著名で、『新編武蔵風土記稿』や『耳嚢』にも書かれている。呉服、小間物、太物（綿織物・麻織物）、荒物（雑貨）を商い、質商売も行った（天明四年時点）。安永二年、本庄宿の店、江戸日本橋室町の店、江戸の家屋敷五、本庄宿の屋敷六、土蔵九、田畑一二〇石余、萩畑九ヵ所、林一ヵ所を持ち、金七一五三両二分（うち預り金五七九両余）を所有していた[51]。

神流川の無銭渡は天明二年（一七八二）から開始されるが[52]、まずは安永六年（一七七七）二月に戸谷三右衛門が幕府へ差し出した神流川無銭渡の嘆願書を検討してみたい[53]。

一、本庄宿・新丁（町）宿之間神流川之儀土橋有之候得共、出水之節橋落通行相止旅人等難儀仕、川越人足共怪我致候義も御座候段及見聞、何卒折ヲ以定土橋又は出水之砌ニは渡船仕度深願ニ御坐候得共、容易ニ御願申上候義如何と差扣罷在候処、此度神流川定橋之儀ニ付為　御見分御越被遊候由承知仕候、元来心掛も御座候間此後御紀之上無賃渡ニ被仰付被下候様奉願上候、左候ハヽ、別紙目論見帳之通ニ定土橋を掛置、出水ニ而押流候節為用意馬船・人船其外入用之品々私一式入用を以拵置、是迄之川役勅使河原村江預ヶ置、右村より前々ニ不相替諸御用向は不及申、御通行之節川役一式御用引請世話仕候筈、勅使河原村江も対談仕候処承知之旨申之候、私儀は末々世話仕候義相成兼候間、船造作出水ニ而土橋破候節修覆入用金之儀は乍恐御公儀様金百両御上納致御貸付奉願上、右利金を以年毎ニ頂戴仕り修覆為差加度奉存候、利金ニ而入用不足等有之節は、村役ニ被仰付可被下候、私義は心願功徳之ため無賃渡ニ御坐候得は、先達而願人も御座候儀差障、御願申上候義ニ而決而無御座候、御吟味之上障ニも不相成候ハヽ、奉願上度候、尚又乍恐口上ニ而可奉申上候、以上

本庄宿と新町宿（群馬県高崎市）の間を流れる神流川には、土橋が架けられていたが、出水の際には橋が落ち旅行者の難儀となり、川越人足が怪我することがあった。戸谷は、定土橋や出水時の渡船を行いたいとの願望を持っていたが、差し控えていた。神流川定橋の見分のために役人が訪れたので、無銭渡の実施を願い出た。その内容は、①無銭で渡れる橋の架設、②橋流失時の無銭での渡船であり、そのための費用は戸谷が上納した金一〇〇両の利息で賄う計画であった。

神流川の無銭渡も、嘆願後すぐに開始されたのではなく、数年かけて実施に至った。安永九年（一七八〇）七月には、利分一五両の内、一〇両を神流川南岸の勅使河原村、五両を北岸の新町宿が受け取り、前者が土橋の修理・掛け替え、川浚普請、後者が船の修復と渡船を担うことで決着した。天明元年（一七八一）八月九日には、道中奉行から認可され、翌年四月二三日に橋の渡り初めが行われた。ところが、同年八月には、大雨で橋が流失し、新町宿と勅使河原村で土橋普請をめぐる争論となった。その結果、天明三年一〇月に勅使河原村が土橋の管理、渡船を共に引き受けるようになった。戸谷は、さらに金一〇〇両を公儀へ預け、利息金三〇両によって勅使河原村が請け負った。慈尊院村の無銭渡と同様に、金銭を領主へ預けて、その利息で運営する形態であった。

では、なぜ戸谷は無銭渡の実施を嘆願したのだろうか。嘆願前の状況を見てみたい。安永三年一〇月[54]、上野国新町宿の久左衛門が神流川に橋を架け、本馬一〇文・軽尻九文・歩行七文の銭を取って渡したい（毎年冥加を上納する）と願い出た。その結果、賃銭を減らして冥加を増やすよう命じられたため、新町宿は本馬・軽尻七文、歩行五文と冥加の増加を決めて、再度嘆願した。ところが、勅使河原村が「往古」から川役を勤めてきたことを主張し、新町宿と同じ内容で、勅使河原村に命じられるように願い出て争論に発展した。その際、見分に遣わされたのが、花田勇蔵と栗原礼助の幕府普請役であり、前掲の戸谷の願書は両人宛に差し出された。神流川の無銭渡は、新町宿と勅使河原村の川渡しをめぐる争いを止揚するために嘆願されたことがわかる。

無銭渡の実施が戸谷自身にとってどのような意味を持つのかを実証することは、現状では不可能である[55]。しかし、慈尊院村の無銭渡とどのように関わり、その情報を得たのかを考察してみたい。まず前提として戸谷の家訓「愚我若年の一子江心持之教訓[56]」からその思想を見ると、「先分限を願ば色欲・美食・遊狂・奢の心を曽而

表3　戸谷家年中行事（寛政7年）

正月元日・2日	半兵衛年礼、寺院方江包銭拾六文宛八ヶ寺、山王堂年礼
正月8日	本庄宿役人などが集まる
正月17日	威徳院にて大般若興行
正月20日	ゑびす講、万歳、日待（翌朝仁王経）
2月初午	稲荷社祭、威徳院より僧参り御法示あり
3月	近所へ雛人形遣わす
4月17日	日光様御神事、威徳院にて大般若、赤飯を配る
5月	節句たて物近所へ遣わす
5月5日	赤飯配る、威徳院寄合日待
6月	生身魂の事
	天王神事、赤飯配る
7月13日	迎盆　安養院へ米壱升・200文、威徳院へ銭100文
	梅絵小中茶碗に白砂糖を入れて配る
9月	御日待　翌日威徳院が来て御経
10月20日	ゑびす講
霜月28日	氏神祭　威徳院が来る
12月23日	餅搗、餅を配る　安養院・威徳院へ一重

※寛政7年「年中行事帳」（『新編埼玉県史』資料編14近世5、795頁）。
※戸谷家内で完結する行事は省略した（雑煮・そうめん等）。

止、神仏を信心し公儀の掟を堅守、五常之道を心掛、親兄弟・親類諸人にうるわしく、職分に精力をつくし、正直にしてかりそめにも偽なく、人をむさぼらずりちぎ第一にして、富貴をは天命にまかせて時節を心長に待ば、大身には不及共相応之録を持べし」「神仏を信心致べし、押事言べからす」「出家・沙門を敬、かりそめにもさかろふへからす」「家職のいとま有時ハ寺院方江見舞、又ハ書物之よしをも見聞し、うかと月日を暮へからす」など、信仰に関する記述が多く、特に寺院との関係を重視していることがわかる。寛政七年（一七九五）の戸谷家の年中行事（表3）を見ても、様々な仏事に威徳院が関わり、慈尊院村の無銭渡の願主律幢房の所属した威徳院と深い関係を有していたことがわかる。菩提寺は曹洞宗の安養院であり、宿内の総鎮守金鑽明神社の別当である威徳院は戸谷家の祈禱寺院であったと思われる(57)。

　また、戸谷三右衛門はたびたび高野山へ参詣した。高室院の登山帳を見ると、宝暦一一年二月七日（他四名）、宝暦一二年五月二日（他一名）、宝暦一三年七月二一日（他七名）、明和六年五月一日（同行なし）(58)に参詣したことが確認でき、それ以後も参詣したと想定される（同家は高室院から持明院の檀家に変わったと考えられるため、高室院登山帳からは確認できない）[59]。これほど頻繁に高野参詣を行っている者は稀である。安永三年一〇月に戸谷家の親類である律幢房が、慈尊院村で無銭渡を嘆願しているが、翌年三月一日に戸谷三右衛門の子・中屋半兵衛（二代）から寄付金一〇〇両が高野山持明院へ届いた。同年一〇月一一日には、戸谷三右衛門が慈尊院村を訪れている。以降、同年一一月二八日には慈尊院村へ中屋半兵衛（二代）死去の旨を知らせたり、安永五年九月と安永七年一〇月大坂で律幢房と会ったりしている。その中で無銭渡の実施方法やそれが村落間の争いを止揚したことを知り得たと考えられる。戸谷は、それ以前にも本庄宿内の石橋の架け替えを行い、本庄宿内扶助積金を上納しているが、慈尊院村での無銭渡を参考に神流川で無銭渡を企画したと考えられる。

無銭渡の開始は、旅行者を無料で通行させる戸谷の「功徳」として実施されたが、新町宿と勅使河原村の争いを止揚する役割も果たした。慈尊院村の無銭渡が近郊村落の渡船をやめさせて、争論を止揚する役割を果たしたのと同様であった。

おわりに

本章は、安永期における慈尊院村の無銭渡について検討してきた。そこから得られた結論を以下にまとめておきたい。

①無銭渡は、律幢房や慈尊院村の地士や村役人が主体となって実施されたが、光明真言講や近郊村落も金銭を差し出した。

②集められた金銭は高野山に預けられ、その利息で無銭渡は実施された。明治初期に無銭でなくなることから、無銭渡の実施は高野山の支配を前提に行われたと考えられる。

③無銭渡の実施は、単なる善い行いではなく、それにより参詣者の獲得も目的としていた。

④無銭渡は「善根」であるが故に近郊村落における金銭獲得をめぐる争論を止揚させ、旧来の秩序を維持させる役割を果たした。

無銭渡の実態を地域の視点で見ると、地域側が意図を持ち実施したものであったことがわかった。安永期、参詣者の増加と参詣者層の拡大を背景に、相模国大山街道において大山参詣者をめぐる争論が続発するなど[60]、各地で旅行者獲得をめぐる争論が見られた。巡礼者を迎える地域の誘致により、従来と別の場所が主要な旅ルートとなる可能性もあったが、それを旧来の状態に戻す手段として慈尊院村では無銭渡が利用された。これ以降、無銭渡が存在することで、旅行者の渡船をめぐる争いは見られなかったと考えられる。一八世紀後半以降、貨幣経済浸透により各地で「稼ぎ」をめぐる争論が頻発するが、争う当事者が稼ぎを放棄し、領主から金銭的保護を受け（継続できる体制をつくり）、無料の事業を行うことで公認され、旧来の状態を維持していく方法も行われていたのである。

〔註〕

（1）　藤谷俊雄『おかげまいりとええじゃないか』（岩波書店、一九六八年）。本書については、相蘇一弘「おかげ参りの実態に関する諸問題」（『大阪市立博物館研究紀要』七）などにおいて史料批判が甘く信頼度に問題がある点が指摘されている。

（2）新城常三『新稿社寺参詣の社会経済史的研究』（塙書房、一九八二年）第八章第二節四国遍路。

（3）前田卓『巡礼の社会学』（ミネルヴァ書房、一九七一年）。

（4）近年は行き倒れに対する地域の動向を明らかにした研究も蓄積されており、本章の目的意識とも共通する。柴田純『江戸のパスポート』（吉川弘文館、二〇一六年）など。

（5）本章で検討する史料の多くは、国文学研究資料館所蔵の中橋家文書である。記した文書番号は、『史料館所蔵史料目録』第四六集に記された番号である。

（6）『史料館所蔵史料目録』第四六集の解題、『紀伊続風土記』慈尊院村の項。

（7）地士は、在地の土豪勢力を慰撫懐柔するために設けられ、天保期には紀伊国に五八八人が存在した。身分としては百姓であったが、在地の兵力として武芸修練や治安維持役を勤めた。志村洋「藩領国下の地域社会」（渡辺尚志編『新しい近世史四　村落の変容と地域社会』新人物往来社、一九九六年）参照。

（8）安藤精一『近世宮座の史的展開』（吉川弘文館、二〇〇五年）、なお慈尊院は古義真言宗で末寺として三一ヶ寺が存在した。「万年山慈尊院慈氏寺末寺帳」（中橋家文書一〇八二）参照。

（9）嘉永三年「道中日記」（『小川町の歴史』資料編五）。

（10）塚本明「江戸時代の熊野街道・伊勢路と巡礼たち」（『山岳修験』三六、二〇〇五年）。

（11）安永五年「丙申日次」（中橋家文書二三二）。

（12）文政八年「御用留」（『松阪市史』第一三巻、一五〇頁）。

（13）元文五年「元文五年重要記」（中橋家文書四一〇―三）。

（14）宝暦三年「癸酉日次」（中橋家文書一〇）（『改訂九度山町史』史料編別冊一、三五八頁）。

（15）宝暦一一年「慈尊院村中橋勘之丞願書控」（中橋家文書四一四）。

（16）この渡し場は、高野街道に位置しており、高野参詣のために最も多く用いられた渡し場であった。近世初頭に橋本橋が架けられたが流失し、その後は船渡になった。明暦年間において、渡し賃は水位により一人一文～

一二文であった。元禄一〇年（一六九七）正月、高野山三派（学侶・行人・聖）の助成により無銭渡が始まった。この無銭渡は出水時船賃を取っていたが、宝永三年（一七〇六）に改まり、出水時も無銭での船渡となった。銀三六貫目（うち大坂の井川屋が二〇貫を負担）を紀伊藩へ預け、利分二貫八八〇目を毎年下げ渡されて運営していた。ところが、享保五年（一七二〇）、預けていた銀三六貫目が古銀で、新銀九貫目にしか相当しないとの理由から利分での無銭渡しが不可能となった。そのため、新たに銀二一貫六〇〇目（井川屋が一二貫目を負担）を足して、紀伊藩から高野山年預坊へ預け直し、一〇年ごと更新し、無銭渡を続けることになった。『橋本市史』下巻「横渡無銭の史料」及び「向十ヵ年無銭渡祠堂銀仕法書写」（中橋家文書四〇九）。

(17)　この渡し場は、西国巡礼者が三番札所粉河寺参詣後、高野山へ向かう際に使用された。史料的制約から不明な点が多い。寛永年間に恒常的な渡船が設けられ、元禄年間は渡し賃一人二文〜六文であった。延享二年（一七四五）、市場村藤四郎を願主に無銭渡が始まった。銀一二貫目を紀伊藩に預けて、毎年利息銀一貫二〇〇目宛受け取った。その後、どのような経緯か不明だが、橋本—清水での無銭渡と同様に、銀を高野山へ預け直し無銭渡を行なっていた。ところが、文化一〇年（一八一三）、預け主の新助が死去したため、無銭渡は廃止され、以降は再び銭取渡となった。『那賀町史』二六三〜二六九頁参照。

(18)　明治二〜四年「無銭渡り方余銀記録」（中橋家文書四三一）。

(19)　『改訂九度山町史』通史編、四五五頁。

(20)　安永六年「慈尊院無銭渡諸事掟書」（中橋家文書四一九）。

(21)　安永六年「丁酉日次」（中橋家文書三四）。

(22)　『改訂九度山町史』史料編、五八〇頁。

(23)　『改訂九度山町史』民俗・文化財編、五一〇頁。

(24)　安永三年「甲午日次」（中橋家文書三一）。

(25)　中世東寺の光明真言講では、故人の菩提をとむらうために念誦された。橋本初子『中世東寺と弘法大師信仰』

（思文閣出版、一九九〇年）第五章第一節参照。慈尊院村では、宝暦一一年（一七六一）徳川家重が没したため、七月一五日「仏送り如例、当年公方様遠慮三十五日之間有之故、念仏不申光明真言勤之」とあり、光明真言は念仏に相当するものであったことがわかる。

(26) 安永四年「乙未日次」（中橋家文書三二）。

(27) なお、文化四年に慈尊院村で光明真言講が再開された。その講は、毎月二〇日の夕飯後に参会し、年齢は五〇歳以上とする規定があった。同年正月の参加者は一八名である。文化四年「光明眞言講人数帳」（中橋家一一〇一）参照。安永年間と文化年間では、全く異質であったと考えられる。

(28) 阿闍梨は、俗別当的立場の中橋家に代わって慈尊院の仏事を行なった。「かならす中橋家の子たる契約ありて住僧となり」（『紀伊続風土記』慈尊院村の項）、高野山から三石を受けていた。

(29) 「年預坊廻文之写」（中橋家文書四一五―一）。

(30) 文殊院・遍照院は、ともに寺内七〇の子院によって形成された八組を統括する頭坊であった（『横山と槇尾山の歴史』和泉市、二〇〇五年）。

(31) 橋本や名手の無銭渡でも、当初は紀伊藩へ預けて無銭渡をおこなっていたが、高野山年預坊へ預けるようになっていることから、高野山年預坊の利息は比較的好条件であったと考えられる。

(32) 三浦俊明『近世寺社名目金の史的研究』（吉川弘文館、一九八三年）三三三頁。

(33) 天保五年「日次記」（中橋家文書七九）八月一八日条。

(34) 元文四年「覚」（中橋家文書四一〇―一）、元文五年「日次記」（同四一〇―二）。

(35) 「覚」（中橋家文書四一〇―一）。

(36) 「元文六辛酉年日次記」（中橋家文書四一〇―四）、「慈尊院村横渡一件之記録」（同四一〇―五）。

(37) 「元文六辛酉年日次記」（中橋家文書四一〇―四）。

(38) 明和九年「壬辰日次」（中橋家文書二九）、安永二年「癸巳日次」（同三〇）。

(39)　中橋家の日記からは、大庄屋守安孫太郎へ養母が「其方役勤ル故、船出来、船有故ニ諸国ノ旅人を乗候也、弥勒尊ニ参詣致ス人ヲ参らセ不申、其罪ハ皆其方にむくふへし、急度申付旅人ヲ乗する事止メさせ申かたもなくんハ退役致し可申」と述べ、慈尊院への参詣を妨げることに反対している様子がわかる。

(40)　安永二年「癸巳日次」(中橋家文書二〇)。

(41)　戸谷家文書四九三六(埼玉県立文書館)。

(42)　天保八年「差上申規則書之事」(中橋家文書六五一)。その他、奉納金などの配分を取り決めている。

(43)　『改訂九度山町史』史料編、五八〇頁。

(44)　宝暦三年「横渡シ船證文之事」(中橋家文書四一二)。

(45)　安永七年「戊戌日次」(中橋家文書三五)。

(46)　天保一〇年と明治元年の「諸国順礼案内料請取書」が残存しており(中橋家文書六六四・一三〇四)、安永期以降明治初期まで案内料が支払われていたと考えられる。

(47)　安永七年「戊戌日次」(中橋家文書三五)。

(48)　「中山道宿村大概帳」(『近世交通史料集』五、吉川弘文館、一九七一年)。

(49)　高室院の使僧はたびたび本庄宿で勧進した。文政一一年(一八二八)には、本庄宿で金三両二分三朱を得ている。文政一一年「武州勧物金受納帳」(高室院文書一八一四)。

(50)　中屋家の経営については、兼子順「関東における地方商人の江戸進出」(『埼玉県史研究』二七、一九九二年)に詳しい。

(51)　戸谷家の宿内での持高は一二〇石(天明~文化期)→一三〇石(文政~天保)であった。

(52)　神流川無賃渡しの経緯は、県史編さん室「中山道神流川無賃渡し関係資料—本庄宿戸谷家文書の紹介—」(『埼玉県史研究』二七号、一九九二年)で明らかにされている。

(53)　「神流川無賃渡し諸願書控」(戸谷家文書六四二、『埼玉県史研究』二七所収)。

(54)「神流川無賃渡し諸願書控」(戸谷家文書六四二、『埼玉県史研究』二七所収)。
(55) こうした点は、幕府の公金貸付の資金として富裕者が「奇特差加金」を差し出した理由とも重なる点があると考えられるが、今後の課題としたい。
(56)「遺言状」(『新編埼玉県史』資料編一四近世五、七七九頁)。
(57) 祈禱檀家については、西川武臣「江戸時代後期の真言宗寺院と祈禱檀家―武蔵国橘樹郡生麦村の名主日記の記述から」(圭室文雄編『民衆宗教の構造と系譜』雄山閣出版、一九九五年)参照。
(58)「武州本庄宿入組登山帳」(高室院文書一五一九)。
(59) 宝暦一一年(一七六一)「児玉郡本庄宿廻檀帳」(高室院文書七〇二)によれば、従来本庄宿はすべて高室院の檀那場であったが、宝暦年間に大楽院、西室院が入り込み檀家を奪った。戸谷家が持明院檀家になったのも同様の理由であったと考えられる。
(60) 原淳一郎『近世寺社参詣の研究』(思文閣出版、二〇〇七年)第四章。

八章　地方神社の宗教活動

――紀伊国海部郡加太浦淡嶋神社を事例に――

はじめに

和歌山市北西部の加太に鎮座する淡嶋神社[1]は、和歌山県屈指の著名な神社である。関東・中国・四国・九州地方を中心に全国約五〇〇社（寺社境内域の祠堂を含む）存在する淡島神社の総本社である[2]。現在は病気平癒や安産などを祈願する女性の参詣者が多い。人形を供養する神社としても知られ、毎年三月三日の雛流しには市内は勿論、遠方からも多くの人が訪れて賑わっている。しかし、その知名度に比して、淡嶋神社の歴史的な展開は不明な点が多い。

ただし、近世の淡嶋神社に関しては、近年徐々に解明されつつある。菅原千華や三尾功によって淡嶋神社文書が分析され、その様々な活動が明らかにされた。また原淳一郎は、淡島信仰が全国的に拡大する要因を検討し、関東における淡島信仰の展開を明らかにしている。

淡嶋神社は、近世初期紀伊藩主の寄進によって修復されていたが、近世中期以降は自力にゆだねられた。紀伊徳川家による安産祈願などは続くものの、神社経営のため民間信仰としての淡島信仰を強く打ち出すようになった[3]。享保期以降、たびたび江戸や大坂で出開帳を行い、特に天保九年（一八三八）江戸回向院での出開帳は大成功に終わった[4]。淡島信仰は、江戸や大坂のみでなく、全国的な広がりを見せ、①淡島願人、②北前船、③伊勢参宮ルート、④関東出漁を介して広がっていったという[5]。

菅原や三尾の研究は、これまで本格的に取り組まれていなかった淡嶋神社の研究を深化させた点で重要だが、依然取り上げられていない活動も多く、特に紀伊の人々との関係を解明する必要があろう。原の研究は、淡島信仰が全国的に広がる要因を受容者に注目して検討しており、その拡大の流れを理解できる。しかし、淡嶋神社の主体的活動の解明は、菅原や三尾の研究を踏まえ、淡島願人にも言及しているがほとんど行っていない。「近世における淡島信仰の伝播の可能性」を検討する上で、淡嶋神社の諸活動を解明することは不可欠であろう。そこで本章では、淡嶋神社の宗教活動を検討し、紀伊の人々との関係を踏まえて、その展開を明らかにしていきたい。

具体的検討に入る前に、海士郡加太浦の淡嶋神社について概観しておく。『紀伊続風土記』によれば、淡嶋神社はもともと友ヶ島の神島に鎮座して、少彦名命・大己貴命を祀っていた。神功皇后（息長足姫命）が篤く崇敬し、その後、仁徳天皇が神功皇后も合祀して、社を加太に遷して加太神社と称したという。寛文期に成立した『南紀名勝誌』で、延喜式の「加太神社」に比定されている。淡嶋神社の近世文書「加太淡島遷宮行事」によれば[6]、当時の社殿の原型は嘉暦四年（一三二九）五月一一日に造営された（それ以前は不明）。その後、正平五年（一三五〇）、貞治二年（一三六三）、応永二年（一三九五）、永享三年（一四三一）、文明六年（一四七四）、大永二年（一五二二）、永禄一一年（一五六八）、慶長一八年（一六一三）とたびたび修復・遷宮し、寛永四年（一六二七）四月八日徳川頼宣によって再興された。社領は五石で、境内は除地だった[7]。寛政四年（一七九二）藩の寺社改めの際に差し出した覚書によれば[8]、人員は神主・権神主・禰宜・社人（一〇人）・巫女（三人）・御炊（二人）・人長の全一九人であった。寺社奉行直支配（寺社奉行から御触などを直接受け取る）の立場で、神主の前田家は徳川頼宣以来代々の藩主に拝謁した。前田家は神祇管領長上の吉田家を通じて位階奏請し、その際は淡嶋神社でなく式内社の「加太神社」神主と名乗った[9]。

淡嶋神社には多くの雛人形が奉納されており、「搢紳家諸侯方及ひ諸国の士庶より雛幷雛の其婦人の手道具等を奉納する事夥くして神殿中に充満する」状態であった[10]。その由縁は、神功皇后が少彦名命の雛形を造り奉納したのが始まりと言う。篤く信仰する女性が多く、明治三五年（一九〇二）に大阪市の女性が淡嶋神社へ奉納した絵馬には、「私事、今ヲ去ル弐拾年以前ヨリ子宮病ニ相罹り、甚ダ難渋ノ處、其節ヨリ当粟嶋神社へ心願仕り居候故、サシモノ病気モ永年ノ間、左程傷ミモ致サズニ、尚此度有難クモ全治仕り喜悦至極、依テ是コニ当御神社ノ霊験新ラタカ成ル事ヲ表シ御礼ノ為メ奉願ス」と、淡嶋神社へ祈願したことにより病気が全快したことが記されている[11]。現在三月三日に行われる神事の雛流しは昭和三七年（一九六二）に始まったものだが、近世も同日に大祭が行われ、神輿が神幸所へ渡御し、村中の旧家の者たちが素襖を着て供奉した。境内には末社の中言社・蛭児社・天照社・楠神社・神崎社・地護社・春日社・住吉社・大山咋社があった。

なお、本章では淡島信仰を全国へ広げる役割を果たしたと言われる淡島願人については言及しない。

一　淡嶋神社と紀伊

先行研究において、淡嶋神社と紀伊の人々との関係は、紀伊徳川家の信仰について若干言及されているものの不明な点が多い。本節では淡嶋神社と紀伊の人々との関係を検討していきたい。

まず近世初期から中期までの藩主やその一族による祈願の様相を確認する。淡嶋神社が藩の恒例祭祀（「常式之御祈禱」）を命じられることはなかったものの[12]、寛永期以降たびたび紀伊徳川家の私的祈禱を行った（表1）。正保期に将軍徳川家光の武運長久や息災の祈禱を命じられることもあったが、多くは藩主の親族を対象とする祈禱であった。藩主の祈禱も行ったが、全体的に女性の祈禱が多い（特に安産祈禱）。初代徳川頼宣や六代宗直の時期が多く、藩から他家に嫁いだ姫の安産も祈禱した。代々藩主の社参・代参があり、雨乞いの臨時祈禱を命じられることもあった。正徳二年（一七一二）には徳川吉宗の伊勢参宮に際して、寺社奉行冨永平十郎から清渓院（徳川光貞）が参宮した際の願文の控を所持していないか問い合わせを受けるなど[13]、藩主と関わりの深い神社であった。天和元年（一六八一）には、神道学問を命じられ、伊勢山田の出口延佳に師事し、天和三年に藩主へ『神道秘伝問答』を献上している。

また、紀伊徳川家や付家老の安藤家・水野家に限らず、他の大名家・公家にも信仰された。万治期には、小笠原右近大夫の娘、酒井兵部の妻、松平土佐守、石田藤左衛門（近江佐和山三浦十左衛門の聟）、内藤帯刀、岡田内匠（京樋口三位家）、塚本由右衛門（松浦肥前家）、有馬松千代、二条摂政、真田伊賀守、「尾張中将様御主殿」、松平大和守などの代参があった[14]。当時境内にあった能満堂は慶長期に薩摩の島津義久が再興したと言われている（脇侍の不動明王・毘沙門天もその時造られた[15]）。

淡嶋神社は寛永四年（一六二七）に再興、明暦三年（一六五七）に修復された。近世初期は藩主導で再興・維持された（いずれも藩主は徳川頼宣）。頼宣が再興した寺社は一四、新たに建立した寺社は三〇あり[16]、幕政に準じて寺社の復興に努める政策を取った。

表1　江戸前期〜中期における紀伊藩主などの祈禱

和　暦	西暦	内　容
寛永8年9月	1631	御祈
寛永18年	1641	御姫様江戸御下向につき、御祈禱
寛永20年正月	1643	御祈禱、郡奉行より仰せつけられる
同年5月		御祈禱、郡奉行より仰せつけられる
同年極月		御祈禱、郡奉行より仰せつけられる
正保2年11月	1645	公方様御武運長久・御息災の御祈禱
同年11月		若君様御誕生御祈
正保4年4月	1647	公方様御不例につき御祈禱
同年12月		御姫様御産平安の御祈禱
正保5年3月	1648	二ノ丸様江戸御下向につき御祈禱
慶安3年	1650	殿様御不例につき御祈禱
慶安4年4月	1651	公方様御不例御祈
承応3年正・5・9月	1654	殿様御祈禱
同年12月		御祈禱
承応4年正月	1655	御祈禱
同年4月		公方様御武運長久の御祈禱
同年4月8日より		松姫様（徳川頼宣娘）御産平安之御祈禱
同年5月		御祈禱
同年9月		御祈禱
同年霜月		若君様御誕生につき御祈禱
万治2年6月	1659	安宮様（徳川光貞正室）江戸御下向につき御祈禱
延宝6年2月	1678	安宮様御平産の御祈禱
同年10月		御安産につき安宮様より御祈禱
宝永2年8月	1705	對山様（徳川光貞）御不例につき御祈禱
同年9月		同御不例につき御祈禱
宝永3年2月	1706	真宮様（徳川吉宗正室）江戸下向につき御祈禱
享保4年7月	1719	江戸において御部屋様御懐腹御安産の御祈禱
同日		御女中方が御内證の御代参
享保13年3月	1728	春千代様（徳川治貞）御誕生につき御祈禱
元文元年8月	1736	利根姫様（徳川宗直娘、伊達宗村正室）御安泰御祈禱
元文4年4月	1739	利根姫様御着帯につき御祈禱
同年7月・8月		利根姫様益御安泰御祈禱
寛保2年11月	1742	達姫君様（徳川宗直娘、丹羽高庸正室）江戸表御発駕につき御祈禱
延享元年10月	1744	直松様（徳川宗将息子）御誕生につき御祈禱
同年10月		宮様（徳川宗将正室）御着帯につき御安産の御祈禱
延享3年6月	1746	宮様御着帯につき御安産の御祈禱
同年7月22日		久姫様（徳川宗直娘、池田宗泰正室）御安産につき御代参
同年9月		宮様御安産につき御祈禱
延享4年3月	1747	達姫様御疱瘡御仕上りにつき御礼代参
同年4月		悦姫様（徳川宗直娘、松平頼真正室）御疱瘡につき御祈禱

延享5年6月	1748	殿様（徳川宗直）益御機嫌宜様に御祈禱
同年7月		宮様御着帯につき御安産の御祈禱
寛延3年正月	1750	岩千代様（徳川治宝）御疱瘡につき御祈禱
同年4月		殿様御道中御安全御祈禱
同年5月		殿様御機嫌宜御入国につき御祈禱
宝暦2年6月	1752	殿様御機嫌宜御入国につき御祈禱
宝暦3年2月	1753	雅之進様（徳川宗直息子、内藤貞幹）御疱瘡につき御安全御祈禱
同年8月		賢姫様（徳川宗直娘、松平頼済継室）御縁組御安泰御祈禱
宝暦5年正月	1755	織部正様奥様御着帯につき御祈禱
同年5月		達姫様御結納相済、益御繁栄の御祈禱

※享保4年「諸事控帖」、宝暦8年「御尋付指上候書付之覚」より作成。

しかし、元禄一二年（一六九九）に淡嶋神社が藩（藩主は徳川綱教）へ修復を嘆願した際は、自力での修復を命じられた[17]。そのため、同一四年江戸・京都・大坂・堺で勧進して修復資金を集めたいと願い出て許可された。徳川吉宗は、将軍就任後に幕府の寺社修造を減らし、御免勧化など自力での修造を推し進めることになるが、紀伊藩ではそれより早い段階で寺社政策を変更していた。淡嶋神社はこの時点から民衆に対する宗教活動を活発化させることになった。

同年、神主が江戸へ向かったものの年末であったため、勧進は翌年に持ち越した。その間に神社の宝物を江戸へ持参し、信仰する人々への公開を願い出て許可された。ところが、三月に江戸の紀伊藩邸で差し止められ、すぐに帰国するよう命じられたため、報加帳を預け置いて帰国した（火災で報加帳の大半が焼失し、期待した修復資金は集まらなかった[18]）。その後も破損の修復資金を得るため、「当社他国迄も信仰之人々御座候」との理由から、宝永六年（一七〇九）前田美濃守は江戸へ出向いた。しかし、宝永四年の地震被害により充分な資金を確保できなかった。

享保一二年（一七二七）には、京都や伏見での出開帳を藩に願い出て許可された[19]。翌年、京都東山長楽寺において三月一五日から五〇日開帳を行った。三月七日に「神輿幷宝物等」が加太浦を出発し、和歌山城下へ到り、伝甫・寄合橋を経て本一丁目、嘉家作を通って山口で宿泊し、京都を目指した。わざわざ和歌山城下を通過したのは、京都へ出開帳に赴くことを城下の人々へ披露する目的であったと考えられる。出開帳の詳細は不明だが、その間に将軍徳川吉宗の日光社参が行われて開帳を慎むよう命じられたため、想定していたほど助成にならなかった。「参詣人も御座候得共、時節柄故、散物ハ少分」であった。その後、明和三年（一七六六）に江戸、寛政一二年（一八〇〇）に大坂で出開帳を行っており、元禄期以降しばしば江戸・京都・大坂などで出開帳や勧進を行った。

この間に、紀伊でも開帳は行われていた。宝永七年三月一日から四月八日まで淡嶋神社において居開帳の実施を願い出て許可された[20]。和歌山城下の広瀬大橋・寄合橋・中嶋口の三か所と山口・橋本に開帳を知らせる立て札を建てた。開帳とともに「辻打手工猿廻し等」の実施を願い出て、屋根や木戸を設けず、芝居を実施しない条件で許可された。また、正徳三年には聖護院門跡の入峯に際して本社を修復するべく、開帳とその間の操り芝居実施を願い出ている[21]。享保一五年には、伊都郡橋本村・東家村での出開帳を願い出て、七月一六日から八月一六日まで実施した。

これら開帳は、淡嶋神社の名を広めた点で画期的と言えようが、その目的は社殿の修復で、あくまで臨時に行われたものであり、通常の経営を支えるものではなかった。通常は紀伊での勧進が主要な収入源の一つであった。享保四年に、淡嶋神社の社人が差し出した嘆願書を検討してみたい[22]。

一、私儀往古ゟ加太淡嶋大明神社人ニ而御座候ニ付、旦那場所当國熊野浦方ニ御座候故、毎年彼地江淡嶋明神之御札賦り御初穂取助成ニ仕、渡世饋り淡嶋明神御神前ニおいて例極り之通り社役相務来り候、然所ニ去ル亥ノ年大地震津波ニ而、右旦那場所損亡仕、近年御初穂等も無数難儀仕、外ニ拵ヲ可仕様無御座及飢命申ニ付、何とそ南部町中信心の方々江淡嶋明神之御札賦相對勧進仕り、其助成を以取續神職相務

中度奉存、其段淡嶋神主前田主殿助方与相願申候處、主殿被申ニ者、其方儀、當社之社人と者不存候由を被申候段、何とも合点不參候、私先祖ゟ代々淡嶋社人ニ而只今社役相務申候、此儀者社人仲間も御座候儀故、仲間之者共も能存居申御事ニ御座候、其上ニ四代已前之神主私先祖江被相渡候書付等も所持仕罷有義ニ御座候、何とぞ私願之儀主殿助取次を被致御役所江被申上奉願起御赦免被遊被下候者難有可奉存候、被仰上可被下候

この史料は、淡嶋神社の社人を勤める名草郡平井村の与一が大庄屋を通じて藩に差し出した願書である。平井村の西部（新田）には、陰陽師・神子・淡嶋神社の社人が多く住んでいた[23]。宝永地震による津波によって、檀那場が被害を受けて初穂を集められる状況ではなかったため、南部町中での勧進を願い出たが、与一が社人であると神主に認識されていなかったため、その承認を願っている。この時点で、淡嶋神社の檀那場が、すでに熊野地方にまで広がっていたことがわかる。

淡嶋神社へは、様々な祈願があったと思われるが、享保期に多かったのは海上安全祈願である。享保一〇年には、観音丸・長久丸・幸喜丸・福徳丸・天力丸・川口丸・伊勢丸など約二〇艘による初穂の上納が確認できる[24]。加太浦は鰯網の関東漁場出漁の盛況により、元禄・宝永期に未曾有の繁栄を迎えていた[25]。明和期において加太の全一八六艘のうち六八艘が関東漁場へ出漁しており、享保期はそれ以上に関東出漁船が存在していたと考えられる。また、同年は和歌山湊講中、和歌山講中、御湯講中（三二人）、和歌山城の女中などが参詣しており、この頃から和歌山城下の者たちが講を組織して参詣するようになったと考えられる。

天明期になると、享保期以上に和歌山城下から講中が参詣している（表2）。ほとんどが二〇から四〇人程度の講中であるが、中には天明元年の湊講中のように七四人（うち一九人が女性）で参詣することもあった。これ

表2　天明元年～4年　講中(和歌山城下)の参詣者

年	月　日	講　　名	参詣者数	講の人数	備　　考
天明元年	3月19日	西之店講中	31		本脇までさかむかえ
	4月1日	金屋町講中	27	40	
	4月10日	萬町講中	21	42	
	4月14日	新通六町目講中	20		三浦家参詣のため正木屋で待機
	4月24日	北新町講中	29	35	
	5月9日	湊講中	74		うち19人は女性
	5月17日	本壱丁目・ニ丁目講中	26		
	閏5月4日	新通弐丁目講中	38		
天明2年	3月8日	西之店講中	31	50	
	4月22日	萬町講中	29		
	5月8日	本弐丁目講中	26		
	5月10日	金屋町講中	41		
	5月18日	湊講中	44		
	5月25日	新通六丁目講中	25		
天明3年	2月19日	新通四町目講中	32		新講
	3月21日	西之店講中	23		
	3月22日	中之嶋講中	30		
	4月4日	新通六町目講中	37		
	4月7日	本九丁目講中	23	35	
	4月24日	萬町講中	20		
	4月26日	金屋町講中	42		
	4月27日	本弐丁目講中	26		
	5月11日	北新町講中	25		
天明4年	3月8日	西之店講中	20		
	3月11日	中之嶋講中	13		
	3月22日	新通四丁目講中	32		
	3月25日	新通六町目講中	35		
	4月5日	女中講	21		「諸方寄合」の講中
	4月11日	萬町講中	37		
	4月22日	湊講中	29		
	5月11日	北新町講中	34		
	5月13日	本弐丁目講中	18		

※天明元年「(御用祈禱覚之帳)」、天明2年「御用祈禱覚之帳」、天明3年「御用祈禱覚之帳」、天明4年「御用祈禱覚帳」より作成。

※講中の名は史料に記載のまま。

は講中による参詣のみ記録したもので、少人数の参詣者は特別に初穂などを納めた者しか記されていないが、少人数の参詣者も広範囲から多数訪れていたと考えられる。例えば、天明元年（一七八一）四月四日、大坂船町の助松屋与兵衛は西国巡礼の途中に参詣し、初穂と御膳料を納めている。天明二年三月二九日には、安芸広島の菅市左衛門が淡嶋神社と伊勢神宮の両所へ参詣するため来訪している。他にも修験者や商人などの記載も見られる。天明二年には淡嶋神社が疱瘡のお守りを頒布しており、疱瘡の快復祈願を目的に訪れた者もいた。三月三日の祭礼には多くの者が訪れ、天明二年三月三日の散銭は三四貫三〇〇文程、天明四年三月三日は一六貫五〇〇文程であった。

淡嶋神社の社人による勧進は毎年行われていたが、文政一〇年（一八二七）那賀郡野上組木津村（海南市）で社人高山源太夫が勧進していたところ、修験者に詮索され、所持する切手が「古切手」と見なされ、多門院・般若院の許可がなくては差し支えると告げられたため、神主が寺社奉行へ問い合わせている[26]（十一章参照）。多門院（松尾山大讃寺）と般若院（永久山覚林寺）はともに和歌山城下の一里山町にあり[27]、藩領の修験者を支配していた。藩は淡嶋神社の問い合せを受けて、「古切手」を回収し、新たに一一枚の「切手」を一〇人の社人へ遣わした。新たに作成された切手に記された各社人[28]の担当範囲を見ると（表3）、一〇人の社人により紀伊の藩領全域を勧進していたことがわかる（高野山領でも勧進しているが、全域かどうかは不明）。社人がどのように勧進したかは不明であるものの、他の宗教者の事例から考えて一軒一軒廻るようなことはなく、各村の庄屋を訪ねて御札などを配り初穂を得ていたと考えられる[29]。

淡嶋神社の檀那場は紀伊が中心であったが、藩との関係を背景に、伊勢の紀伊藩領域で勧進することもあった。宝永期の地震によって紀伊南部が津波の被害を受け、勧進できなかったため、享保四年伊勢での勧進が許

表3　淡嶋神社の社人と担当地域

社　　人	郡など	組	備　　考
高山孫之進	伊都郡	橋本組・入郷組・丁之町組	他に大和国宇知郡坂部之庄
	名草郡	山口組	
高山楠太夫	口熊野	三里組・本宮組・受河組・敷屋組・日足り組・川之内組・入鹿組・北山組	
	奥熊野	那智組・佐野組・新宮組・浅利組・成川組・相野谷組・尾呂志組・有馬組・木本組・相賀組・尾鷲組・長嶋組	
	田辺下	旦来組・三寸組	
	和歌山城下		
高山左太夫	伊都郡	名手組・粉川組	他に高野山領
	那賀郡	池田組・田中組・岩手組・山崎組	
高山源太夫	那賀郡	野上組	他に高野山領。名草郡和佐組は分担
	名草郡	岡崎組・宮組・和佐組	
	海士郡	日方組・雑賀組・加茂組・吉原組	
高山喜太夫	有田郡	宮原組・藤並組・湯浅組・石垣組	
	日高郡	南谷組・山地組・南部組二組	
高山嘉太夫	那賀郡	小倉組・貴志組	
	名草郡	和佐組	
	有田郡	山安田組	
高山久太夫	牟婁郡	口和源組・江田組・古座組・四番組（うち五村）・周参見組	口熊野日置川筋。古座組・周参見組は分担
高山半右衛門	牟婁郡	三尾川組・古座組・太田組・田井地組・色川組・周参見組	同年、栗栖村の定楠が相続
高山左内	海士郡	福嶋組・木本組	
中村常右衛門	日高郡	入山組・志賀組・江川組・天田組・南谷組・中山中組	南谷組は分担
	田辺領分		

※文政11年「寺社御役所御切手年々御改ニ付留帳扣」より作成。
※組名は史料表記のまま記した。

可され、田丸・白子・一志郡の三〇八か村で銀一貫一〇一匁（差引銀五六七匁七歩）を得ている[30]。伊勢での勧進はしばらく継続されたが、途絶えることもあった。文政一二年（一八二九）正月には、神主前田備後守が紀伊藩寺社奉行へ伊勢での勧進を願った[31]。享保四年以来、伊勢で勧進してきたが、享和三年（一八〇三）に凶作のため一〇年中止になり、その後大水のためさらに一〇年中止され、文政一二年まで行われなかった[32]。そこで再び寺社奉行へ勧進を願い出たのである。この嘆願がどのように扱われたかは不明であるが、長年嘆願が行われていないことから、経営上は伊勢が紀伊ほど重視されていなかったと言えよう。

淡嶋神社は、紀伊において独自の神社組織を形成することはなかったが、那賀郡荒見村（紀の川市）荒見九頭神社の巫女に代々「御湯神楽拝舞」を伝授した[33]。拝舞は「御湯立之行事」と「神楽之行事」で構成された。前者は行事が多く祭文も長いため、伝授に三〇日程かかり、後者は日数もかからず伝授できたという。少なくとも宝永七年、寛政七年、文化元年、文化一三年、天保六年に伝授されたことが確認でき、独自に免許状を発給していたことがわかる。

以上、淡嶋神社と紀伊の人々の関係を検討してきた。淡嶋神社は臨時に江戸・京・大坂などで開帳や勧進を実施したが、通常勧進する範囲は藩領で、特に紀伊が中心であった。神社経営を支える基盤は藩領域であったと言えよう。紀伊藩領の人々が関東出漁や廻船業などを通じて他地域に赴き淡島信仰を広げていく前提として、淡嶋神社の紀伊での活動があったのである。延享・寛延期には、加太の関東出漁者を頼って江戸・安房・上総での勧進を計画している（不漁であったため実施には至らなかった）。

二　各地への勧請

近世を通じて、淡嶋神社は全国各地へ勧請された。その由縁は各地に様々な伝承が残っているが、実際にどの時期に勧請されたか史料で確認できるものは少ない。例えば、江戸浅草寺境内の淡島堂は元禄期に勧請されたと言われているが、詳細は不明である。史料には淡嶋神社の勧請が「六ヶ敷」と書かれることが多く、勧請の手続きは容易でなかったと考えられる。淡嶋神社文書から複数の事例を確認できるため、勧請の過程を検討してみたい。

文化元年（一八〇四）三月二七日、上野国勢多郡前橋領八崎村（群馬県渋川市）の田中伴右衛門が淡嶋神社を訪れ、同村の八幡山天徳寺への勧請を願い出た(34)。天徳寺は本山派修験で、前橋藩主からもよく目をかけられた存在であったという(35)。勧請人の田中は天徳寺の縁家であり、勧請の理由は「女人結縁之ため」であった。淡嶋神社は奉納金の規定を申し渡し、異論がないか確認している。すなわち、勧請御礼銀として白銀三枚、例年神事社役金として金百疋、例年年頭御礼金として金百疋、代替わりの際に初穂金として金百疋を奉納するとの規定である。これを受け、田中は神事社役金と年頭御礼金について毎年の事で遠方であるため奉納が難しいので、少し延引することもあるが、伊勢参宮者など旅行者に託すことを約束した。そして、神社から「御鏡丸形　壱面」「榊　壱本」「麻幣かけ」「御守　壱ツ」「御札　壱ツ」とともに、次の勧請文が与えられた。

勧請文之事

紀伊国名草郡加太浦

加太淡島大明神於上野國勢多郡前橋領八崎村　田中伴右衛門兼而依為信仰、此度及取扱令勧請者也、弥一天公武四海平定五穀成就萬民豊楽御祈禱可抽精請者也

社役人惣代　神前織部進

文化元甲子年三月廿八日

右願之趣令承知者也

神主備後守従五位紀朝臣前田如香　書判

勧請文では淡嶋神社の所在地を実際の「海士郡」ではなく延喜式に記されている「名草郡」としている。そして、受け取った勧請人らは次の一札を提出した。

一札之事

御本社加太淡嶋大明神、此度上野国勢多郡前橋領八崎村八幡山天徳寺境内江願之通御勧請被成下難有奉存候、右ニ付　御本社之妨ニ相成候義者堅致間敷候、且又　御本社御神事年頭御礼等相勤、猶又継目等之節々も御本社へ急度相達御礼等可申上候、右等之儀者旧記ニ相記置、跡々迄無間違申送可申候、若又　御本社之妨ニ相成候儀を致候ハ、　御社法之通御取斗可被成候、其時一言之申分無御座候、依之一札如件

文化元年

別当　八幡山天徳寺　印

子三月廿八日

勧請人　田中伴右衛門　印

前田備後守殿

御役人中

天徳寺境内へ勧請できることに感謝の意を述べ、本社の妨げをしないことや神事年頭御礼を勤めることなどを

誓約している。これらの手続きを経て、淡嶋神社は勧請された。手続きは形式化しており、すでに多数の勧請が行われていたと考えられる。

こうした過程は、文化一一年に但馬国朝来郡竹田町（兵庫県朝来市）の諏訪明神へ勧請された際も同様である。[36]同年九月晦日、諏訪明神の神主宮本信濃が淡嶋神社を訪れ、同社の境内へ勧請したいと申し出た。淡嶋神社は村役人か氏地惣代の印形がなくては勧請できないので了解を取るよう伝えて帰国させた。一一月、竹田町年寄六右衛門・嘉左衛門が請書を差し出し、翌年五月に勧請が決定した。天徳寺の場合と同様に、淡嶋神社に奉納金を納め、「御鏡丸形」などが遣わされた。勧請には礼金や例年の神事社役金・年頭御礼金の奉納のほか、勧請する地域の人々の承認を必要としたことがわかる。なお、兵庫県朝来市竹田の諏訪神社境内に淡島大明神は現存している。

淡嶋神社を勧請した地域は遠方であることも多く、次第に音信不通になる場合があった。備前国上道郡岡山の塔之山徳與寺（現岡山市）の事例を見ていきたい。[37]同寺は、もと東山薬師坊または塔の山薬師坊と称していたが、宝暦三年（一七五三）に寺院に直して徳與寺と称した真言宗寺院である。[38]淡嶋神社は宝暦八年に同寺境内に勧請された。しかし、その後音信不通になったため、文政期に岡山の艸野屋伝兵衛が淡嶋神社を参詣した際に尋ねたところ、徳與寺は繁昌していると言う。そこで淡嶋神社は書状を認め、艸野屋に託した。書状では、勧請の際に別当（徳與寺）・檀中惣代が連印しているにも関わらず音信不通になるとは不埒であるとして、檀中惣代の来訪を求めた。六月六日、徳與寺の代僧が訪れたため、話を聞いたところ、勧請以来住職が七、八人代わり檀中惣代も代わったため、事情は全くわからないとの申し分であった。そのため、淡嶋神社は求めに応じて、再び証文と略縁起を遣わし、他の勧請と同様に例年の奉納金の取り決めを申し渡した。徳與寺境内の淡嶋神社は現在でも寺内に鎮座している。

以上のような手続きを経て、淡嶋神社は各地に勧請された。勧請には礼金や例年の神事社役金・年頭御礼金の奉納のほか、勧請する地域の人々の承認が必要であった。もっとも全国の淡島神社がすべてこのような手続きを経ていたかは不明であり、仏教のように本末帳を作成することもなかったため、淡嶋神社を中心とした組織が形成されることはなかった。淡嶋神社の勧請には淡島願人の存在が大きかったと言われるが、本節で検討したような願人が関わらない事例も少なくないと考えられる。

三　江戸紀伊藩邸への勧請と出開帳

近世後期に淡嶋神社の名が広まった要因の一つに、江戸藩邸への勧請が挙げられる。江戸の大名屋敷では、国元に鎮座している神仏を邸内に勧請することが多く、定められた公開日には江戸の人々が参拝することも可能であった。紀伊藩では、天保二年（一八三一）浜町の蔵屋敷に淡嶋神社が勧請され、毎月一三日に公開された。藩を代表する神社として淡嶋神社が選ばれたのである。本節では、淡嶋神社が江戸へ勧請されるまでの過程や、天保九年に行われた出開帳後の過程を検討したい。

岩淵令治は[39]、江戸武家屋敷の神仏公開に関する研究が、これまで「賽銭稼ぎ」を目論む藩と賽銭を投げ込む参詣者という表面的な分析にとどまっていた点を批判し、様々な人々の利害を背景に公開された肥後人吉藩の聖天宮の公開過程を、寺・藩・信仰者・地域の論理に注目することにより明らかにしている。また、丸亀藩の金毘羅社の神仏公開を検討し、公開を支えた屋敷近辺の出入り町人の存在を指摘する。本節では藩・信仰者・

地域について充分検討できないが、依然として事例蓄積も少ない現状であるため、紀伊藩の事例を提示したい。まずは淡嶋神社が江戸の浜町屋敷へ勧請されるまでの過程を確認する[40]。天保二年六月、淡嶋神社は藩寺社奉行・榎坂五郎左衛門から呼び出され、江戸浜町屋敷の鎮守として淡嶋神社を勧請したいと勘定奉行から申し出があった事を伝えられた。浜町屋敷は、文政一三年（一八三〇）二月一二日に紀伊藩が牧野山城守の屋敷二〇〇〇坪を譲り受けて成立した[41]。近隣の大名屋敷では、館林藩が「毘沙門」を公開しており、後には熊本藩屋敷が「清正公」を公開している[42]（東京都中央区日本橋浜町にある清正公寺）。

勧請のため神主も江戸へ召されたため、江戸滞在費用として金五〇両の拝借を願い出て、前神主の前田備後守を遣わすことを決定した。八月九日、藩から、①浜町屋敷の社が完成してから加太を出立する事、②その際に使用する紋付・長持・絵符は藩から貸し渡す事、③滞在費用は淡嶋神社で用意する事が命じられた。拝借が認められなかったため、内々に「役人衆御世話」で福嶋屋平右衛門から金三〇両を借りた。前田備後守の付き添いとして藤白社神主の吉田相模守も同行した。

八月二二日、榎坂から浜町屋敷の「勧請之社」が完成したので、九月一五日か翌日に勧請できるように、神体を守護して江戸へ向かうよう命じられた。前田備後守は八月二七日に加太を出立して、東海道を通行し、九月一三日夕方浜町屋敷へ到着した。屋敷内の淡嶋神社には社役を設けず、ただ参詣を許すという方針であったため[43]、その後神主が経営に関わる事はなかったと考えられる。以上の経過を見ると、淡嶋神社は藩の主導で勧請されたことがわかる。藩で勧請を推進した人物は不明であるが、後年の史料では徳川治宝に篤く信仰されていたことが記されており[44]、当時「前大納言様」と呼ばれた前藩主徳川治宝の意向が少なからず働いたと考えられる。

ただし、それ以前の段階で淡嶋神社はたびたび藩に江戸への勧請を嘆願していた。文化二年（一八〇五）三月には八丁堀屋敷への勧請を願い出て、文化八年八月には藩の寺社奉行へ次の願書を差し出した(45)。

加太淡嶋社者、延喜式内之御神ニ而諸国へも名高く相聞、従往古社頭之御修復も国之御沙汰ニ而、当　御代ニ至而も　南龍院様御初御修復被成下難有御儀ニ御座候、当社之儀者諸国ニ信仰之人々多、江戸表者猶更故万人講相結有之義ニ御座候、殊ニ女中方之信仰多御神ニ御座候、然共女中方之参詣ハ容易ニ難成事ニ御座候へハ、何卒江戸表へ勧請相成候ハヽ、弥信仰仕神威も弥増可申との事ニ而、彼地せわ人ともより勧請之儀毎々催促申来り候事ニ御座候、実神者人之敬ニ依て威を増、人者神之徳ニ依て運を添と申理りニ御座候へ者、譬何国ニ而も兎角信仰厚所へ勧請仕及繁昌候へハ自然神徳を輝候儀、誠ニ神主之神忠と奉存候義ニ御座候、然所外ニ勧請可仕地面も無御座候間、乍恐千駄ヶ谷・八町堀両御屋敷内何れニ而も右之御地面拝借被　仰付被下候ハヽ、難有可奉存候、左候へハ御影を以御威光ニ而弥諸人之信仰も厚相成候付、月一日宛諸人参詣為致候様可仕候、尤諸人参詣仕候付而ハ散物等之上り物者　上へ御納りニ相成候様仕度奉存候、何卒願之趣御許容被成下勧請之御地面拝借被為　仰付被下候様宜御取扱被成下候様偏奉願上候、依之書付差上申候、已上

淡嶋神社は、諸国に信仰する人が多く、特に江戸は講を結ぶ者もいる。中でも女中の信仰は篤いが、容易に参詣できないので、江戸へ勧請すれば、さらに信仰も増すことになる。江戸の世話人からも勧請の催促がきている。そこで、千駄ヶ谷屋敷か八丁堀屋敷の土地を借りて勧請し、月一日公開したい。賽銭などは藩へ納めると述べている。この願書に対して藩の返答がなかったため、文化一四年にも同様の「追而奉願上口上」を差し出している。天保二年の勧請が藩主導であったとは言え、それ以前の段階で淡嶋神社が藩へ再三働きかけていた

ことが浜町屋敷へ勧請される結果をもたらしたのである。また、詳細は不明ながら、勧請を推進した世話人の存在も大きかったと考えられる。

その後、天保九年（一八三八）淡嶋神社は回向院で出開帳を行い成功した。五月二一日に江戸へ到着し、二五日から八月八日まで実施した[46]。出開帳に関わった「御屋鋪御出入之町人衆」として、伊勢屋八兵衛・八木屋喜太郎・外川千八・島村亀助・保根屋平四郎・近江屋芳兵衛・伊勢屋與兵衛・丸屋五三郎・山田屋嘉兵衛・堤弥三郎・會津屋利右衛門・石川茂兵衛・村林次右衛門・中嶋清七・鹿島屋甚太郎・海津栄太郎・大坂屋吉右衛門・山口源助・多田弥次右衛門・伊勢屋長十郎が挙げられており、藩邸に出入りする町人たちが淡嶋神社の出開帳を支えていたことがわかる。出開帳の内容は三尾論稿で明らかにされているが、その後の経過を検討していないため、若干言及しておきたい。

八月一九日、開帳していた宝物を回向院から紀伊藩の浜町屋敷へ移し、翌日から内拝が行われた。また、宝物を江戸から加太へ戻す際に内拝を行って欲しいとの願書が紀伊藩へ複数寄せられた。一つは千住宿の勝専寺（東京都足立区）で、寺の修復助成のため一〇日間の内拝を願い出ている。実施されたら金二〇両を藩へ納めると述べており、多数の参詣者を見込んでいたと思われる。駿府紺屋丁少将井神社（静岡市の小梳神社）や大坂天満天神（大阪市北区の大阪天満宮）からも同様の嘆願があった。大坂天満天神は前年二月大塩平八郎の乱によって焼失しており、その修復を意図して嘆願したのであろう。ここでは少将井神社の嘆願書を検討してみたい[47]。

乍恐以書附御願奉申上候

一、紀州加太淡島大明神此度於江戸表開帳御免有之、右開帳相済江戸御發輿、東海道御通行之由承候ニ付、右ニ付駿府紺屋丁少少井宮極及大破修復仕度候得共不及自力ニ、日数十日之間右少少井宮ニおゐて内拝仕度段、氏子惣代を以願出候儀ニ御座候、御聞済被成下候ハヽ、日数十日之間神納金弐拾両御着之砌相納候様可仕候、尤当時御奉行所江者跡々別紙振合を以奉願　御聞済ニ相成御座候ニ付、此度も右同様奉願候得者御聞済ニ可相成与奉存候、付而者　御舘様ハ勿論神主ゟ何れ江も願立候ニハ及不申候間、何卒右願之通被　仰付候得者、町々商人ども一統繁昌仕候儀ニ御座候、尤神主初社人中一統逗留中賄等之儀者一式此身ニ而相賄可申候間、此段偏ニ奉願上候、以上

この史料は、天保九年八月に駿府「呉服町弐丁目」永崎屋平蔵、「安西壱丁目」池田屋小兵衛、「新通り七丁目」木曽屋金次郎、「江川丁」角屋達五郎が紀伊藩勘定所へ差し出した願書である。勝専寺の願書と同様に、一〇日間の内拝で金二〇両を納めると述べている。これを受けて、神主代の吉田相模守は願主に議定を遣わし、①神納金二〇両を「紀伊御舘様」へ納める事、②毎日御膳・御鏡餅・御神酒を供える事、③出迎えや逗留中の費用は駿府で負担する事、④寄進物や初穂は神納する事、⑤御札などの版木は終了後に返納する事が決まった。しかし、その後、大坂天満天神で三〇日間内拝を実施することが決まり、一〇月に差し掛かると「神無月」であるため参詣に不都合で、大坂は一一月・一二月が「商売繁多」との理由から、神主代の吉田相模守が江戸に留まったため、駿府では内拝が実施されなかったと考えられる。大坂での実施内容も不明である。

以上、淡嶋神社が紀伊藩の浜町屋敷へ勧請される過程と、出開帳後の経過を検討してきた。勧請は藩主導であったが、それ以前に淡嶋神社が再三嘆願していたために実現したことがわかる。人吉藩の場合は、前藩主や藩邸へ出入りする町人の要求が公開の背景にあったが、紀伊藩では淡嶋神社自身の嘆願が背景にあったと考えられる。出開帳の後は浜町屋敷で内拝が行われ、帰りがけにもその実施願いが藩に寄せられるなど、出開帳には藩が深く関与していた。出開帳が成功した背景には藩の存在が大きかった可能性もあり、淡嶋神社が江戸で

信仰圏を拡大させていく上で、藩の存在は欠かせないものであったと言えよう。

その点では、藩の意向で境内に御神蔵が建造されたことが重要である。天保一三年二月、境内に御神蔵が完成し、以前より御守殿に安置していた藩から奉納された人形やその召し物・道具が移され、徳川治宝の妻・貞恭院（一七六五〜一七九四）の愛用した人形も西浜御殿から淡嶋神社に移された[48]。その経費として金五五両余が藩の司農府へ預けられ、その利息で奉納品の管理が賄われた。また、翌年には西浜御殿大奥から藩へ金八〇〇両が預けられ、その利息四〇両が毎年淡嶋神社へ与えられ[49]、経営上大きな後ろ盾となり幕末へ至っている。

四　近世後期の淡嶋神社参詣

これまでの検討で明らかにしたように、淡嶋神社は勧進や勧請、開帳を通じてその信仰圏を維持・拡大させた。一九世紀には、多くの旅行者が訪れる神社となり、「当社之儀者御上ニも御存被為下候通、他領遠近之諸人仰信仕、殊更当時者諸参詣も多」かった[50]。本節では近世後期における淡嶋神社参詣の様相を明らかにしたい。

元禄二年（一六八九）に参詣した貝原益軒は「淡嶋大明神の社有、大ならず、此所は和泉の山よりつゞきたる出崎也、此社は少彦名命の由也、諸国の人、参詣する社也」と述べるが[51]、道中日記から判断して西国巡礼の途中に参詣する者はほとんどなかったと思われる。一八世紀前期には和歌山城下の参詣者が確認できるが、東国から訪れた旅行者が参詣し始めるのは一八世紀後半からである。宝暦期から明和元年にかけて、粉河村で出版された道中案内記の『じゅんれいえんぎ』『西国順礼記』『順礼改道鑑』には記載がないものの、明和二年以降の『道しるべ』『指南車』『じゅんれいえんぎ』『順礼道中記』などに記載されるようになり、これらを利用した旅行者の中には参詣した者もいたと考えられる。ただし、淡嶋神社の参詣を記した道中日記は少ないため、旅行者の主要な参詣地にはなっていなかったと言えよう。

淡嶋神社参詣を記述した道中日記が多くなるのは、一八二〇年代からである。加太を訪れた記述のある道中日記二七点を見ると（表4、以下道中日記のNo.は表による）、伽陀寺への来訪を目的としたNo.9以外は淡嶋神社に参詣している。No.3のように、加太で四国に渡る集団と陸路を進む集団に分かれる旅行者もいた。全体的に金毘羅をめざして四国へ渡るため加太へ訪れた者が多い。

六章で述べたように、加太は阿波国撫養へ渡海するのに便利で、諸国の旅行者が訪れていたが、文政一一年（一八二八）四月に紀伊藩から「渡海船頭」を申しつけられ、一九艘が四国への渡海を担った。安政元年（一八五四）に加太の渡海船が徳島藩に差し止められたため「内々ニ而渡海」するなど、常に順調に経営できていたわけではないが、文政一一年以降多くの者が加太を訪れるようになった。天保一四年（一八四三）には、加太の弥太郎が「高野山幷讃州金毘羅江諸国ゟ参詣之旅人近道案内」の道標を、伊勢松坂領六軒村と紀伊伊都郡橋本に建立したいと願い出ている。(52)六章で述べた神谷に建てられた道標と同様の性質のものであり、加太の人々がこの機会を利用して、積極的に旅行者を誘致しようとしたことがわかる。「紀州高野山ヨリ加太越讃州金毘羅江近道略図」や「象頭山参詣道紀州加田ヨリ讃岐廻幷播磨名勝附」など、加太から撫養へ渡る行程を描いた絵図も出回った。

道中日記の中には、加太や淡嶋神社の情景やそれを見た感想を記す者もあり、「淡島大明神　神領五十石　爰元船付故家数余程あり」「昔ハなきさノ郡　其後かわり今ハ海部郡ト言」（No.1）、「蚊田よき町なり」「此処茶や休ミ、よき肴あり」（No.3）、「淡島大明神へ参詣、御社余程大破ニ及」（No.4）、「町中泊よし」「あわ嶋大明神、

表４　加太を訪れた記述のある旅日記

No.	和暦	西暦	地域	加太周辺の行程	史料名	出典
1	寛政２年	1790	福島	加茂谷→藤白→紀三井寺→和歌浦→和歌山城下→加太泊（尾張屋与次兵衛）→根来寺→粉河	(西国道中記)	川瀬雅男『西国道中記』
2	享和３年	1803	神奈川	藤白→紀三井寺→和歌浦→和歌山→嘉家作泊（坂元屋平五郎）→加太淡島神社→坂本	伊勢参宮諸国神社払諸色覚帳	『相州三浦郡秋谷村文書』中巻
3	文政５年	1822	群馬	吉野→高野山→粉河→紀三井寺→和歌浦泊（大和屋義兵衛）→和歌山→加太→箱作	伊勢参宮並大社拝礼記行	『金井忠兵衛旅日記』
4	文政10年	1827	埼玉	藤白→紀三井寺→和歌浦→和歌山泊（和屋友七）→加太→坂本	西国道中日記帳	『川里村史』資料編２近世
5	文政11年	1828	神奈川	粉河→岩出→和歌山泊（伊丹や吉兵衛）→紀三井寺→和歌浦→和歌山泊（同）→加太泊（正木屋小右衛門）→撫養	道中日記帳	『藤沢市史料集』28
6	文政11年	1828	山形	粉河→根来寺→八軒屋泊（油や儀兵衛）→紀三井寺→和歌浦→和歌山→加太→深日	伊勢参宮花能笠日記	『寒河江市史編纂叢書』23集
7	文政13年	1830	新潟	吉野→高野山→粉河→紀三井寺→和歌浦→和歌山→加太（四国へ向かうが悪天で引き返す）→尾崎	御参宮道中行程記	『荒川町史』資料編Ⅷ
8	天保７年	1836	兵庫	湯浅→紀三井寺→和歌浦泊（寿しや嘉助）→和歌山城下→加太泊（柳屋善蔵）→大川→根来寺	順礼道中日記	『天理参考館報』第11号
9	天保10年	1839	神奈川	粉河→岩出→紀三井寺→和歌浦泊（米や栄蔵）→和歌山→加太泊（伽陀寺）→尾崎	道中小遣日記帳	『座間市史』近世資料編
10	天保12年	1841	福岡	大坂→岸和田→大川→加太→嘉家作泊（鯛屋三次郎）→和歌浦→紀三井寺→根来寺→粉河（泊）	伊勢広嶋記行	『伊勢広島紀行』（久留米市）
11	天保12年	1841	神奈川	吉野→高野山→和歌山泊（藤屋源兵衛）→紀三井寺→和歌浦→和歌山泊（同）→秋葉山→和歌浦→和歌山→加太泊(北川佐兵衛)→撫養	伊勢道中日記控	『伊勢道中日記　旅する大工棟梁』
12	天保14年	1843	神奈川	粉河→根来寺→紀三井寺→和歌浦→和歌山（泊）→加太→仁頃村泊（風強いため）	太々講参宮道中日記帳	『藤沢市史』第２巻
13	弘化２年	1845	茨城	粉河→八軒屋泊（田中屋）→日前宮→紀三井寺→和歌浦泊（日高屋）→加太→撫養	西杖日記	『土浦市史』資料第１集
14	弘化２年	1845	東京	八軒屋泊（田中屋清右衛門）→紀三井寺→和歌浦→和歌山→加太泊（北川佐平）→大川	伊勢参宮覚	『伊勢道中記史料』（世田谷区）
15	弘化３年	1846	徳島	撫養→加太→粉河→高野山→当麻寺→奈良	伊勢道中記	『小松島市史』上巻

16	嘉永2年	1849	茨城	粉河→（舟）→和歌山（中喰、駿河町河内屋源兵衛）→加太泊（魚屋彦太郎）→撫養	伊勢金毘羅道中日記	『東村史』史料編近世1
17	嘉永2年	1849	東京	大坂→堺→尾崎→大川→加太泊（魚屋彦兵衛）→和歌山城下→和歌浦→紀三井寺泊（兵久や弥三郎）→山東→根来寺→粉河	道中日記	『青梅市史史料集』52
18	嘉永3年	1850	群馬	吉野→高野山→粉河寺→紀三井寺泊（藤屋孫太郎）→和歌浦→和歌山城下→加太泊（魚屋節太郎）→撫養	伊勢金比羅参宮日記	栗原順庵『伊勢金比羅参宮日記』
19	嘉永4年	1851	福島	湯浅→紀三井寺→和歌浦→本の脇泊→加太→根来寺→粉河	道中日記	『郡山地方史研究』第29集
20	嘉永5年	1852	群馬	根来→八軒屋→日前宮→紀三井寺→和歌浦→和歌山→加太泊（うをや彦太郎）→撫養	伊勢参宮道中記	『新編高崎市史』資料編8
21	安政3年	1856	和歌山	湯浅→藤白権現→紀三井寺→和歌浦（かせや九右衛門）→和歌山城下→加太泊（魚屋彦太郎）→撫養	晴雨萬覚日記	『北山村史』下巻
22	安政4年	1857	東京	吉野→高野山→麻生津→和歌山城下→加太→撫養	道中日記帳	『青梅市史史料集』19
23	安政5年	1858	静岡	金毘羅→白鳥→岡崎→加太泊（うをや）→粉河寺→高野山→吉野	道中日記覚帳	『豊田町誌資料集』近世編Ⅱ
24	万延元年	1860	島根	湯浅→加茂谷→紀三井寺泊→和歌浦→和歌山城下→加太泊→根来寺→粉河	多比能実知久佐	『日吉津村誌』下（鳥取県）
25	文久2年	1862	山形	粉河→根来寺→八軒屋泊（油屋利兵衛）→紀三井寺→和歌浦→和歌山→加太泊（倉屋彦太郎）→撫養	御伊勢参宮道中記	『立川町史資料』第5号
26	文久4年	1864	埼玉	宮原→紀三井寺→和歌浦→和歌山→淡島明神→加太泊（正木屋喜右衛門）→根来寺	道中日記帳	『日高市史』近世史料編
27	明治7年	1874	山形	粉河→根来寺→加太泊（正木や庄左衛門。強風のため逗留、和歌山→和歌浦→紀三井寺）	四国伊勢参宮道中記	『高畠町史』下巻

※年代は出発した年である。
※地名、旅籠名は史料のまま。

末社有、絶景也」(No.6)、「阿波島大明神立ち給う、結構なる所也」(No.7)、「淡嶋大明神　本社東向、神殿再建中、拝殿同断」「絵馬堂あり、真中大柱ありて他に異仕立なり」(No.10)、「淡嶋明神、御普請中也」(No.11)、「西海のけしき見晴し」(No.13)、「あわ島様参詣致し、海はたニてけしきもよろしく」(No.17)、「粟島様祭礼にて屋台出る、其事の野鄙見るべからず」「此地海魚自在なり、風味宜し、只煮方甚だあしく候、酒安し」(No.18)、「あわ嶋大明神様社結構成」(No.25)、「淡島大明神　参詣　末社多し　女一代ノ守本尊　日本一社　海辺故　風景よろし　舞台ニ百人一首又孝子　忠臣額　酒井為五郎八才の筆有　守り着色々でる」(No.27)など記されている。紀行文「多比能実知久佐」には、次のように記されている(No.24)。

名物の餅を食し程なく加多の浦に至る、神徳ゆえに商家至って繁昌せり、先づ鳥居の先に船見の楼ありて大磁石を掛たり、左に絵馬堂ありて本社へ参詣し信をこらし家内の無事を祈り、夫より左の方の絵馬堂を見れば幾等ともなく紙雛、内裏雛、鏡機道具様々と成る物皆開願にて捧じたるものなり、本社のかたへに伽羅の大本あり、格別のものゆえ国の土産にとて少し求め、神職の家にて御守御札縁記等調う、妊娠の時の用に立たんと嫁、娘への心ざしなり、華表前より四方の気色を詠むるに噂に聞きし和歌の浦よりは、はるかにまされり、海上二里計りにして苫ヶ島とて二つに別れ眉の如くに連りし山あり、向うには四国の山屛風を立てたるの如く出舟入船漁舟の行かうさま、貝拾い磯菜つみの様々なるに白帆の見ゆるを一目に五、六十位舟場には波止を幾つも築出し旅籠屋軒を並ぶ、漁師の家は磯辺にありてならびなき浦の気色なり、余りの面白さに今だ八つ時に宿りを求め座敷より風向いて日の暮るるまで余念なかりし

この記述をした出雲国の西村美須は淡嶋神社で伽羅の木を求め、娘などが妊娠の時のために御守・御札・縁起を手に入れている。淡嶋神社からの眺望は印象に残ったようで、開発が進んでいた和歌の浦よりも勝っている

と評価した。加太に関する記述は旅行者によって異なるが、淡嶋神社や眺望、魚は好評であった。

以上、一九世紀における淡嶋神社参詣について検討してきた。文政一一年以降、淡嶋神社には多くの参詣者が訪れていた。加太から撫養への渡海船が開始し、伊勢参宮から奈良・高野山を経て金毘羅へ参詣する際のルートに位置づけられたことが最大の要因だが、前節までに検討した諸活動によりその名が諸国に知れ渡っていたこともその背景にあったと考えられる。

おわりに

本章では、近世における淡嶋神社の宗教活動について検討してきた。結論を以下にまとめておきたい。

近世初期の淡嶋神社は、紀伊徳川家に保護され修復されていた。ところが、元禄期になると自力での修復を命じられたため、紀伊のみでなく江戸や大坂、京都でも開帳や勧進を行った。ただし、これらは臨時に行われたもので、通常は紀伊藩領で社人が毎年勧進して初穂を得ていた。享保期頃から和歌山城下の講中の参詣者が見られ、天明期には多数の講中が参詣するようになった。淡嶋神社の信仰圏の中心は紀伊であり、その経営を支えた基盤であったと言えよう。霊場参詣を考察する上で遠方の者のみでなく、近隣の者も分析対象とするべき事が改めて明らかになったと言えよう。淡嶋神社は近世を通じて各地に勧請され、近世後期には江戸の紀伊藩邸へ勧請されるなど、その名は徐々に広まっていった。文政期に加太から撫養までの渡海船が本格的に行われるようになると、金毘羅を目指す旅行者が淡嶋神社へ立ち寄り、全国各地から参詣者が訪れる神社になった。

このように淡嶋神社は様々な宗教活動を通じて信仰圏を維持・拡大させた。①淡島願人、②北前船、③伊勢参宮ルート、④関東出漁を介して広がっていったことも間違いではないが、淡嶋神社自身の活動が淡島信仰拡大の最大の要因であったことを捨象してはならない。

〔註〕

（1）本章では、淡嶋神社を指す場合は「淡嶋」を用い、淡島・淡嶋・粟島・粟嶋・阿波島など様々な表記をされたアワシマ神社・アワシマ信仰を指す場合には「淡島」を用いる。煩雑ではあるが、全国的に展開した淡島信仰の中には、淡嶋神社への信仰と一致しない事例も報告されているため、区別して表記するのが適切と考える。なお、本章は主に淡嶋神社文書を用いる。文書№は神社の目録による。表題のない史料の名称は同目録によった。

（2）有安美加『アワシマ信仰―女人救済と海の修験道―』（岩田書院、二〇一五年）。

（3）菅原千華「女たちの祈り―紀州加太の淡島信仰」（八木透編『フィールドから学ぶ民俗学―関西の地域と伝承―』昭和堂、二〇〇〇年）、同「加太淡島神社の歴史伝承―歴史的正当性の所在と「淡島信仰」―」（『京都民俗』二八、二〇一一年）、同「淡嶋神社「社伝縁起」の構造」（『帝塚山大学大学院人文科学研究科紀要』六、二〇〇五年）。

（4）三尾功「近世寺社の開帳について―紀州加太淡嶋社の場合―」（『和歌山市立博物館研究紀要』一七、二〇〇三年）。

（5）原淳一郎「近世における淡島信仰とその展開」（西海賢二『山岳信仰と村落社会』岩田書院、二〇一二年）。なお原は関東における淡島信仰について明らかにしており、「関東における淡島信仰」（関東近世史研究会『関東近世史研究論集二』二〇一二年）、同『近世寺社参詣の研究』（思文閣出版、二〇〇七年）第八章「淡島信仰にみる都市の医療と信仰」がある。

(6) 享保一二年「加太淡島遷宮行事」(淡嶋神社文書四七)。
(7) 宝永三年「(口上書写し帳)」(淡嶋神社文書三九)。
(8) 寛政四年「今度寺社御改ニ付差上候覚扣」(淡嶋神社文書一五五)。
(9) 寛政七年「官位願諸事留帳」(淡嶋神社文書一五九)。同年紀伊藩寺社奉行を通じて吉田家へ官位奏請した際には、次のように記している。

奉願官位之事

一　備後守
一　従五位下
一　位記　宣旨口　宣案

右之通奉願上候、宜御沙汰可被下候候、以上

紀伊国名草郡加太神社神主
前田主計　印
紀如香
二拾七歳

寛政八年正月廿九日

御本所
御役人中

(10)『紀伊続風土記』巻之二十三。
(11) 和歌山市立博物館寄託資料。
(12) 宝暦八年「御尋付指上候書付之覚」(淡嶋神社文書四)。
(13) 正徳二年「殿様伊勢参宮一件」(淡嶋神社文書四二)。
(14) 万治元年「従国々御参詣幷御代参覚」(淡嶋神社文書七二)。
(15) 享保一〇年「寺社諸景図御改ニ付差上ヶ候写ひかへ」(淡嶋神社文書四五)。

(16)『和歌山県史』近世、一〇五頁。
(17) 享保一二年「諸御用并諸願留帳」（淡嶋神社文書四六）。
(18) 享保一二年「諸御用并諸願留帳」（淡嶋神社文書四六）。
(19) 享保一二年「諸御用并諸願留帳」（淡嶋神社文書四六）。
(20)「（口上書写し帳）」（淡嶋神社文書三九）。
(21) 正徳三年「聖護院門跡御入峯ニ付願書等ひかへ」（淡嶋神社文書四一）。
(22) 享保四年「諸事控帖」（淡嶋神社文書七一）。
(23)『紀伊続風土記』巻之八。なお平井村に淡嶋神社の社人がいる由縁は、もともと加太の平井町にいたが、引き移って一村になったためという（「みよはなし　二」（宇野脩平編著『紀州加太の史料』第一巻））。
(24) 享保一〇年「（内記代）」（淡嶋神社文書四四）。
(25) 笠原正夫『近世漁村の史的研究―紀州の漁村を素材として―』（名著出版、一九九三年）第二章第三節。
(26) 文政一一年「寺社御役所御切手年々御改ニ付留帳扣」（淡嶋神社文書九八）。
(27)『紀伊国名所図会』の挿絵によれば、久成寺の北に多門院、南に般若院があった。
(28) 文政一一年「寺社御役所御切手年々御改ニ付留帳扣」（淡嶋神社文書九八）によれば、淡嶋神社の社人のうち七人は享保一八年に帯刀を許された。しかし、文政一一年名草郡栗栖村の定楠が社人を相続した際、村役人からの訴えを受けて、次のような嘆願書を差し出し、社役従事の時のみ帯刀を許された。

　　乍恐奉願上口上

当社社人共之内七人之者共、享保十八年丑年御願申上候而、帯刀蒙　御免難有仕合奉存候、右社人之内高山半右衛門と申者病死いたし跡相續いたし候者無御座候故、栗栖村百姓定楠と申者有縁之者ニ御座候付、社人相續為致度由申出候付致承知申付候、然所栗栖村ニ而常帯刀いたし候儀村役人中彼是申由ニ御座候、右之者百性農業ニ付而者是迄之通、社役ニ付而者常帯刀仕候様仕度奉存候、先年常帯刀御免御座候へ者乍恐

何卒右之段郡方へ被為　仰遣被下候へ者いか斗難有仕合奉存候、依之以書付奉願上候、以上

丑正月　加太淡嶋社神主

前田備後守　印

寺社奉行所

(29) 鈴木良明『近世仏教と勧化』(岩田書院、一九九六年)。淡嶋神社へ初穂を奉納した記録は、長瀬村「辰小入用帳」(『田辺市史』第八巻、二四七頁)、伏菟野村「辰小入用帳」(同書二六〇頁)、寺山村「巳小入用帳」(『日置川町史』第二巻、五三頁)、「小入用帳」(同書五六頁)、「小入用帳」(同書五九頁)で確認できる。

(30) 享保四年「諸事控帖」(淡嶋神社文書七一)。

(31) 文政一一年「寺社御役所御切手年々御改ニ付留帳扣」(淡嶋神社文書九八)。

(32) 天花寺村(三重県松阪市)「卯年小入用帳」(『嬉野史』史料編上、二四四頁)では、文化四年に淡嶋神社に初穂を奉納した記録があり、実際には勧進していた可能性はある。

(33) 文化元年「那賀郡荒見村九頭明神之巫女神楽拝舞傳授之扣」(淡嶋神社文書一四〇)。宝永七年、寛政七年、文化元年における巫女への免許状発給については、伊藤信明「紀州藩における神主の存在形態」(『和歌山県立文書館紀要』第一〇号、二〇〇五年)でも言及されている。

(34) 文化元年「加太淡島大明神上野國勢多郡前橋領八崎村江勧請に付諸事留帳」(淡嶋神社文書一三九)。

(35) 『北橘村誌』三八〇頁。

(36) 文化一二年「加太淡嶋大明神但馬国朝来郡竹田町諏訪明神境内江勧請に付諸事留帳」(淡嶋神社文書八五)。

(37) 文政二年「宝暦八戊寅年備前国上道郡岡山塔之山徳與寺江勧請致有之候へとも以来一縁沙汰無之候付此度書中を以申遣候一件之覚」(淡嶋神社文書二二)。

(38) 『岡山市史(宗教・教育編)』二四〇頁。

(39) 岩淵令治「武家屋敷の神仏公開と都市社会」(『国立歴史民俗博物館研究報告』第一〇三集、二〇〇三年)、同

「塀の向こうの神仏―近世都市社会における武家屋敷」（『シリーズ都市・建築・歴史六　都市文化の成熟』東京大学出版会、二〇〇六年）。
(40) 天保二年「江戸勧請一件諸願書御返之留」（淡嶋神社文書一〇〇）。
(41) 『南紀徳川史』巻之百六十九。
(42) 岩淵令治「武家屋敷の神仏公開と都市社会」（『国立歴史民俗博物館研究報告』第一〇三集、二〇〇三年）。
(43) 天保六年「江戸濱町一件」（淡嶋神社文書八六）。
(44) 慶応二年「本社御屋祢御修復ニ付諸事扣」（淡嶋神社文書六一）。
(45) 「江戸御屋敷内江勧請願筋諸事留」（淡嶋神社文書一〇七）。
(46) 天保九年「（出開帳帰掛ニ於大阪表為納仕度段願上）」（淡嶋神社文書九三）。三尾功『城下町和歌山夜ばなし』（宇治書店、二〇一一年）では期間を五月一五日から八月五日までとしているが誤りである。また前掲三尾論文で、回向院の開帳後に八丁堀屋敷で開帳したと述べているが、正しくは浜町屋敷である。
(47) 天保九年「（出開帳帰掛ニ於大阪表為納仕度段願上）」（淡嶋神社文書九三）。
(48) 天保一三年「（貞恭院様御愛敬の人形御神蔵へ御移しニ付）」（淡嶋神社文書目録未掲載）。
(49) 天保一四年「奉預金子之事」（淡嶋神社文書目録未掲載）。
(50) 慶応二年「本社御屋祢御修復ニ付諸事扣」（淡嶋神社文書六一）。
(51) 元禄二年「南遊紀事」（新日本古典文学大系『東略記・己巳紀行・西遊記』岩波書店、一九九一年）。
(52) 原淳一郎「近世における淡島信仰とその展開」（西海賢二『山岳信仰と村落社会』岩田書院、二〇一二年）。

三部　藩権力と霊場

九章　紀伊藩の寺社序列と教団組織
――天台宗を事例に――

はじめに

中世の寺社勢力は、織田信長や豊臣秀吉など武家権力による厳しい弾圧や統制によって武家への従属を余儀なくされた。紀伊国では、高野山・根来寺・粉河寺・日前宮などが、天正一三年（一五八五）秀吉の侵攻により制圧され、壊滅的被害を受けた寺社も見られた。その後、統一政権は顕密仏教（顕密八宗）から排撃されてきた仏教宗派も公認し、本山・本所を介して諸宗教者を統制した。強大な勢力を誇った紀伊の寺院も、幕府の統制下に置かれ、本末制度や檀家制度によって幕藩体制の政治機構の末端に編成された(1)。もちろん霊場も例外ではない。

先行研究では、寺社や地域に残る多様な史料から、仏教は寺院本末制、それ以外の神職・陰陽師などは身分集団ごとに編成の実態が解明されてきた(2)。仏教史研究では、宗派により研究蓄積に偏りがあるものの、従来の研究で強調されてきた幕府の統制策に基づいた僧侶による民衆支配の側面だけでなく、寺院や教団組織の地域レベルでの分析が進展し、社会の中で果たした様々な役割が明らかにされている。現在では、これら諸宗教・

諸宗派の教団組織や身分集団がどのように併存していたかを解明することが課題となっている。[3] 三教（神・儒・仏）一致に関する思想史研究、近年徐々に蓄積されつつある宗教間・宗派間の争論や、それらと幕藩権力の関わりについての研究も重要な試みであるが、本章では異なる視点から藩領域における併存状況の一端を明らかにしたい。

そこで参考になるのは、幕府における儀礼研究である。江戸城で催される年頭御礼などの殿中儀礼は、将軍の謁見（御目見）を賜って臣従を丁重に確認する行為である。[4] 将軍との関係や官位を基準にして部屋や畳の位置が定められ、「将軍の居住空間により近い部屋で、しかもより近い位置で謁見できる者ほど格式が高」かった。[5] その空間で、臣下は将軍の「御威光」の下に形成された武家社会での自身の位置を思い知らされる。しかし、その特権により臣下もまた「御威光」を笠に着る存在となった。近世社会は、この「御威光」の支配によって成り立っており、殿中儀礼は将軍の権威と武家社会の秩序を維持する役割を果たしたと言われている（同様の儀礼として、書札礼・上洛参内における行列・将軍の社参・将軍の御成・献上等が挙げられる）[6]。殿中儀礼には寺社も参加を許され、席次・献上物が定められて序列が形成された。[7] そのため、この序列の同列階層での集団化やそこからの上昇を図る身上り運動が行われる等、本山や本所よりも幕府に権威の源泉を求める寺社が存在した。[8] 近世の寺社は、幕府（寺社奉行）—本山・本所—寺社という系統だけでなく、寺社領の授受などを紐帯とする幕府—寺社という系統でも編成されていたのである。

こうした有り様は藩領でも同様と思われ、本山や本所による編成だけでなく、藩の権威に基づく編成が存在したはずである。しかし、管見の限り、後者に関する研究はほとんど行われていない。もちろん紀伊藩領でも、個別に藩と寺社の関係を取り上げた研究は見られるが、それらを相対的に捉えて全体の把握を試みる意識は希薄である。諸宗教・諸宗派の併存状況の解明には、藩を頂点とする寺社序列の実態を踏まえておくことが不可欠である。そして、その編成が本山や本所による編成といかなる関係にあるかを具体的な事例に即して追及していかなくてはならないと考える。

事実関係も含め不明な点が多いため、本章では紀伊藩における寺社の殿中儀礼について概観し、藩内の寺社編成の一端を明らかにする基礎的な考察を行いたい。具体的には、第一に、紀伊藩の年頭御礼や御能拝見を事例に寺社の序列を確認する。その上で、第二に、天台宗を事例に序列の形成過程とそれへの藩の関わりを検討する。第三に、天台宗の中から寛政期に寺格を上昇させた道成寺と藩主の関係について検討したい。

一　儀礼にみる近世後期の寺社序列

『南紀徳川史』によれば[9]、紀伊藩の「社寺の統治は、幕府に倣ひ、寺社奉行之を掌り（中略）君旨を奉し執政の指揮を受け命令を下し、請願訴訟を聴断し、社殿仏閣の興廃存立、祠官僧尼の任免進退、社領寺領物品公付の事より諸般の典儀格式に至る迄、悉く法規旧慣によつて主裁す、然れ共其教旨宗法の如きは各自の自由に放任し、唯其不法を正して秩序を修め宗義外護の点に止るのみ」であった。すなわち、幕政に準じて法令・慣習に基づき支配したが、教団の教義については自由に放任し、不法を取り締まるのみで介入しない方針であった。明治三年（一八七〇）の時点で、藩領域には神社三二四七、社家三二六軒、寺院二三〇三、修験一一一軒が存在し、これらに属する五七二一人のうち、僧が二八九九人（約五一％）と過半数を占め、尼が一九二人、社人が一八七人、修験四六人、その他が二三九七人（俗七六一人、女一六三六人）であった。藩領内の寺社領は四四五三石一斗一升四合で、他に御供米や御仏料などと称して藩から各寺社へ寄進された。寺院を宗派別にみると、[10]高野山領も含めた紀伊国全体では（古義・新義をあわせた）真言宗が最も多く（約四割）、浄土宗、真宗と続く。高野山や根来寺を擁する伊都郡・那賀郡では真言宗が圧倒的多数を占めるが、和歌山城下や名草郡・海士郡・有田郡・日高郡では浄土宗や浄土真宗西派が多数で、牟婁郡では臨済宗・曹洞宗の禅宗が約八割を占めており、地域ごとに異なった宗派分布を示した。

領内の寺社は、藩主徳川家との関係や各教団の本末関係などによってランクづけされた。石高はそれを端的に示すものの一つであるが、後述するように儀礼などでの序列とは必ずしも一致しない。藩領の寺社の多くは、郡奉行―大庄屋―庄屋―寺社の系統で幕府・藩の触れの伝達や訴願などが扱われたが、一部の有力寺社のみ寺社奉行直支配となった。また、その寺社の一部が藩主の謁見を許され、年頭御礼など藩の殿中儀礼に参加した（ただし、寺社奉行直支配ではなくても謁見を許される場合もある）。藩が独自に寺社の格や宗教者の身分を定める制度を設けなかったため、儀礼での序列に基づいた宗派を跨る組織が形成されたり、合同で祈願や供養を行ったりすることはなかったが、頻繁に繰り返される儀礼によって、序列は各寺社の宗教者に強く意識されていたと考えられる。

藩主は、原則として一年ごとに参勤交代で江戸に赴くため、和歌山城での年頭御礼は隔年で行われた行事である。紀伊藩の年頭御礼は、正月元日から一五日まで続いた。[11]寛政四年（一七九二）に御目見以上・以下が厳密に定められ、座席順も役儀の序列を示すものとなり、衣服も規定されていた。[12]寺社の年頭御礼を検討する前に、『南紀徳川史』に掲載された幕末（元治二年）の史料から武家の年頭御礼について概観したい。

正月元日は、藩主が狩衣の装束で御座之間において「御読初」「御書初」を済ませた後、年寄（御老中）・勘定奉行・御用人・軍事奉行（元治元年九月新設）らに引見した。次に御対面所（上段に着座）で西条藩名代の松平孫物、安藤徹福丸、久野丹波守など年寄・御傳・御側御用人・御城代・大寄合の面々に引見した。家臣は「御太刀目録」を持参し、下段の敷居内で御礼し、盃を受けた。その後、藩主は大広間へ移動し、高家・重役（大御番頭・御普請奉行・御勘定奉行・御船奉行・御用御取次・御供番頭）に引見し、年寄が襖・障子を開き、御書院番頭・御用人・町奉行・小普請支配・御留守居番頭から虎之間席までの面々に引見した。

二日は、「御射初」「御槍初」「御鉄砲初」の後、前日同様年寄・勘定奉行・御用人・軍事奉行らに引見した後、御対面所で鷹司松平家松平弾正大弼名代の近藤一郎右衛門、水野忠央（鶴峯）、「年寄共隠居」に引見した。その後、中之間へ移動し「年寄共嫡子」「御供番頭以上之隠居」「布衣以上嫡子総領」、中之間席の面々に引見した。三日は、大広間で御医師・御数寄屋頭・御匙医総領ら、蘇鉄之間で町総代・諸職人、射手番所を通過する際に地士（口六郡・高野山領）・地士格の町人、中之間で御医師総領などに引見した。

そして、六日に寺社の年頭御礼が行われた。この日は幕府で寺社の年頭御礼が行われる日でもある。年不詳ながら、徳川斉順が藩主の時期頃（天保期以降）の年頭御礼について検討する[13]。紀伊藩では、寺社や宗派の違いにより別日程・別部屋に分けられることはなく、寺社の住職・神職が一緒に藩主へ謁見する。表に寺社名・宗派・石高・本末関係などを記した。謁見の順序や場所などから五グループに分類できる。

第一グループは、御対面所で謁見する雲蓋院（天曜寺）・大智寺・陽照院（長保寺）・報恩寺・養珠寺の五寺院とそれに属する寺社である（表の御対面所①）。藩主の装束は狩衣、先立を務める年寄の装束は大紋だった。奏者番が寺社名を披露し、雲蓋院の僧正は、上段に着座した藩主へ下段の敷居内で年頭の礼を述べ、その後一旦敷居外へ出て、様子を伺ってから藩主に向かって左側（下段）に着座した。以下、四寺院が順番に続き、五寺院

表　年頭御礼に参加した寺社

場所	宗　派	本末関係	寺 社 名	寺社領	所 在 地	備　　考
御対面所①	天台宗	輪王寺宮末	雲蓋院	1000石	海部郡和歌浦	東照宮別当
	浄土宗鎮西派	知恩院末	大智寺	100石	和歌山城下	
	天台宗	輪王寺宮末	陽照院(長保寺)	500石	海部郡上村	
	日蓮宗一致派	一本寺	報恩寺	250石	和歌山城下	
			養珠寺	200石	海部郡和歌浦	
	天台宗	雲蓋院寺中	和歌六ヶ坊	—	海部郡和歌浦	
	社家		御宮神職	—	海部郡和歌浦	
	天台宗	長保寺寺中	長保寺五ヶ坊	—	海部郡上村	
	浄土宗鎮西派	知恩院末	万性寺	—	海部郡今福村	
			法然寺	3石	那賀郡沖野々村	
			西岸寺	—	和歌山城下	
			九品寺	—	日高郡小松原村	
			称名寺	—	有田郡辻堂村	
			大立寺	—	和歌山城下	
			永正寺	10石	名草郡日方浦	
			薬徳寺	3石	名草郡津秦村	
			大蓮寺	—	名草郡川辺村	
			大恩寺	—	和歌山城下	
		金戒光明寺末	大乗寺	—	有田郡徳田村	
		知恩院末	西要寺	—	和歌山城下	
御対面所②	社家	式内社	日前宮　国造	300石	名草郡秋月村	文化3年雲蓋院と同格になる
	新義真言宗	無本寺	根来寺　律乗院	30石	那賀郡根来	律乗院・蓮華院が両学頭
	天台宗	延暦寺末	粉河寺　御池坊	46石7斗	那賀郡粉河村	
	浄土宗西山派	檀林七本寺	総持寺	10石	名草郡梶取村	
御対面所③	臨済宗	妙心寺末	吹上寺	40石	和歌山城下	
			禅林寺	80石	和歌山城下	
	日蓮宗一致派	久遠寺末	感應寺	10石	和歌山城下	
		妙法華寺末	蓮心寺	—	和歌山城下	
	天台宗	雲蓋院末	道成寺	5石	日高郡鐘巻村	
			明王院	2石	海部郡湊領	
	古義真言宗	勧修寺末	護国院	21石5斗	名草郡紀三井寺村	紀三井寺
			明王院	—	名草郡有本村	栗林八幡宮の別当
	浄土宗鎮西派	大智寺末	無量光寺	—	和歌山城下	
	日蓮宗一致派	本遠寺末	浄心寺	25石	海部郡宇須村	
	古義真言宗	勧修寺末	明見寺	—	名草郡中野島村	
			松生院	—	和歌山城下	
	天台宗	雲蓋院末	了法寺	30石	名草郡坂田村	
		愛宕山長床坊末	円珠院	2石	海部郡和歌浦	愛宕権現社の別当

大広間①	曹洞宗	永昌寺末	恵運寺	—	和歌山城下	
		龍巣院末	法泉寺	—	和歌山城下	
		正眼寺末	珊瑚寺	15石	和歌山城下	桑山家墓所
		延命寺末	高松寺	—	海部郡宇須村	
		甲州大泉寺末	大泉寺	—	和歌山城下	
		窓泉寺末	窓誉寺	—	和歌山城下	
		大林寺末	久昌寺	10石	名草郡岡町領	
		龍巣院末	林泉寺	—	和歌山城下	
		永平寺末	羅漢寺	—	海部郡和歌浦	
	浄土宗西山派	総持寺末	護念寺	—	和歌山城下	
			海善寺	—	和歌山城下	
			三光寺	—	和歌山城下	
			禅長寺	7石	有田郡土生村	
			阿弥陀寺	—	名草郡中野島村	
			遍照寺	—	名草郡里村	
	天台宗	粉河寺惣代	修徳院	—	—	
		延暦寺末	薬王院(大同寺)	—	名草郡六十谷村	
		長保寺末	神光寺	3石	有田郡星尾村	
		雲蓋院末	神宮寺	—	那賀郡小畑村	野上八幡宮(3石)の社僧
			神宮寺	—	海部郡黒田村	三郷八幡社の別当
			松檟寺	—	名草郡府中村	八幡宮の別当
			実乗院(中道寺)	—	名草郡藤白浦	藤白若一王子権現社（6石）の別当
	新義真言宗	根来寺名跡惣代	理趣院	—	—	
		根来寺集議惣代	寶幢院	—	—	
		根来寺役者惣代	大聖院	—	—	
		智積院末	延寿院	—	和歌山城下	
	古義真言宗	勧修寺末	利益院	—	和歌山城下	住吉社別当
		高野山丹生院末	万精院	—	和歌山城下	
		勧修寺末	照光院	—	和歌山城下	三部明神社別当
		高野山南院末	観音寺	—	和歌山城下	
		勧修寺末	圓蔵院	—	和歌山城下	
	新義真言宗	根来蓮華院末	延命院	—	名草郡岡町領	
	古義真言宗	高野山善集院末	常住院	—	和歌山城下	
		勧修寺末	正寿院	—	和歌山城下	
			明王院	—	有田郡中野村	廣八幡宮（10石）の社僧
			極楽寺	—	海部郡衣奈浦	衣奈八幡宮の社僧
			本願寺	—	那賀郡小畑村	野上八幡宮(3石)の社僧
	臨済宗	龍源寺末	歓喜寺	2石	名草郡禰宜村	

大広間①	臨済宗	妙心寺末	耕月寺	—	名草郡秋月村	
		興国寺末	圓満寺	2石	有田郡東村	
		妙心寺末	龍源寺	—	和歌山城下	
			金龍寺	—	和歌山城下	
		龍源寺末	圓明寺	—	名草郡薗部村	
		妙心寺末	重顕寺	9石2斗	和歌山城下	
	日蓮宗一致派	妙覚寺末	正住寺	—	和歌山城下	
			妙臺寺	—	名草郡多田村	
		本遠寺末	正福寺	7石	那賀郡曽屋村	
		報恩寺末	圓如寺	30石	和歌山城下	
		妙覚寺末	本光寺	—	和歌山城下	
		法華経寺末	妙法寺	—	和歌山城下	
		養珠寺末	演光寺	2石6斗	海部郡和歌浦	
		報恩寺末	應供寺	—	名草郡相坂村	
		感應寺末	本久寺	—	名草郡岡町領	
	真宗高田派	専修寺末	崇賢寺	—	和歌山城下	付家老安藤家の菩提寺
	浄土真宗西派	興正寺末	性應寺	—	海部郡和歌浦	
		性應寺末	善能寺	—	和歌山城下	
		浄光寺下	念誓寺	—	和歌山城下	
		西本願寺末	永正寺	—	名草郡永穂村	
		性應寺末	西正寺	—	海部郡和歌浦	
			法福寺	—	海部郡和歌浦	
			圓明寺	—	海部郡関戸村	
		西本願寺末	万福寺	—	名草郡西松江村	
	社家	式内社	須佐　社務	5石	有田郡千田村	
		—	玉津嶋　神主	30石	海部郡和歌浦	
		式内社	志磨　神主	—	名草郡中野島村	
			伊達　神主	—	名草郡薗部村	薗部神社
			朝椋　神主	—	和歌山城下	
		—	矢宮　神主	3石	海部郡関戸村	
		式内社	鳴神　神主	5石	名草郡鳴神村	
			竈山　神主	—	名草郡和田村	
		—	八幡　神主	—	海部郡本脇浦	
		—	八幡　神主	—	海部郡西庄村	
		—	顕国　神主	—	有田郡湯浅村	
		—	惣社　神主	—	名草郡北村	
		式内社	荒田　神主	—	那賀郡森村	
		—	丹生　神主	—	有田郡出村	田殿丹生神社
	浄土宗西山派	総持寺末	得生寺	—	有田郡中番村	
			観音寺	—	名草郡中野島村	
			報恩講寺	—	海部郡大川浦	

大広間②	天台宗	雲蓋院末	功徳寺	—	和歌山城下	
			上願寺	—	和歌山城下	
			浄福寺	—	和歌山城下	
	真言律宗	西大寺末	護国寺	—	伊都郡下兵庫村	
	古義真言宗	高山寺末	施無畏寺	—	有田郡栖原村	
		高野山高室院末	地蔵寺	—	伊都郡菖蒲谷村	
	新義真言宗	根来寺律乗院末	大日寺	—	那賀郡水栖村	
		根来寺蓮華院末	伝法院(明王寺)	—	名草郡明王寺村	
		根来寺律乗院末	寶光寺	—	名草郡黒岩村	
	古義真言宗	勧修寺末	福琳寺	8石9斗	那賀郡豊田村	
	真言律宗		満願寺	2石	名草郡寺内村	
	古義真言宗		興徳院	—	名草郡伊太祁曾村	
		仁和寺末	伝法寺	—	那賀郡新村	
		紀三井寺末	能仁寺	—	有田郡名島村	
		高野山興山寺末	應其寺	—	伊都郡橋本町	
	新義真言宗	根来寺律乗院末	知足院(地蔵寺)	—	那賀郡勢田村	
	古義真言宗	勧修寺末	大聖寺	—	名草郡中野島村	
			惣光寺	—	名草郡太田村	
			法隆寺	—	名草郡中野島村	
			西方寺	—	那賀郡野上野村	
	曹洞宗	林泉寺末	松林寺	—	名草郡東松江村	
		高松寺末	善福寺	—	和歌山城下	
	臨済宗	妙心寺末	江西寺	—	和歌山城下	
			碧岩寺	—	名草郡中村	
		興国寺末	長楽寺	—	有田郡中野村	
			海雲寺	—	名草郡冷水浦	
	浄土宗鎮西派(大智寺声明師)	薬徳寺末	西迎寺	—	名草郡神前村	
			来迎寺	—	名草郡太田村	
		—	松岳院	—	和歌山城下	大立寺の塔頭
		薬徳寺末	阿弥陀寺	—	名草郡鳴神村	
			智徳寺	—	名草郡神前村	
			念仏寺	—	名草郡井辺村	
			正覚寺	—	名草郡有家村	
			鐘林院	—	和歌山城下	西要寺の塔頭
		薬徳寺末	西性寺	—	名草郡和田村	
			浄善寺	—	名草郡北出島村	
	日蓮宗勝劣派	本成寺末	久成寺	3石3斗	名草郡新内村	
		本門寺末	本覚寺	—	和歌山城下	
	日蓮宗一致派	報恩寺末	法紹寺	—	名草郡神前村	
		養珠寺末	妙宣寺	—	海部郡今福村	
		蓮心寺末	宣経寺	—	和歌山城下	

大広間②	黄檗宗	無本寺	光明寺	—	海部郡塩屋村	
			國瑞寺	—	海部郡宇須村	
			天正寺	—	海部郡宇須村	
			慈福寺	—	海部郡関戸村	
			済臨寺	—	和歌山城下	
	時宗	清浄光寺末	安養寺	—	和歌山城下	
	浄土真宗東派	東本願寺末	常福寺	—	名草郡小手穂村	
			養泉寺	—	海部郡和歌浦	
			妙楽寺	—	海部郡田野浦	
	浄土真宗西派	京端坊下	浄専寺	—	和歌山城下	
			養専寺	—	和歌山城下	
		西本願寺末	光源寺	—	海部郡加太村	
			法林寺	—	和歌山城下	
		興正寺末	専念寺	—	和歌山城下	
		真光寺末	覚圓寺	—	名草郡狐島村	
		西本願寺末	徳号寺	—	名草郡梅原村	
		浄光寺末	願立寺	—	名草郡黒田村	
		西本願寺末	法照寺	—	名草郡岩橋村	
			極楽寺	—	有田郡栖原村	
		—	宗善寺	—	海部郡和歌浦	文化3年転派し、その後帰参
		西本願寺末	信楽寺	—	名草郡新在家村	
	山伏	—	多門院	—	和歌山城下	
		—	般若院	—	和歌山城下	
	社家	—	広八幡　社家	10石	有田郡中野村	
		式内社	妻津姫　神主	—	名草郡吉礼村	都麻都比売社
			大屋　神主	—	名草郡宇田森村	
			高積　神主	—	名草郡禰宜村	
			生姫　神主	—	名草郡市小路村	伊久比売社
		—	神明　神主	—	海部郡今福村	
		—	八王子　神主	—	那賀郡畑毛村	鬼門解除を司る神
		—	天神　神主	—	有田郡天満村	
		—	和歌御宮　社家	—	海部郡和歌浦	
		—	日前宮　相見	—	名草郡秋月村	
		—	日前宮　大内人	—	名草郡秋月村	
		—	日前宮　宮奉行	—	名草郡秋月村	

※「六日　寺社御礼式」（和中家文書）より作成。順番は同史料による。
※本末関係・寺社領・所在地は『紀伊続風土記』『南紀徳川史』による。

の住職が並び座った。雲蓋院・大智寺は徳川家の「御菩提所」、陽照院・報恩寺・養珠寺は「御廟所」のため、藩で最も格の高い存在に位置づけられた（雲蓋院は、東照宮の別当で歴代藩主などの菩提所。大智寺は、台徳院・文昭院・有章院・惇信院などの御霊屋。陽照院は、長保寺の本坊で徳川頼宣など歴代藩主を葬る「公家の廟所」。報恩寺は、瑤林院（徳川頼宣の妻）など「太夫人の菩提所」。養珠寺は、徳川頼宣の母・養珠院の位牌所で、「簾中幷に公子公女側室等」などを弔った）。次に、和歌六ヶ坊（和合院・玉泉院・正法院・宝蔵院・大相院・十如院）・御宮神職・長保寺五ヶ坊（専光院・最勝院・本行院・福蔵院・地蔵院）・大智寺門中（浄土宗鎮西派の一二ヶ寺。万性寺・法然寺・西岸寺・九品寺・称名寺・大立寺・永正寺・薬徳寺・大蓮寺・大恩寺・大乗寺・西要寺）が数人ずつ順に畳縁で年頭の礼を述べ、進物を献上した。和歌六ヶ坊・御宮神職は雲蓋院、長保寺五ヶ坊は陽照院に属する。大智寺門中の一二か寺は、それぞれ独立した寺院のため六ヶ坊などと形態は異なるが、儀礼上同様に扱われている。雲蓋院など五寺院は御対面所の敷居内、和歌六ヶ坊以下は畳縁での謁見であり、厳密に位置の差が設けられていた。雲蓋院以下の寺社は、藩主の御意を受けて退出した。

第二グループは、日前宮の国造など四寺社である（表の御対面所②）。雲蓋院らと同様に奏者番が寺社名を披露し、日前宮の国造は上段に着座した藩主へ下段の敷居内で年頭の礼を述べ、単独で謁見した。その後一旦敷居外へ出て、様子を伺ってから藩主に向かって左側（下段）に着座し、藩主の御意を受けて退出した。次に、根来寺の律乗院・粉河寺の御池坊・総持寺が同様に一人ずつ順番に御目見して退出した。

第二グループの寺社は、中世の有力な寺社勢力であった。例えば、日前宮は、『紀伊続風土記』に「当宮は伊勢　皇大御神と御同体にて天の下に類なき御大神」と記される由緒を持つ。中世には、日前宮の年中行事が紀ノ川河口部の寺社（日前宮の摂社・末社ではない）で行われたように、この地域の中核的存在であった[17]。寛文五年

（一六六五）諸社禰宜神主法度では、二十二社とともに例外的に吉田家の執奏なしに官位を得ることが認められた[18]。文化三年（一八〇六）に雲蓋院と同格の待遇となり、同五年には社領が三〇〇石に加増された[19]。禁裏・将軍家へ御祓大麻の献上を命じられるなど、徳川治宝が藩主の時期に重用された。

第三グループは、吹上寺など一四寺院である（表の御対面所③）。一人ずつ献上物を持参し、畳縁で御目見した。和歌六ヶ坊らと同じ位置での御目見である。このグループに入る明確な基準は不明だが、徳川家の廟所（感應寺・吹上寺・蓮心寺―藩主の娘や側室などを弔う）や[20]、藩主が特に保護した寺院など、歴代の藩主（中でも徳川治宝）と関係が深い寺院である。例えば、文政一二年（一八二九）に治宝の命により建立された無量光寺は、文化年間に和歌山で治宝や民衆に篤く信仰された徳本を開基としており（徳本は文政元年に死去）、徳本の遺志を継いで「専念念仏」を欠かさなかった寺である[21]。

御対面所での年頭御礼は、幕府でいう独礼に相当しよう。幕府の独礼は、実際に単独で謁見する内独礼と、数か寺が一度に謁見する惣独礼があり、前者はより格が高い[22]。紀伊藩の場合は、徳川家の菩提所・廟所の五寺院がまず一堂に謁見し、その後に日前宮ら有力寺社が単独で謁見した。武家の御対面所での謁見は、支藩の名代・年寄・城代・大寄合など藩の上層部（役高で一二〇〇石以上）に限定されていたので、これら寺社が藩の中でいかに厚遇されていたかが窺える。なお、寺社の進物は、基本的に御書院番が受け取ったが、雲蓋院・大智寺・日前宮・根来寺の進物だけは、中奥御小姓役が受け取っており、ここでも差異が見られる。

御対面所での引見が終わると、藩主は大広間へ移動し、上段に立ち第四グループ（表の大広間①）に引見した（立礼）。下段に一同が並び、進物を前にして年頭の礼を述べた。その後、一旦藩主は御帳台へ退き、進物を御書院番が受け取り寺社も退いた。

再び藩主が大広間へ戻り、年寄が襖・障子を開き、第五グループ（表の大広間②）に引見した。寺社や修験が進物を前にして年頭の礼を述べた。その後、楽人（町楽人・加茂谷楽人）が謁見し、年寄が襖を閉めて終了した。大広間での謁見は、幕府でいう惣礼に相当しよう。第四・五グループに入る基準は、徳川家との直接的関係よりも、教団内での序列に基づくと考えられるが、今後さらに宗教・宗派ごとに検討が必要である。

以上の年頭御礼から、次の点が指摘できよう。①御目見の序列は、藩主一族の菩提所・廟所が最上位で、第二に中世以来の有力寺社、第三に徳川家の娘や側室を弔う廟所や藩主が特に信仰した寺院であった。②和歌山周辺の有力寺社の大半が参加しており、紀伊に存在する仏教宗派はいずれも含まれていると思われる。③ただし、御目見を許された藩領内すべての寺社が参加しているわけではない。原則的に「御城下三里外之寺社　御対面所御礼之外者隔番御礼[23]」とされたため、大広間で謁見する寺社は城下から三里以上遠方の場合は隔番で参加した。先述のように、藩主は参勤交代により隔年で江戸に滞在したため、隔番の場合は四年に一度となる。また、検討した事例では、牟婁郡や伊勢国の寺社は見られず、遠方のため基本的に免除されていたのであろう。病気などを理由に参加できない寺社も存在したと思われる。和歌山城下の有力な寺院の一つ鷺森御坊は、この時参加していないが、城下の寺院より下座では「平日宗門筋取扱之節派振不宜」との理由で、一五日に年頭御礼したと言われる[24]。寛文七年（一六六七）鷺森御坊輪番の一行寺が御対面所で謁見した際、門跡代僧としての挨拶は不要とされ、あくまで領内の一寺院として謁見した[25]。④序列は寺社名に基づき、宗教者個人の法臈（出家後の年数）や官位などは基準となっていない。⑤幕府の年頭御礼では、参加の条件として関東では朱印地一〇石以上、その他の遠国は五〇石以上と規定されたが、紀伊藩では石高が基準とはなっていない。⑥真宗・曹洞宗・黄檗宗・修験は御対面所での謁見がなく大広間に限られ、諸宗教・諸宗派が公平になってはいない。⑦本末関係の寺院であっても同列の場合もあり（臨済宗の竜源寺とその末寺の歓喜寺・圓明寺、真宗西派の性應寺とその末寺の善能寺・西正寺・法福寺・圓明寺）、教団組織の序列が必ずしも反映されているわけではない。

こうした寺社の序列は、近世を通じて一定ではない。例えば、寛文七年八月の藩主徳川光貞の初入部の御目見では、まず御対面所で雲蓋院・大智寺・養珠寺・要行寺（のちの報恩寺）、及び雲蓋院に属する和歌五ヶ坊衆と東照宮神主の計一〇人に引見した[26]。この時は養珠寺が要行寺より上位であった。その後、光貞は御広間へ移動し、禅林寺など領内寺社の一四二人に引見した（家老三浦家菩提寺の了法寺が一九人目、養珠院開基の蓮心寺が七八人目、付家老安藤家の菩提寺崇賢寺が一〇〇人目）。また、神職の場合、文政一二年（一八二九）当時の序列は次のようである[27]。

諸社神主於御広間年頭御礼相勤候座順之儀、社格之順次ニ寄、伊太祁曽社神主上席ニ而次第ニ相勤来申候、有官之神職者一畳目ニ而相勤、無官之神主者御板敷、又ハ社格ニ寄一畳目ニ而相勤来り申候、然ル処先年御改正ニ而社格之順次ニ寄らす、有官之者共より相勤、其内先官之者を上席ニいたし相勤申候

すなわち、もともと大広間での座順は社格に応じたものであったが、先年に改正されて官位を有する者を上席とすることとなった。しかし、これでは「村々里神躰之神主ニ而茂、先官ニ相成候得者上席ニ相成申候」として、反対する者も多かった。この状態は、同年幕府に準じた形式に改正され、大広間では寺社の格に基づく順番となった。

寺社がその序列を意識する機会は、定期的な儀礼では年頭御礼が最も規模の大きなものであろうが、臨時の代替御礼や御能拝見なども同様の機会となった。和歌六ヶ坊が寺社奉行へ差し出した覚書には、「於　西之御丸御能被　仰出候節、六坊拝見被　仰付、御目見仕御料理頂戴仕候[28]」とあり、参加できることが名誉と認識さ

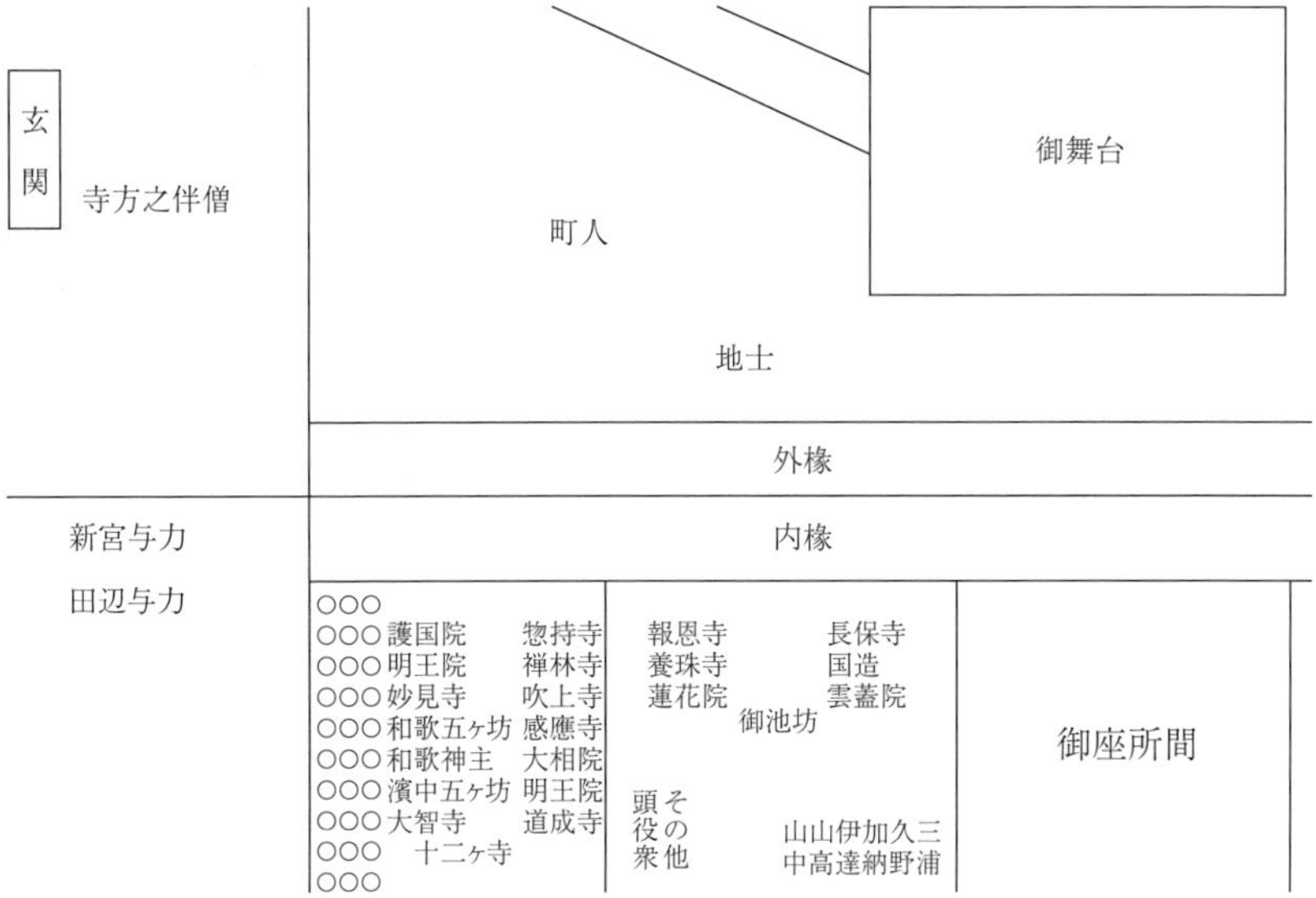

図　能の時の座次

れた。天保四年（一八三三）には、治宝が前年正二位に叙されたことを祝して、西之丸において大御能が正月一九日・二二日・二七日の三日間行われた。「御目見以上、其外御寺方和歌六ヶ坊、且寺院社家、并御寺ニ無之僧正初、地士及六十人者、大庄屋、町大年寄初其外」が見物を許された(29)。二七日に参加した道成寺の住職は、伴僧一人を召し連れ西之丸へ訪れた。玄関の脇に詰めた寺社吟味役のもとで受付を済ませ、休息所へ行き、暫くして見物の場所へ案内された。最初に藩主の御目見が行われ、その後に能が行われた。中入り前に再び御目見があり、「御料理」「御酒・御吸物・御肴」が出された。能が終了した後、三度目の御目見が行われた(30)。その時の座次は図の通りである（玄関が北）。能見物を名目としているが、藩主の引見が重視され、序列を確認する場でもあったことがわかる。藩主の御座所間（御下段）に隣接する御二之間（図では御座所間の左）で年寄など「頭役衆」とともに雲蓋院・日前宮（国造）・長保寺・御池坊（粉河寺）・蓮華院（根来寺）・養珠寺・報恩寺が謁見した[31]。御三之間には、道成寺・明王院・大相院などの寺社が並んだ。第四之間には田辺与力・新宮与力が座し、地士や大庄屋・町大年寄も謁見を許されていた。一堂に会するため年頭御礼とは括りが異なるが、御二之間には年頭御礼の第一グループの四寺院（大智寺は欠席であろう）と第二グループの三寺社が含まれる。御三之間は、全容が不明であるが、第二グループの総持寺・第三グループの寺院・第一グループの主要五寺院に属する和歌五ヶ坊などが含まれており（六ヶ坊のうち大相院は別格）、全体的には年頭御礼と大きな異動はないと考えられる。

以上のように、殿中儀礼に参加した宗教者は、紀伊徳川家との関係などに基づく序列を再三確認させられることで、自身の属する寺社の藩内での地位を強く意識したと思われる。史料的制約から静態的な分析に留まり、全体の通時的な変容過程は明らかにできないが、次節では天台宗を事例に序列の形成過程について考察してみたい。

二　天台宗の序列形成過程

天台宗は、徳川宗将が紀伊藩主になった宝暦七年（一七五七）に、徳川家の女性や幼年の者が日蓮宗だったのを改め、すべて「本家之宗旨天台宗ニ相成申候」としたように[32]、紀伊徳川家と関係の深い「本家之宗旨」であった。西国巡礼三番札所の粉河寺をはじめ、道成寺や地蔵峯寺、藤白社の別当・実乗院のように、西国巡礼の道中に位置し、多くの参詣者が訪れた寺院も含まれている。前節で検討した年頭御礼の序列のうち天台宗は、第一グループに雲蓋院・陽照院・和歌六ヶ坊・長保寺五ヶ坊、第二グループに粉河寺、第三グループに道成寺・

明王院・了法寺・円珠院、第四グループに修徳院・大同寺・神光寺・神宮寺（野上八幡宮の社僧）・神宮寺（三郷八幡社の別当）・松檟寺・中道寺、第五グループに功徳寺・上願寺・浄福寺が入っていた。

紀伊藩の天台宗組織は、徳川頼宣の入国を期に成立した。まず元和七年（一六二一）に東照社とともに雲蓋院が建立された。開山は天海である。その寺中で、翌年に安藤直次が和合院（元は名草郡別所村の願成寺の塔頭）、元和九年に水野重良が宝蔵院を建立した。寛永三年（一六二六）以後に、玉泉院・円成院（享保二年に国照院、その後に十如院と改称）・大相院が建立された[33]。寛永二〇年頃に水野義重が正法院を建立し、寛永末年頃までに和歌六ヶ坊が形成された。頼宣は雲蓋院に「国家寧謐」「仏法護持」の祈願を命じ、寛永一三年正月に十二か条の「和歌山天曜寺法式」を定めた。その後、他宗派の寺院を天台宗に改宗させ、寛文期頃までに雲蓋院の末寺として編成された。また、徳川家入封前から天台宗であった粉河寺や雲蓋院と同格の陽照院（とその末寺）を除く天台宗寺院はいずれも雲蓋院が統制した。寛政期の本末帳によれば、雲蓋院は寺中六ヶ坊、末寺二三、支配寺三である[34]。『紀伊続風土記』では、末寺二八、支配寺四である。雲蓋院と陽照院は、延享期に行われた全国規模の本末改めの際、通例の「東叡山末」ではなく「輪王寺宮御支配」と本末帳に記すよう嘆願し、「殿様厚キ思召」によって特例として認められており[35]、教団内で別格との意識があった。

一八世紀以降、雲蓋院末寺へ徳川家に関わる諸役が命じられ、徐々に序列が形成された[36]。宝永元年（一七〇四）、明王院・円珠院（瑞雲寺、のちに瑞光寺と改称）・了法寺の三ヶ寺（在三ヶ寺）は「御宮勤」を命じられ、米二石ずつ遣わされた。宝永七年に、功徳寺・浄福寺・上願寺（町三ヶ寺）が御霊殿方御勤役として、二代光貞・三代綱教・四代頼職の月命日に「終日和歌へ相詰、朝夕之御勤」を命じられた。この結果、雲蓋院と和歌六ヶ坊の次に在三ヶ寺が重視され、明和期において「惣而本坊之取扱ハ六ケ坊・三ヶ寺・諸末寺」の順となり[37]、町三ヶ寺が在三ヶ寺に次ぐ扱いを受けた。『紀伊続風土記』では、在三ヶ寺と町三ヶ寺の六寺院が「外六箇坊」と記されている。

また、和歌六ヶ坊とそれ以外の雲蓋院末寺との間で、法席（法座）での座次をめぐる争論がしばしば起こった。すでに享保期には、六ヶ坊が法臈による着座を否定し、常に「諸末寺之上座」を主張して訴えた。しかし、寛永寺が「法席之座配ハ臈次第」を天台宗の通例と裁定し、六ヶ坊の主張を退けた。天明三年（一七八三）五月、在三ヶ寺の明王院と了法寺が雲蓋院の小書院上之間で年寄衆から盃を受け取った際、「是へ〳〵」と呼ばれて敷居内へ入ったことを六ヶ坊が問題視し、不調法を詫びる一札を取るよう雲蓋院へ進言し、寺社奉行へも訴えた。六ヶ坊は、元来これらの寺院と六ヶ坊は格が違うはずなのに、同格のように扱われているため旧例への是正を求めた。しかし、寺社奉行から年寄衆への批判と見なされ叱責された。九月には、逆に諸末寺が雲蓋院へ、六ヶ坊が雲蓋院末寺を自らの末寺のように扱う事に異議を唱えている。[38] さらに、天明五年六月には、六ヶ坊が地位向上のため「古格相違」を寺社奉行へ訴え、再び六ヶ坊は諸末寺の上座などを主張した。[39] 雲蓋院は反論し、翌年四月二三日に裁定された。六ヶ坊が主張する古格は、藩の命令ではなく雲蓋院の住職がその時々に対応したものであり、「自己之座配・役割等之事ニ而、彼是申候者本坊を致軽蔑、身分を高ふり候」行為である。六ヶ坊が「雲蓋院寺中」と称さず、雲蓋院を仲間のように心得るのは不敬と申し渡した。六ヶ坊は常に諸末寺の上座を望んだが、教団組織の序列として六ヶ坊と諸末寺に差異はなく、法席では僧個人の法臈に基づく座次を命じられたのである。

この序列は寛政期に藩の意向で変容する。[40] 寛政一〇年六月、藩は明王院の寺格昇進を提案したが、雲蓋院が明王院のみ引き上げては差し支えがある旨を返答した。翌年正月二二日、雲蓋院は山中作右衛門に呼び出され、

「御目見以上之寺院」の寺格昇進を申し渡された。藩主の意向によって、雲蓋院が事前に提案していた以上に寺格の上昇および色衣の着用を申し渡され、雲蓋院から輪王寺宮への嘆願を命じられた。

紀伊藩の案は、①大相院・道成寺・明王院を大寺格として「表色衣」御免（大相院の住職は、五〇歳以上。道成寺・明王院の住職は、四〇歳未満なら黒衣の座次、四〇歳以上で色衣の座次、五〇歳以上で寺格に応じた座次）、②大相院を除く和歌五ヶ坊・長保寺五ヶ坊・粉河寺衆徒のうち上座二人ずつは「所色衣」御免（上座の二人以外は、四〇歳以上で色衣御免）、③円珠院・了法寺は「所色衣」御免（四〇歳未満は黒衣、四〇歳以上で色衣御免）、④大同寺・光明院は「所色衣」御免（住職は四〇歳以上）、⑤雲蓋院・陽照院の末寺で御目見を許された寺院は、四〇歳以上で「所色衣」御免、との内容であった。すなわち、大相院・道成寺・明王院を大寺格とすること、御目見を許された寺院の住職（四〇歳以上）の色衣御免が決定した。

これは藩主徳川治宝が「御宗門之寺院」の格を上げ、「御神祖東照宮御威光倍増」を図った行為である。治宝の藩政改革は、文化三年（一八〇六）以降に本格化するが、その前段階に行われた藩主権威の確立を図った諸政策の一つと位置づけられる。治宝は、寛政四年以降（文政期にかけて）藩の役儀三七〇ほどのうち一七九の名称を幕府の職制などに倣って変更して、家臣団の序列を明確にしていた[41]。寛政七年には在地から和歌山へ出る行為の呼称を「出町」から「出府」へ変更させ[42]、寛政一〇年には和歌山城の壁を白壁に替えるなど、幕府などに準じて和歌山を変容させていた。また、長保寺に御霊屋があるため従来簡素だった雲蓋院の南龍院（徳川頼宣）御霊屋を改め、総門の内に唐門・瑞籬を備えた壮麗な御霊屋を造営している[43]。先述のように、藩が独自に寺社の格や宗教者の身分を定める制度を設けなかったため、天台宗の寺格に基づいて昇格を図ったのであろう。

雲蓋院は寛永寺へ「当国之天台宗一洗仕候而、益繁栄仕、自然与宮様御威光も相輝難有仕合ニ奉存候」と述べて昇格を願い、徳川治宝から輪王寺宮へも直接依頼した。雲蓋院は大寺格となる基準を寺領一〇〇石以上と認識しており、藩主の後ろ盾がなければ不可能な昇格だったと考えられる。

四月五日、雲蓋院僧正は寺社奉行へ召し出され、紀伊藩の提案に基づく寺格上昇の決定を伝えられた。同日夕刻には、雲蓋院で六ヶ坊へ申し渡された。六日に在三ヶ寺・町三ヶ寺、七日に長保寺五ヶ坊・神光寺・大同寺・願成寺・松横寺・加茂の神宮寺・野上の神宮寺・中道寺（地蔵峰寺は欠席）、八日に道成寺・光明院、晦日に伊勢波瀬の神宮寺、五月三日に伊勢の薬師寺へ申し渡された(44)。これらの寺院を見ても、前節で検討した年頭御礼に参加した寺院が一部であったことがわかる。

九月には、藩から「和歌山天曜寺末門條目掟書」が申し渡された(45)。雲蓋院の末寺に対して改めて本寺への臣従を命じ、新たに大寺格になった三か寺には、以前から大寺格の粉河寺と同列でない旨を申し付けた。また、たびたび争論があった法席での座次は、次のように規定された。

一、法席之儀者本堂ニ而東横座者僧正座、西横座者陽照院・御池坊与古来より相定有之候、此以後大地格寺院者大相院者法臈ニ不拘上座、道成寺・明王院者戒臈次第ニ衆僧之可為上座、其外惣而差定認振等古来之式可相守事

法席では雲蓋院・陽照院・御池坊の次に大相院が着座し、道成寺・明王院は必ずしもその次席ではなく、法臈で座次が決まった。すなわち、法臈によっては、寺格に関わらず他の寺院より下座である場合もあった。一方、世俗的な場での座次は次のように規定された。

一、世議座之事陽照院・御池坊者是迄之通、大地格之内、大相院臈ニ不拘上座、道成寺・明王院者　　御目見之順を以衆僧之可為上座事

但、本末之式法相心得本寺与同席無之様急度可相慎事

世議座（世俗的な場での座次という意味であろう）は、陽照院・御池坊・大相院・道成寺・明土院は諸僧の上座と規定されている。教団組織での座次と世俗的な場での座次は異なることが明文化されたのである。この掟書を受けて、雲蓋院は「末門之慎」のために輪王寺宮からの定書を願い[46]、同家の功徳院・楞伽院から上納金などを規定した定書が申し渡された[47]。

大寺格に昇格した道成寺は、翌年一一月に藩命により年頭御礼の場所が御対面所に変更され[48]、雲蓋院から「御城下三里外」ではあるが年頭御礼への毎回参加を命じられた[49]。また、教団内の待遇にも変化が見られた。道成寺の住職任命は、これまで諸末寺同様に雲蓋院の千鳥之間で申し渡されていたが、文化三年（一八〇六）一二月、和歌六ヶ坊と同様に小書院に変更されて以降も継続された[50]。文化一一年には、翌年行われる東照宮二百回神忌の日光山勅会万部読誦へ大相院とともに参加を許された（明王院はすでに御神忌法事へ参加していた[51]）。道成寺住職は二月二九日に明王院・大同寺・本行院とともに出立し、三月二五日に日光稲荷町へ到着した。四月五日、御殿の御対面所で輪王寺宮に謁見した（惣礼）。法事中は宮で座配通りの着座を命じられ、四月六日に御経習礼、七日に御経開闢、一一日に御経中日、一六日に御経結願となった。

以上の過程を経て幕末期に至り、前節で検討した序列で年頭御礼が行われた。改めて確認すると、藩領の寺院を統制した雲蓋院・陽照院とそれに属する和歌六ヶ坊・長保寺五ヶ坊が第一グループ。徳川家入国前から天台宗の粉河寺が第二グループ。第三グループの道成寺・明王院は大寺格、了法寺・円珠院は在三ヶ寺である（大寺格と在三ヶ寺は連続ではなく他宗派が間に入る）。寛政期に明王院の謁見場所が御対面所に変更されたことを受けて、了法寺と円珠院が在三ヶ寺の同格を主張して、同様に御対面所へ変更された。第四グループには、和歌

六ヶ坊や長保寺五ヶ坊に準じた粉河寺衆徒の修徳院、雲蓋院支配寺の大同寺、長保寺末寺筆頭の神光寺、有力神社の別当や社僧を務める野上の神宮寺・三郷の神宮寺・松櫕寺・中道寺が入った。第五グループの功徳寺・上願寺・浄福寺は町三ヶ寺である。

こうした序列とともに、法席での序列も存在し続けたため、近世を通じて教団内での争論は続いた。天保一二年の文恭院（徳川家斉）の法事で、年少者の和合院が諸末寺の上座であったため争論となった(52)。また、大相院が無住であった天保一五年には、和歌祭の法会で大相院の代理（和歌五ヶ坊の一﨟）が大寺格席に着座し、道成寺・明王院より格上に見える状況だったため、以降は「一位様厚　思召を以　寺格昇進」を尊重し、代理ならば両寺院より下座に着座するよう雲蓋院へ求めた(53)。そして、法席では法﨟の順に着座するため、御目見寺院に許された色衣の僧とそれ以外の黒衣の僧が混ざり、他宗派に対して「甚以不見分」であるため、色衣・黒衣を分けて着座できるよう道成寺ら八寺院が嘆願し、弘化二年の鶴樹院葬送の際に許されている(54)。

三　道成寺と紀伊藩

紀伊藩と寺院との関わりについて、前節でも触れた道成寺を事例としてさらに掘り下げて検討してみたい。道成寺の研究は、道成寺縁起やそこから派生した芸能（能や歌舞伎）、発掘調査に基づく成果は多くの蓄積が見られる。また、これまで近世の道成寺は、『日高郡誌』や藤本清二郎の研究、御坊文化財研究会が作成した目録・雑考（中西捷美執筆）が挙げられる程度であったが(55)、近年和歌山大学紀州経済史文化史研究所や和歌山県立博物館の特別展で取り上げられ、注目されている。

『紀伊続風土記』によれば、道成寺は文武天皇の勅願所で、大宝年中に紀道成を奉行として開創された。本尊は千手観音。安珍・清姫の物語で有名である。宝暦一二年（一七六二）に藤井村から出土した銅鐸を所蔵している。天正年間には、当時興国寺に滞在していた足利義昭に縁起を披露し、「日本無双之縁起」と称賛された由緒を持つ。もともとは法相宗だったが、天正年間から慶安年間までは真言宗（無本寺）、承応元年（一六五二）天台宗に改宗し（天和元年の巡見衆には本寺が山門正覚院、御国本寺は和歌浦天曜寺と返答している）[56]、雲蓋院天曜寺の末寺となった。道成寺の末寺は、雲生寺と福正寺の二か寺であった。天正一六年（一五八八）には寺内に坊数一六あり、寺領は一三町（高九一石五斗）あったが[57]徐々に衰退したと伝わる。慶長六年（一六〇一）浅野幸長が寺領五石を与えて以来、近世を通じて五石であった。安政三年（一八五六）「収納高覚」によれば[58]、滅罪檀家は三〇軒、買付年貢地は六反五畝で、作徳米は三石五斗、銀納高は二貫一〇〇匁、米納高は一二石である。寺内には住職の他、隠居一名と弟子三名が居住した[59]。定式の祈禱檀家はなく、臨時で祈禱の依頼を受けていた。宝暦五年六月に寺社奉行直支配[60]、寛政一一年（一七九九）に大寺格となり、住職は木蘭色衣を着用した[61]。

六章でも述べたように、西国巡礼者が多く参詣し、宝永期以降たびたび小松原村と争論になった。宝永四年四月、道成寺は郡奉行へ嘆願し、同寺は縁起を参詣者に絵解きすることで経営を成り立たせているが、小松原村の者が番人として堤に立ち、小松原村を通って道成寺に向かうよう旅行者に強制したため、参詣者が減少して経営困難になっているので、番人を置かないよう求めた[62]。すでに延宝二年（一六七四）宿駅でない鐘巻などでの宿泊が禁止されていたが[63]、実際は多くの旅行者が道成寺へ参詣し門前の茶屋で宿泊していた。宝暦一一年に再度門前での宿泊が禁止され、島村で「是ゟ左小松原道成寺紀三井寺道」との高札が立てられ、従来「右　道成寺并紀三井寺」とあった道標も「右　在所道」「左　道成寺紀三井寺道」と改められている[64]。その後、文化期に例外なく道成寺門前での宿泊が禁止されたため、道成寺は「上々様御参詣之節修覆等」の助成を名目として門前での宿泊許可を再三藩へ嘆願した。

紀伊徳川家の人々は、寛文一〇年三月に徳川頼宣、元禄八年一一月に頼職（長七）、元禄一三年一一月に再び頼職、元禄一六年一〇月に綱教、宝永八年二月に吉宗（綱教・頼職・吉宗は度々道成寺へ参詣したが、年月不明と記述がある）、享保四年二月に宗直、安永三年・六年・寛政五年に重倫、寛政六年に治宝が参詣した（ただし、吉宗以前の参詣は史料もなく不明な点が多い[65]）。

重倫は、安永三年九月二四日に参詣した[66]。事前に参詣する可能性を伝えられたが、確定したのは当日である。事前に御薬込役人・御膳所役人・坊主衆が書院を見分し、三畳敷の御膳所設置などを指示した。住職は仁王門の外で蹲踞して重倫を迎えた。重倫は「住持か」と述べ、御側衆が案内するよう指示した。重倫は書院に入り南縁側（上段之間）に着座した。住職は一先ず下がり、暫くして謁見を許された。重倫は「住持、初而天気も能ク」と述べ、「其方義何方ゟ是へ参り候哉」と尋ねた。住職は直接返答するのではなく、近習へ向け「私義先住之弟子ニ而罷在候、暫ク山門ニ住山仕居り申候」と返答した。また、「山門ハ何方ニ住山致候哉」「其方之名者」との質問があり、住職は近習へ返答して退いた。その後、住職が寺内を案内したが、直接の質疑応答はなく、近習を介して本尊や開山、先代藩主が参詣した際の様子などの会話が交わされた。また、道成寺縁起を机に載せ重倫の側近くで披露し、重倫は「所々御信仰之御意御座候」様子であった。

次に、道成寺を大寺格へ昇格させた治宝の参詣について検討したい[67]。寛政六年一一月二〇日、治宝は熊野三山参詣の途次に参詣した。今回は事前に伝えられ、九月二九日には御用人井田幸治郎ら一〇名が見分に訪れた。ただし、往路・復路のいずれで参詣するか決定しておらず「其節之御様子次第」とされた。道中の葬祭寺院の僧侶は往路に謁見を許されず（祈禱寺院の僧侶は許された）帰路のみ可能で、道成寺は藩に祈禱寺院と認識されていたと考えられる。一〇月一三日に寺内で亡くなった者がいたため、復路であれば参詣可能だが、往路では受け入れ難い旨を寺社奉行松平十郎左衛門へ伝えたが、日数が経っているため問題なしと判断され、その後往路での参詣が決定した。周辺では、興国寺・九品寺・三宝寺・安楽寺が謁見も許されていた。当初の予定は延期され、一九日に和歌山城を出立し、二〇日に参詣した。

当日は、事前に先番衆・御医者（浅井修徳と宇留野玄門）・御用人山本九兵衛が訪れ書院などを見分した。愛徳山へ御成の旨が伝えられると、住職は仁王門へ出て、治宝を駕籠のまま玄関へ案内した。蜜柑の献上を御用部屋吟味役村辻仙蔵へ願い出たところ、御用人井上中助へ伝えられ、宿泊する小松原へ届けるよう指示された。また、縁起の披露も小松原で行うよう指示された。

治宝は狩衣・烏帽子の装束であった。住職が本堂へ案内し、治宝は本尊拝礼後に住職を召し出し「是ハ何ニ而候哉」と尋ねた。住職は、月光菩薩と日光菩薩であると返答し、秘仏で海中から出現した一寸八分の本尊を案内すると述べ、後堂へ向かった。拝礼後、治宝は「壱寸八分之本尊ハ」と尋ね、住職が文武天皇の勅命で本尊の胎内にあり、この本尊と四天王は徳川頼宣が本堂を修復した際に修復されたと答えた。さらに治宝が「其四天王ハ」と尋ねたため、二天はこの場所にあり、もう二天は釈迦堂に安置していると返答した。その後、「鐘巻之場所」「再興鐘楼」を案内し、住職が仁王門で控えていたところ、治宝は「初メ而天気も能」と述べた後、駕籠に乗り小松原へ向かった。治宝が去ると、住職は縁起と蜜柑を持参し、小松原の久保田家へ訪れている。治宝は熊野三山を参詣し、閏一一月七日に帰還した。

以上の参詣の様子からは、特段厚遇する姿は見て取れないが、その後、道成寺は「東照宮御威徳倍増」や紀伊徳川家の武運長久・子孫繁栄祈願を命じられ大寺格となった(68)。治宝の意向により昇格したため、治宝が隠居した後もその関係維持に努めた。治宝晩年の嘉永五年閏二月には、西浜御殿の御用人へ次のように嘆願している(69)。

一、私寺之儀者従往古　御国之霊場、旧寺ニ而　上々様御代々御厚恩を蒙冥加至極ニ難在仕合奉存候、就中私寺へ　南龍院様被為成候御節本尊前初脇立之二尊江宝冠戸帳水引江　御紋附ニ御寄附遊戴難在奉存候、其後年久御事故織物之　御紋附御品ハ御座なく只今ハ宝冠ニ斗　御紋在之候、誠ニ以恐入候得共、先規之通ニ戸帳水引江　御紋附ニ御免許被成下度奉願上候　御国之霊場故諸国之人々参詣致候へ共　御紋附之御品も相見江不申自から崇敬も薄く信心おこしかたく相見、甚以心痛仕候、右御品　御紋附ニ　御免許被成下候得者、私僧初参詣之諸人ありかたかり信心弥増、猶寺僧一同ニ深く難在奉存　上々様奉初　御国安全之　御祈禱弥大切相勤奉申上候事ニ御座候、何卒格別之　思召を以願之通　御免許被　仰付候様ニ　御取扱被成下度奉願上候

道成寺は、徳川頼宣が参詣した際に家紋付の品を寄進されたが、年を経て宝冠に家紋が残るばかりなので、戸帳・水引へ家紋を入れる許可を求めている。その際、家紋があれば参詣者はありがたがり、信心も増すと主張している。前節で述べたように、道成寺は、天保一五年の教団内での争論でも「一位様厚　思召を以　寺格昇進」したことを主張しており、藩に権威の源泉を求める姿が見て取れる。

おわりに

本章では、紀伊藩の年頭御礼や御能拝見から寺社序列の全体像を確認し、その中から天台宗の教団組織および道成寺について基礎的な考察を行った。幕府と同様に、紀伊藩でも藩権威に基づく寺社の序列が形成されており、殿中儀礼に参加を許された寺社は、その序列を再三確認させられた。最上位は徳川家の「御菩提所」「御廟所」の寺院であり、この序列では徳川家との関係が最優先された。「本家之宗旨」の天台宗では、徳川家の意向により序列を変化させることもあった。一方、教団内には僧侶個人の法臈に基づく序列も存続しており、世俗的な場と法席で異なる論理による序列が存在していた。道成寺の事例からは、教団内（輪王寺宮や寛永寺）よりも藩へ働きかけることで、寺院の権威を高める姿が見て取れ、こうした寺社の動向は紀伊藩領において広く見られると思われるが、今後さらに事例を蓄積し考察していきたい。

また、道成寺に関しては基礎的な考察に留まったが、今後は地域住民と関わりながら霊場としていかに存立を図ったかを明らかにする必要がある。

〔註〕

（1）『和歌山県史』近世（一九九〇年）、一〇七頁。

（2）紙幅の都合により逐一挙げられないが、近年の代表的成果として、『近世の宗教と社会』一〜三（吉川弘文館、二〇〇八年）やその執筆者による論稿が挙げられる。

(3) 澤博勝『近世宗教社会論』(吉川弘文館、二〇〇八年)など。
(4) 渡辺浩『東アジアの王権と思想』(東京大学出版会、一九九七年)。
(5) 深井雅海『日本近世の歴史③　綱吉と吉宗』(吉川弘文館、二〇一二年)。
(6) 小宮木代良「近世武家政治社会形成期における儀礼」(荒野泰典編『日本の時代史一四　江戸幕府と東アジア』吉川弘文館、二〇〇三年)。
(7) 西沢淳男「寺社の将軍代替御礼と殿中儀礼—高尾山薬王院を事例として—」(『日本歴史』五八八、一九九七年)。
(8) 靭矢嘉史「近世神主と幕府権威—寺社奉行所席次向上活動を例に—」(『歴史学研究』第八〇三号、二〇〇五年)、同「在地神職の秩序意識—武州御嶽山を事例に—」(『歴史評論』七四三、二〇一二年)など。
(9) 『南紀徳川史』巻之百五十一「社寺制第一」。
(10) 『和歌山県史』近世、三五八頁。
(11) 以下、武家の年頭御礼については、注記のない限り『南紀徳川史』巻之百三十三(第一四冊、六二七頁〜六四五頁)による。
(12) 『和歌山県史』近世、三〇一頁。
(13) 以下、寺社の年頭御礼については、注記のない限り「六日　寺社之御礼式」(和中家文書)による。
(14) 『南紀徳川史』巻之百五十一「社寺制第一」。
(15) 『紀伊続風土記』巻之二十五。
(16) 『紀伊続風土記』巻之五。
(17) 川端泰幸『日本中世の地域社会と一揆—公と宗教の中世共同体』(法藏館、二〇〇七年)。
(18) 高埜利彦『近世日本の国家権力と宗教』(東京大学出版会、一九八九年)。
(19) 『紀伊続風土記』巻之十四。

(20)『南紀徳川史』巻之百五十一「社寺制第一」。
(21)『紀伊続風土記』巻之五。
(22) 前掲西沢論文。
(23) 寛政二年「殿様御初入ニ付年頭御礼被仰出候扣」(道成寺文書)。
(24)「年頭御礼席次記置覚書」(『熊野本願所史料』清文堂出版、二〇〇三年、一一四頁)。
(25) 寛文七年「留帳」(『紀州経済史文化史研究所紀要』第二九号、二〇〇八年)。
(26) 寛文七年「留帳」(『紀州経済史文化史研究所紀要』第二九号、二〇〇八年)。
(27) 文政一一年「社用記」(志磨神社文書)。
(28) 巳年「六坊ゟ寺社奉行所へ古格覚」(雲蓋院文書、なお以下の雲蓋院文書は和歌山市史編纂の際に作成した史料の写真帳による)。
(29)『南紀徳川史』第二冊。
(30) 天保四年「御能見物扣」(道成寺文書)。
(31) 部屋名は『復元大系日本の城七　南紀・四国』(ぎょうせい、一九九三年)一五〇頁による。
(32)「天曜寺法制規」(雲蓋院文書)。
(33) 明和四年「寺社司江差出候本坊寺中之意味合細書」(雲蓋院文書)。
(34) 寺院本末帳研究会編『江戸幕府寺院本末帳集成』(雄山閣、一九八一年)。
(35)「天曜寺法制規」(雲蓋院文書)。
(36)「天曜寺法制規」(雲蓋院文書)。
(37) 明和四年「寺社司江差出候本坊寺中之意味合細書」(雲蓋院文書)。
(38) 天明三年「奉願口上覚」(道成寺文書)。
(39) 巳年「六坊ゟ寺社奉行所へ古格覚」(雲蓋院文書)。

(40) 以下、昇格については寛政一一年「色衣免許御條目」（雲蓋院文書）による。
(41) 『和歌山県史』近世、三〇〇頁。
(42) 「御触留」（『和歌山市史』第六巻、三七八頁）。
(43) 『紀伊続風土記』巻之二十二。
(44) 寛政一一年「色衣一件記」（雲蓋院文書）。
(45) 『南紀徳川史』巻之百五十一（第一六冊、四四三頁）。
(46) 寛政一一年「色衣免許御條目」（雲蓋院文書）。
(47) 寛政一一年「定（末門定書）」（雲蓋院文書）。
(48) 寛政一一・一二年「大地格表色衣諸事扣・御禮式被　仰出諸事扣」（道成寺文書）。
(49) 寛政二年〜「殿様御初入ニ付年頭御礼被仰出候扣」（道成寺文書）。
(50) 文化三年「大地格三箇寺住職之記」（雲蓋院文書）。
(51) 文化一一年「日光山東照宮御神忌扣」（道成寺文書）。
(52) 「法席一件」（道成寺文書）。
(53) 天保一五年「諸願等控」（道成寺文書）。
(54) 弘化二年「鶴樹院様御逝去扣」（道成寺文書）。
(55) 藤本清二郎「江戸中期、紀州日高平野における「芝場」争論」（『紀州経済史文化史研究所紀要』第三号、一九八三年）、同「江戸中期、紀州日高平野における「芝場」争論〈続〉」（同書、一九八四年）、御坊文化財研究所『あかね』第二七号。
(56) 「御順見衆江口上書」（道成寺文書）。
(57) 「東叡山御調ニ付書上扣」（道成寺文書）。
(58) 安政二年「寺社奉行所ゟ御尋書ひかへ幷書上ヶ之扣」（道成寺文書）。寺社奉行へ差し出した記録であるため、実際の収納高と異なる可能性はある。
(59) 寛政二年「大公儀ゟ御尋ニ付書上扣」(道成寺文書)。
(60) 宝暦五年「直支配願済之扣」(道成寺文書)。
(61) 寛政一一・一二年「大地格表色衣諸事扣・御禮式被　仰出諸事扣」(道成寺文書)。
(62) 「奉願覚」(道成寺文書)。
(63) 「延宝二寅年御定書写し扣」(道成寺文書)。
(64) 宝暦一一年「是ゟ左小松原道成寺紀三井寺道」(道成寺文書)。
(65) 安永九年「御成ニ付諸事心得之事」(道成寺文書)。
(66) 以下、重倫の参詣は、安永三年「殿様当寺江御成之記録」(道成寺文書)による。
(67) 寛政六年「殿様熊野江　御参詣御立寄之扣」(道成寺文書)。
(68) 寛政一一・一二年「大地格表色衣諸事扣・御禮式被　仰出諸事扣」(道成寺文書)。
(69) 嘉永五年「乍恐書付を以再奉願上候」(道成寺文書)。

十章　高野山の再建活動と紀伊藩

はじめに

前章では、紀伊藩が領内の寺社を藩の論理で編成する一方で、寺社が藩との関係を重視していた点を明らかにした。本章では、紀伊藩に隣接する高野山が紀伊藩とどのような関係にあったかを考察する。

先行研究で紀伊藩と高野山の関係は、元禄期における学侶方・行人方の争論や、安永期における寺領での一揆への対応が検討され、高野山が紀伊藩や幕府の後ろ盾を得ることではじめて寺内および寺領統制を成し得た点が強調されている(1)。このような徳川政権により統制される寺院像は従来から述べられてきたものだが、こうした統制下で高野山がいかに主体的に存立を図ったかという点は依然検討の余地があろう。本章では、天保一四年（一八四三年）閏九月一日に焼失した高野山壇上伽藍の根本大塔（以下、大塔と記す）再建活動を事例として、嘉永元年（一八四八）に幕府が御免勧化実施の旨を全国に触れ出すまでの過程を検討し、それに紀伊藩がいかに関与したかを明らかにしたい。なお、結果的に大塔再建は幕末には達成されず、昭和七年（一九三二）再建が開始されて、同一二年に完成している。

史料は中橋家文書の日記を主に用いる[2]。中橋弘道は二章・七章でも取り上げた中橋英元の孫で高野山学侶方の目代として再建嘆願に関わり、その活動を日記に記している。

具体的検討に入る前に、高野山の一山組織、特にその中心となった学侶方について本章に関係する範囲内で概観しておきたい。中世の高野山は「寺社勢力」として武家・公家とも対抗しうる存在であったが[3]、天正一三年（一五八五）羽柴秀吉に降伏した。天正二〇年（一五九二）に知行二一〇〇〇石を与えられ、徳川政権でも追認された（その後、御供料や御仏殿料で三〇〇石を与えられている）。古義真言宗の教相本寺で、学侶方・行人方・聖方の三派によって構成された。学侶方・行人方の争いは中世以来絶えなかったが、元禄五年（一六九二）争論の幕府裁定により寺内における学侶方の主導的立場が確定した。学侶方は青巌寺寺務検校執行法印（以下、法印と記す）を頂点として、門主（宝性院・無量寿院）―老分（碩学七名・衆議一三名）を中心に組織された[4]。老分は定期的に寄合を行い「一宗の萬事」を評議した。そのうち門主一名と碩学二名は、毎年交代で江戸二本榎（東京都港区）在番所へ詰めており、門主は碩学の中から選出された。老分の下には、「横目役」として収支などに不正がないかを判断する中臈、先例にない新規の行いがある時に評議の席へ出て判断・制止することを役割とした三十人（学侶方僧侶の大部分を占める衆分の上席三〇名）がいた。寛永一五年（一六三八）学侶方の法印澄榮が行人方の應昌に堂上灌頂を授ける旨を約束した際には、中臈と三十人が抗議して約束を変更させており（その結果、争論に発展する[5]）、学侶方の正員が法印の権力突出を抑えて一山の主導権を握る中世以来の体制が見られた[6]。

慶長六年（一六〇一）高野山寺中法度により伽藍破損の時は学侶方から行人方へ申し渡して修理することが規定され、その費用として一〇〇〇石の修理領を与えられた[7]。元禄期に行人領から没収された二〇〇〇石を加えて、修理領は三〇〇〇石となり、学侶方・行人方の双方から選出された修理方の奉行が管理した。伽藍破損の際は、原則として学侶方から役人を出し、その指図に従って行人方の立ち会いのもとで修復を行うこととなったが、学侶方は行人方の関与を排除して修復を行おうとした。

一　幕府・紀伊藩への嘆願

天保一四年（一八四三）閏九月一日、高野山の御影堂裏にある宝蔵から出火して大塔・御影堂・金堂など壇上伽藍の一四か所が焼失した。翌日火災の様子を聞き、高野山へ登った慈尊院村の中橋弘道は、その現場を見て「扨々驚入前代未聞之大変落涙仕候」と日記に記している。高野山は、さっそく江戸へ火災の状況を報告する使者を送り、法印の研龍は退任した。幕府や紀伊藩への本格的な再建嘆願が開始されたのは一一月以降で、龍光院は幕府に嘆願するため江戸へ、南院は紀伊藩に嘆願するため和歌山へ出立した。山内では成福院が老分を取りまとめ、碩学の龍光院・南院・成福院を中心に再建嘆願が始まった(8)。

天保一五年（一八四四）二月九日、龍光院は幕府寺社奉行に次の嘆願書を提出した(9)。

高野山諸伽藍之儀ハ依　弘仁帝之御願造立被為在候、以来諸堂社とも世々の　聖帝武将或ハ有信之輩等再営及破壊候節ハ、慶長以来従　御代々様被下置候御修理料を以修造仕来候処、去卯九月（マヽ）朔日夜伽藍之内祖師影堂後宝蔵前より出火、折節風烈ニて火勢強、右祖師堂を始、根本大塔・鎮守拝殿・中門・荒川経蔵・鐘楼堂弐ヶ所・孔雀堂・茂准胝堂・灌頂堂・金堂・愛染堂・会堂・三昧堂都合十四ヶ所焼失仕、誠ニ寛永以来之大変、一山之大衆ハ勿論、諸国真言末派一同悲嘆不過之、右伽藍諸堂社者天長地久・国家安泰之御祈禱所ニ御座候得者追々再建仕度、然処右祖師影堂・鎮守拝殿ハ差向法要ニ差支候間、御修理料之余分、又ハ有信之輩助力を以、急速再建ニ取懸、其餘中門外十ヶ所ハ同様手続ニ而追々再建仕度、且根本大塔之儀ハ　弘法大師帰朝之後霊場草創之基本無比之宝塔ニ而、依　弘仁帝御願御造立、其後正暦・久安・永正度回禄仕候得共、其度々被賜　公物再建有之、寛永七年十月四日炎上之節言上嘆願仕候処、片桐出雲守殿・本多因幡守殿等御掛りニ而御再建、同廿年六月七日皆出来仕候先蹤も御座候儀ニ付、御時節柄奉恐入儀ニハ候得共、根本大塔之儀ハ、右寛永度御再建被成下候節之御造営諸色御入用銀高之趣ニ而ハ、惣〆高莫太之儀ニ而、迚も御修理料之余分而已ニ而ハ、何ヶ年積置候与も容易ニ難行届、左候迚、大塔之儀ハ野山諸伽藍之内重立法会等修行仕候場所ニ付、何分差支御時節柄恐入儀ニハ奉存候へ共、出格之御仁慮を以御再建被成下度、此段御聞済被下置候様奉願上候、以上

その内容は、①火災の被害状況、②祖師影堂（御影堂）や鎮守拝殿は法要に差し支えるため、修理領の余分もしくは寄進によって早急に再建したい、③中門、他一〇か所も同様の方法で追々再建したい、④大塔は嵯峨天皇の願いによる造立以来、正暦・久安・永正期の焼失の際も「公物」を賜り再建されている。寛永七年（一六三〇）焼失時には、幕府によって再建されており、造営の費用は莫大で修理領の余分ではとても再建できないため、幕府による再建をお願いしたい、というものであった。

大塔は胎蔵大日如来を本尊として、西塔と共に金剛界・胎蔵の両部曼荼羅に象徴される聖域空間を表現していた[10]。嵯峨天皇の勅許を得て建立され、再建の際には院宣・宣旨を得るなど国家的保護を受けていた。中世末期に高野山の造営を担った十穀聖と言われる本願は、木食応其により穀屋として再編されて、その下で造営事業に従事した[11]。応其は労働力確保のため高野山内で大きな勢力を誇っていた行人とも結びつき、応其の下で穀屋と行人が共同で造営にあたる体制が構築されていった。永正一八年（一五二一）に焼失した大塔の再建も応

其が担い、慶長二年（一五九七）三月二一日落慶供養が行われた。応其の失脚後は、行人が造営の主導権を握って穀屋をその傘下に組み込んでいった。

その後、寛永期の大塔再建は幕府主導で行われた。寛永七年一〇月四日、高野山は雷により伽藍をはじめ「寺家数百ヶ所」が焼失した[12]。幕府は同月一一日に見廻りの役人を派遣している[13]。法印の宥盛は山科安祥寺へ逼塞し、翌年志願して江戸へ行き、幕府へ再建嘆願した。また、行人の文珠院應昌は寛永五年（一六二八）に造営された東照社が無事であったことから白銀を下賜された[14]。聖方も少なからず嘆願に関与しており、三派それぞれが独自に活動していた[15]。寛永一〇年七月二一日に幕府から大塔再建が命じられ[16]、七月晦日には宥盛・應昌が将軍家光に拝謁している。造営奉行として本多政武・片桐孝利が任命され、寛永一一年一〇月に再建が始まった。寛永一五年五月には造営奉行が小出義英・戸川正安に交替したものの、寛永二〇年六月七日に完成した。「高野山大塔御建立記録」によれば、本尊・仏具・畳なども含めて銀三三一二貫八三八匁九分であった[17]。天保期の再建嘆願の動向も、寛永期にならっていたと言えよう。

また、高野山は幕府への嘆願と同時に、紀伊藩へも嘆願している。天保一四年一一月四日、南院は「再建御願筋惣代」として高野山を出立し、翌日慈尊院村から船で紀ノ川を下り和歌山へ向かった。南院は寺社奉行の伊達千広へ次の嘆願書を提出した[18]。

先達而御届申上候、高野山伽藍焼失之儀者、寛永以来之大火ニ御座候付、寛永度之例ニ随ひ一山貫主職掌相退候上、為一分之歎願、前寺務研龍火災後早々参府仕候、猶又今般大衆一同総代と仕、碩学龍光院先別紙三通之趣を以奉願度参府仕候、依之甚奉恐入義ニハ御座候得とも、御国内ニ御座候海内無比之大伽藍浮沈ニ臨む折柄ニ而、殊ニ大塔者　大猷院様御再建之御由緒も御座候故、大衆一同且海内真言一派之悲歎御憐察被下御当家様　思召を以　公儀江被為懸　御声被下候様大衆挙而奉願上候、返々も真言宗根本霊場永廃頽ニ及候義被為加御不敏、歎願之旨何卒御聞済被成下候様宜奉願候、猶以大師高野創建之御手印縁起も先御国主江被為下候由縁　御代者被為替候得とも、御国内之王家者御同様之御事ニ御座候得者、此段も被為聞召分願意　御許容被成下候ハヽ、廣大之御仁徳、極老體之前官研龍始一山大衆者不及申、天下之一宗末々に到迄難有感戴可仕候間、宜御沙汰御偏ニ奉仰候、以上

その内容は、大塔再建のため藩主から幕府への口添えを嘆願したものである。高野山創建の時に「御手印縁起」が紀伊国司に与えられて以来、紀伊国主が高野山を保護してきたことを主張して支援を求めている。

中橋家の日記によれば、幕府への口添えとは別に、さっそく一一月一〇日に御影堂再建費用として徳川治宝などから金一〇〇〇両寄進の申し出があった（徳川治宝が金一〇〇両を七年、「御部屋様」（栄恭院）と「御内証之御方」（譲恭院）が金五〇両ずつを三年）[19]。さらに、翌年三月には治宝から斉順への口添えが承認された。当時の藩には、「一位様」と呼ばれた前藩主徳川治宝が西浜御殿に居り、依然として大きな権力を有していた[20]。治宝（前藩主）→斉順（藩主）→幕府という流れで再建実施への口添えを願っている。斉順は天保一四年（一八四三）上知令の際に、旗本らの働きかけにより幕府へ撤回を進言しており、徳川家斉の七男であったこともあり、幕政に対してある程度の権威を有していたと思われる。

ところが、六月、老中土井利位は修理領や寄進で大塔再建を行うよう申し渡した。幕府主導の大塔再建は認められなかった。当時、幕府の財政政策は倹約による経費削減に努めており、とりわけ五月に江戸城本丸が焼失したことが影響したと考えられる。幕府への直接嘆願では認められなかったため、高野山はさらに紀伊藩からの口添えを重視するようになった。天保一五年四月一〇日に斉順が帰国したため[21]、以降和歌山で再建嘆願が

行われた[22]。次節では、斉順が和歌山に滞在した天保一五年四月から弘化二年（一八四五）二月までの期間で、中橋が関わった紀伊藩への嘆願について検討していく。

二　和歌山での嘆願

1　熊野三山貸付所への嘆願一件

天保一五年（一八四四）四月、高野山学侶方の宝蓮院・蓮金院・花王院・修禅院・天徳院の五院が連名で、紀伊藩寺社奉行に属する熊野三山貸付所へ願書を提出した[23]。壇上伽藍再建資金の取り集め（特に古義真言宗以外の者の寄進）を大坂の商人へ依頼するに際して、藩からの口添えを願うものであった。これは伊都郡名古曽村の森下孫次郎が法印の専雄に近づき、熊野三山貸付所への嘆願を助言したため法印の指示で行われた。嘆願は程なく藩の許可を得た。ところが、その願書は森下の草稿によるもので、この嘆願が認められれば森下の指図を受けることになるという風評が広がり、高野山内は「混雑、惑乱」の状況となった。中﨟や三十人が老分へ申し出て、さらに法印へと詰めかけ騒動にも及ぶ気配を見せた。その後も衆分がこの嘆願への疑念を申し立てて、老分たちが困惑する事態が続き、再建活動のみならず通常の法要などにも差し支える状況になった。そこで、老分は臨時に寄合を開き、蓮金院・修禅院に対して藩へ差し出した願書を取り下げるよう申し渡した。嘆願はすでに藩の許可を得ていたため、学侶方では中橋弘道を和歌山へ遣わして寺社奉行らに弁明を行うこととなった。

高野山の成福院は中橋弘道を召し出し、早急に和歌山へ出府し、松生院と相談の上で働くよう申しつけている。寺社奉行へ書状の返却を嘆願するか、山中筑後守俊信へ嘆願し「勘弁ニ預」らなくては治まらないだろうと述べている。

四月一六日、中橋は船で紀ノ川を下り和歌山へ向かい、定宿「藤源」に宿泊して松生院を訪れている。一七日は和歌祭のため用を見合わせ、その翌日から嘆願を開始した。松生院は和歌山城の南に位置する真言宗寺院で、中橋へ寺社奉行の「吟味役」榎本半助へ嘆願するべきと助言した。さっそく中橋は榎本半助を訪ねて、山内が一致せずに嘆願書を提出したことを詫びて、その返却を願った。二三日には、御仕入方役所（和歌山市湊紺屋町）にあった寺社貸付役所の伊達千広および榎本半助を訪ねた。伊達は、このような事態は、大坂における紀伊藩の「人気」に関わり、熊野三山貸付所の存続にもつながる問題で「甚以心痛」と不満を述べている。二六日に中橋は再び寺社貸付役所を訪れた。榎本が休みのため同役の野沢治郎兵衛に面会し、願書返却を伝えられ、覚書を与えた。野沢は、高野山内が「一致和融」して、このようなことが再び起こらないよう注意している。

願書は返却されたものの、高野山内の不一致が紀伊藩で問題視され、寺社奉行は松生院を使者として高野山へ遣わすこととなった。松生院は書状で高野山へ、藩内に「不平」をいだく者がいる事態に陥っていると伝えた。そこで、高野山は般若院と中橋を和歌山へ遣わして再び謝罪した。

中橋は、前回和歌山を訪れた際に二〇年来の知人である柳川京輔へも相談し、この一件の治め方の「極意」として、嶋本検校への嘆願を勧められていた。嶋本検校の詳細は不明だが、医師（御匙医格奥）[24]として徳川治宝と直に接しており「御上御内用ニ相立候」人物で、山中俊信や伊達千広もその助けにあっていたようである。

般若院と中橋は、柳川に連れられて嶋本検校と面会し、般若院らが直接寺社奉行へ詫びても許されなければ助力することを承諾した。

間もなく、松生院が高野山へ遣わされ、五月一七日に和歌山へ帰還した。高野山は、①山内が一致すべきことは承知した、②幕府へ再建嘆願中で、まだその沙汰が下りていない旨を周知していなかったので勝手に紀伊藩へ依頼してしまった（幕府による再建が決定すれば問題とならない）などを述べて、この一件の幕引きを願った。中橋はこのまま解決すると考えていなかった。しかし、嶋本検校が山中俊信へ「軽く相済様」に願ったため、松生院が高野山での一件を野沢治郎兵衛へ報告した際には、「至極御尤、御行届之段承知仕候」との返答で、以前の態度とは大違いであったという。嶋本から山中への口添えが大きく影響したと考えられる。そして、藩から天徳院と松生院に対して、この一件のすべてを水に流す旨が伝えられた。中橋の日記には、嶋本が山中へ口添えしたため、内心は納得していないものの嶋本を「恐怖して」治まったのだろう、と記されている。

以上のように、熊野三山貸付所への嘆願は取り下げられ、治宝の医師を勤める嶋本検校の助力を得て解決した。この一件の後、御影堂の再建について行人方が紀伊藩へ嘆願する事態が起き、学侶方もそれに対応した。次項では学侶方と行人方の競合について見ていきたい。

2　御影堂の再建活動

幕府への嘆願書の中で、修理領の余分あるいは寄進で大塔以外を再建すると記したように、御影堂の再建は徳川治宝などの寄進で賄われた。前述のように、焼失直後の一一月に金一〇〇〇両寄進の申し出があったものの、一度にすべて渡されるのではなく、数年かけて渡されたため、行人方は学侶方のみではなく行人方へも寄進を嘆願した。

天保一五年（一八四四）六月三日、中橋は前項の一件を南院へ報告する際に、行人方が御影堂再建のために伊達千広へ接触していると伝えた。五日に行われた老分の定例評議の結果、成福院は中橋へ、学侶方のみに寄進されるよう紀伊藩への働きかけを命じている。この時点で、まだ幕府が大塔再建を認可していなかったこともあり、山内の主導的立場を表明するためにも学侶方が御影堂再建を成就させる必要があった。

中橋はさっそく和歌山城下の松生院へ訪れ、嶋本検校や治宝への嘆願を相談した。それを受けて、松生院は栄恭院の老女嶋浦へ嘆願書を差し出し、嶋本は治宝へ嘆願した。嘆願書では、①治宝の意向で学侶方へ寄進されるにも関わらず、行人方を加えるのは恐れ多い、②御影堂を再建できたとしても、行人方は壇上伽藍へ立ち入ることは禁止されているので、再建に携わりたいという意図は不明である、③修理方はあてにならず、天保期の西塔再建も修理方に任せなかった、などと主張して、行人方の介入阻止を図った。

一方、行人方は学侶方へ、治宝から双方が相談して再建するよう命じられており、どちらに寄進されても修理所において再建したいと提案している。行人方は寺社奉行の伊達千広に嘆願し、その伝手で西浜御殿にいる「おのぶの方」にも近づいていた。おのぶの方は稲葉司書の妹で、中﨟として内々で治宝の「思召ニも叶ひ御座候方」であった(25)。

学侶方にとって、伊達は「学侶の為ニあしき人」と認識されていたが、治宝や山中に近い存在で寺社奉行を勤めていたので、学侶方へ引き込む必要があった。嶋本検校が病気となったため、一一月には学侶方の意向を受けた勘定所の西山与七郎が伊達と会談したものの、「西山も張り弱く」充分な成果を得られなかった。その後、嶋本が伊達に会い説得を試みた。伊達は、寺社奉行を軽視した学侶方の嘆願を批判し、熊野三山貸付所への嘆願取り下げにも不満も漏らした。それに対して、嶋本が高野山の事情や治宝の意向を伝えたところ、伊達は嶋本の言う通り行人方に加担しない旨を約束した。嶋本が言えば、下役人も承知するだろうと述べたという。当時の藩内における嶋本の権力が窺える。

この後も、再建をめぐって紀伊藩領での勧進実施など学侶方と行人方の競合は見られるが、表立った争論とはならず、学侶方が主体となって御影堂再建が進められた。翌年には、学侶方で再建への具体的動きを見せ、紀伊藩へ再建用の木材・石の置き場として鍛冶屋橋付近の空き地や、新留丁東側の空き地一三〇坪の貸し出しを願っている。なお、御影堂は嘉永元年落慶した。[26]

3　幕府への口添え嘆願

以上のような経緯もあり、斉順が和歌山に帰参してからは、大塔再建に関する斉順への嘆願はほとんど進展していなかった。しかし、弘化二年（一八四五）二月に再び斉順が江戸へ出府することとなり、高野山は再度治宝から斉順への口添えを嘆願した。二月一三日に出された柳川京輔の中橋宛て書状からその様子を確認しておきたい。[27]

（前略）扨密談申上置候、去ル十一日呈書松院（松生院）ゟ　御殿へ申上取計置、同日四時頃検校出殿之上不取敢
一位様へ申上取計置、御部屋様へ相伺候處、御同所様にハ検校出　殿御待被遊候由ニて、松院ゟ申上りの
書面夫々同人へ嶋浦ヲ以御読聞、如何取計可然哉と御尋被遊候付、此一条兼而野山ゟ私江も内談之品御座
候而、則今日松生院ゟ申上り之訳も承知仕居候、上へ申上置候品も御座候付、松生院ゟ申上之書面不残上江
御上被遊候様仕度、此一件何等御六ヶ敷儀少も無御座、夫々可相済筋ニ御座候旨検校より　　御部屋様へ

申上候処、即刻御部屋様ゟ右御書付類一位様へ御申上被遊御内意御伺被為遊候処、委曲御承知被遊、明後十三日湊御殿へ被為成　大納言様へ御逢被為遊候付、学侶ゟ申立之主意篤と従　一位様　大納言様へ御直被　仰進、此度御参府ニ付学侶願出之書面　大納言様江戸表へ御携被遊、於彼地政府江御直御渡被為遊　公辺へ御声懸之義御直にも被　仰含、政府ニて厚差心得都合見計、御声掛之手行取計之様訳而被仰出候筈ニ従　一位様御内意被　仰出、若山に而ハ先同人方へも沙汰無之、筑後守御供に而出府之事に付、能々相心得居様検校ゟ得与為申合候様にと御意被遊候段、嶋本氏より内密被申聞、誠ニ以御願旨無残所不可思議の御手行と深恐惑仕候、兼々申上候通、偏　大師尊霊之御加護と渇仰無申計御儀奉存候、いつれ筑州侯出立迄に者彼一条検校ゟ厚被申談、且御意之趣被相達候筈御座候、去ル十一日ゟ　御部屋様聊御持病気ニて検校同日出殿より翌十二日夕迄御同所様に詰切、種々懇話も御座候へとも密々之御義申上略候、しかし御持病ハ実に申立ル程にも無御座、最早御快御医師も検校之外伺不申程之事御座候、此御不例も一入野山之幸福かと愚慮仕候、兼々御内願通従　一位様大納言様へ御直御内意被　仰含、其上呈書ハ大納言様へ御直ニ御渡被遊、彼地へ御持参之上政府へ御下ケ被為遊候様ニと御厚被　仰合候段御都合振実ニ恐惑之到奉存候（後略）

その内容は、治宝から斉順への口添えが行われる旨を報告したものである。二月一一日に松生院は西浜御殿へ書状を差し出した。また、同日嶋本も西浜御殿を訪れて、治宝へ上申した。その後で嶋本が栄恭院を訪ねたところ、待ちわびた様子で松生院の書状の内容を伝えて意見を求めた。嶋本は、その一件は承知しており、松生院の書状を残らず治宝へ上申するよう伝え、すぐに実行された。治宝は湊御殿で一三日に斉順と面会する際に、学侶方の嘆願への口添えを頼むことを約束した。さらに、治宝は嶋本へ山中俊信も江戸へ行くのでよく申し含めておくよう命じている。治宝の依頼を受けて、斉順は嘆願書を江戸へ持参することとなった。栄恭院と昵懇の間柄であった嶋本の嘆願が高野山に幸いしたことがわかる。

斉順は二月二二日に和歌山を出立して、江戸へ向かった[28]。以後、江戸に滞在していた龍光院が藩邸で嘆願し、翌年には中橋も江戸へ行き嘆願に従事している。次節では、嘉永元年七月に幕府から御免勧化の触れが出されるまでの江戸での動向を検討してみたい。

三　江戸での嘆願

1　再建金の下賜が決定するまで

弘化二年（一八四五）二月、徳川斉順の江戸行きにともなって、紀伊藩への嘆願の舞台は江戸へ移る。高野山の龍光院は、引き続き江戸に滞在していた。嶋本検校からの情報で、江戸にいる藩の重要人物として勘定奉行の小谷作内・高橋五助、組頭の中嶋勝兵衛、右筆組頭の喜多三郎左衛門、御城附の松原市郎兵衛が挙げられていたので、これらの人物を頼って働きかけていたと考えられる。また、山中俊信は和歌山では「達人」であるが、江戸では水野忠央の方が「勝れてある」との情報も得ていた。その後、斉順から幕府への口添えが行われたものの、高野山に対する幕府の沙汰はなかった。そのため弘化三年（一八四六）二月には、老分の要請により中橋が和歌山の法輪寺（和歌山市吉田）住職とともに江戸へ出府した。

ところが、間もなく斉順は死去した。三月四日に赤坂の藩邸から法輪寺へ届いた書状によれば、二日には快復に向かったが、三日から病状が悪化して法輪寺住職へ祈禱を依頼している。五日には「四ツ時、酒井御氏内〻御殿之御祈念ハ即刻御止被下候」との使者が来ており、中橋はそこから斉順の死を推測し、翌日その旨を聞いている。その結果、しばらく藩主の幕府への口添えが期待できない状況になった。藩は斉順の生前の意志として老中阿部正弘や寺社奉行久世広周へ付家老の水野忠央から頼みこむことは可能として、四月中に幕府へ願書を差し出した。しかし、それでも幕府の沙汰はなかった。その後、新たな藩主として徳川斉彊が就任し、龍光院はたびたび藩邸を訪れ、幕府への口添えを願うが、斉順死去後は中橋を通じて別方面での嘆願も行われていた。

三月一一日、中橋は江戸蛎殻町（東京都中央区）大黒作右衛門を訪ねて、大塔再建について相談している。大黒家が勘定奉行の松平近直を頭とする「銀座」であることから協力を求めている。大黒家は寛政一二年（一八〇〇）の銀座改正以来、江戸・京・大坂の三地御用を一手に引き受けており[29]、中橋とは以前から何らかの繋がりがあったと考えられる。一五日、中橋は大黒家の「掛ケ役」川崎助次郎に連れられ、旗本柴田出雲守のもとにいる柴田淳平を訪ね、大塔再建の相談をしている[30]。柴田淳平は「河内守殿舎弟」であり、松平近直への口添えを承諾した。二二日、柴田から松平近直へ嘆願したものの、幕府が再建費用を負担するのは難しいという返答であった。

その後、四月一一日には柴田が勘定所組頭の塚越藤助へも頼み込み、二二日に再び小川町（東京都千代田区）松平近直の屋敷を訪れて、大塔再建を嘆願した。松平近直は、高野山は国家を守護する霊場で先例も少なくないので、このような時勢ではあるが他と同様には扱えず、高野山をこの時に「取失」うことになれば、公儀にとっても恥辱であるので、勘定所役人へ調べ直しを命じて嘆願を取り上げる旨を約束した[31]。閏五月一日、格別の沙汰によって「他になき莫太之御金・御施物」の下賜が決定したと内々で伝えられた。そして、一七日に幕府から銀三〇〇〇枚（金換算して二一〇〇両ほど）下賜と、御免勧化および修理領によって法印を中心に再建するよう寺社奉行久世広周が申し渡した。

こうした急展開に対して、紀伊藩は龍光院へ勘定奉行との関係を問いただした。中橋の日記には次のように記されている。

莫大之御金御下ケと申評定ニ相成候、是は御勘定奉行中へ手入被致たか被申候由、龍院《（龍光院）》答ニハ、それハ紀御舘《（紀伊藩）》ゟ御手行被下候御事ニて、私共ハ一圓手入不仕と申述候所、成程左様かと被申候由、右ハ全く小川丁《（松平近直）》之聲ニて以前之取扱と打替りしゅへ如斯尋たと被察候

勘定奉行へ「手入」したかを問われた龍光院は、藩の働きによりこうした事態に進展したことを強調した。実際には、「小川丁之聲」により進展したのだが、高野山にとって松平近直への働きかけは「御内々之御事」であり、表向きは紀伊藩との関係を重視していた。

その後、龍光院は御免勧化の実施方法を寺社奉行所と話し合った。寺社奉行役人は高野山に先例があると認識し、勧化を行う国々を申し出るように伝えた。龍光院は、高野山に先例はなく「大造之事」で学侶のみでは行き届かないので、今後も幕府の協力を願いたいと述べている。柴田によれば、松平近直は大塔再建の費用を金五万両程度と見込んでおり、幕府が下賜した銀三〇〇〇枚よりも御免勧化によって再建費用を集めることを想定していた。柴田は、高野山が直接僧侶を巡廻させると出費も嵩むため、公儀による取り集めを願うよう進言している。一方、勘定所の塚越藤助は、寺社奉行による取り集めは確かに行き届いたものとなるが、そうすると「収納」はかえって少なくなり、役僧を巡廻させた方が一〇倍は金銭が集まるだろうと述べている。

結果的に、柴田の意見を取り入れて、幕府での取り集めを願うこととなった。御免勧化は幕府から諸国へ触達があって初めて行えるため、一刻も早く触達があるよう龍光院は引き続き江戸に滞在し、紀伊藩から幕府への口添えを願った。中橋は一定の成果をあげたこともあり、法輪寺住職とともに六月に江戸を出立し、国元へ帰参した。

2　御免勧化の触達が決定するまでの過程

弘化三年（一八四六）六月、江戸から戻った中橋は、高野山へ報告した後の七月一九日和歌山へ訪れて、江戸での一件を報告している。高野山内の普門院が不正を行い問題となっていたこともあり、しばらく和歌山に滞在している[32]。なお、この時点で嶋本検校は死去していた。御免勧化の触が出ないため、龍光院は和歌山の治宝から斉彊への口添えが行われるよう藩への嘆願を命じていた。

ところが、中橋が和歌山城下に滞在中の七月二六日に和歌山城天守閣が炎上した。中橋の日記には、次のように記されている。

一、七ツ時前雷近辺へ落候様ニ覚候之内、雨止ミ追付御城天守出火、見渡候所、上之重ノ内ゟ猛火立上り、夜五ツ時迄之内天守不残やけ落、戌亥之方ニ有之候矢倉も二ヶ所斗やけ落大騒動也、夜八ツ時頃鎮火之様子ニ相成候、丸之内諸士方御備へ厳重ニ有之候事

この結果、紀伊藩は幕府への天守閣再建嘆願を最重視するようになり、高野山の大塔再建の口添えを行うのは難しい状況になったと考えられる。八月には、前藩主斉順の供養を目的として、山中俊信・伊達千広・西山与七郎などが高野山を訪れている。伊達は同年閏五月一四日に高野山宝塔掛を命じられており[33]、八月一七日に法

事を行っている。その際、壇上伽藍再建の嘆願もなされ、中橋は山中俊信へ面会した。藩の力で幕府から沙汰を得たことの礼を述べ、幕府へのさらなる口添えを依頼している。その後、しばらく藩から幕府への口添えを願う活動は行われないが、一二月一〇日に幕府から和歌山城天守閣の再建が許可されたため、同一六日には藩への嘆願再開を決定した。

弘化四年（一八四七）五月には、藩主徳川斉彊から老中へ直に口添えしたため、すぐに沙汰があるとの噂であったが、結果的に、老中から寺社奉行へ大塔再建が願い通りにいかない旨を伝えられた。藩では水野忠央が幕府へ働きかけていたようだが、大した進展は見られなかった。そのため、弘化四年一一月に再度中橋を江戸へ遣わすこととなった。

弘化五年（一八四八、二月二八日に嘉永元年と改元）二月、①勧化金を寺社奉行久世広周のもとで三年間取り集めること、②高野山自身も二万両を負担すること、が幕府内において評議されている旨を藩から伝えられた。そのため、龍光院は柴田淳平を通じて松平近直へ嘆願した。三月に徳川斉彊は和歌山へ帰参したものの、引き続き柴田を通じて嘆願し、五月二六日に御免勧化の触達が決定した。

七月、老中阿部正弘によって嘉永元年から同三年まで三年間の「諸国取集」の御免勧化が触達された[34]。寺社奉行久世広周が諸国から勧化金を取り集めるもので、古義真言宗の寺院のみは高野山が直接取り集める事となった。当時このように全国からの取り集めで、下賜銀もある御免勧化はほとんどなく、最高水準の待遇であったと言えよう。

その実態は史料的制約からほとんど明らかにできないが、この御免勧化によって高野山が思惑通りの金銭を得ることはなかった。取り集めでは一万両程度しか集まらず、高野山で二万両負担しても見込みの五万両にはほど遠く、幕末期を迎えたこともあって再建は行われなかったと考えられる。

おわりに

近世後期における紀伊藩と高野山の関係を考察するため、高野山の壇上伽藍焼失から御免勧化触達までの過程を検討してきた。高野山単独での幕府寺社奉行への嘆願では幕府主導の再建は認められず、修理領と寄進によって再建するよう申し渡された。そのため、高野山は紀伊藩から幕府への口添えを願って、徳川治宝へ接近を図り、和歌山城下の寺院や嶋本検校の協力を得て嘆願した。藩主斉順から幕府への口添えが行われたものの幕府の沙汰はなく、斉順が死亡したこともあり、高野山は幕府勘定奉行へ接近していった。その結果、銀三〇〇〇枚の下賜、御免勧化および修理領によって再建するよう申し渡された。その後、御免勧化の触達でも紀伊藩と勘定奉行へ嘆願している。藩において藩主の死、和歌山城天守閣の焼失など問題の頻発した時期であったことも大きいが、当該期は幕府への嘆願において紀伊藩から幕府への口添えよりも、勘定奉行へ直接嘆願する方が効果的であった。

再建嘆願の過程から、近世後期においても高野山は紀伊藩との関係を重視していたことがわかる。幕府への嘆願では藩の後ろ盾を得ることが重要であった。ただし、高野山は紀伊藩との関係のみに固執することなく様々な手段で幕府権力へ接近していた。存立を図るためには、様々な権威に接近する可能性を有していたと言えよう。

〔註〕

（1）笠原正夫『紀州藩の政治と社会』（清文堂出版、二〇〇二年）、小山誉城『徳川将軍家と紀伊徳川家』（清文堂出版、二〇一一年）。

（2）本章で用いる中橋家文書の№は、史料館（現 国文学研究資料館）『史料館所蔵史料目録』第四十六集による。注記のない限り、天保一四年〜弘化五年の日記（中橋家文書八五〜九〇、一二〇、一二一）による（弘化二年は御用留を含む）。中橋弘道については、『史料館所蔵史料目録』第四十六集解題、藤田貞一郎『国益思想の系譜と展開』第六章（清文堂出版、一九九八年）、渡辺尚志「幕末の鉄座設立運動と由緒」（久留島浩・吉田伸之編『近世の社会集団—由緒と言説』山川出版社、一九九五年）に詳しい。なお、弘化三年中橋弘道は嘉平治と改名している。

（3）寺社勢力については、黒田俊雄『寺社勢力—もう一つの中世社会—』（岩波書店、一九八〇年）参照。

（4）以下、学侶方については、「学侶行人来由抜萃」（中橋家文書一三五）による。

（5）辻善之助『日本仏教史』第十章第八節仏教の形式化其一、一七頁。

（6）中世期の寺内組織については、中村直人「中世後期金剛峯寺の権力構造」（『ヒストリア』一七三号、二〇〇一年）。

（7）慶長六年「高野山法度條々」（『徳川禁令考』二六二三）。

（8）龍光院は江戸へ出立の際に、慈尊院村の中橋家が所蔵する寛永年間作成とされる「諸大名寄附帳」を写して持参している。「諸大名寄附帳」には、寛永期の大塔再建の際、諸大名が幕府へ寄付した金を詳細に記してあった。中橋家では、「寛永ノ度大塔御再建御入用記」と一緒に所持してきたようである。

（9）「大塔御再建願上一件扣」（中橋家文書二九〇）。

（10）頼富本宏・森雅秀・飯島太千雄「空海の芸術観」（高木訷元・岡村圭真編『空海』吉川弘文館、二〇〇三年）。

（11）以下、慶長期の再建までの過程は、太田直之『中世の社寺と信仰―勧進と勧進聖の時代―』（弘文堂、二〇〇八年）による。

（12）以下、寛永期の大塔再建の推移は、「大塔御再建願上一件扣」（中橋二九〇）に記された「寛永度御造営之記」による。『高野春秋』では、寛永七年一〇月七日炎上、寛永八年八月二日に幕府から再建が認められて造営奉行が決まったと書かれているが、『江戸幕府日記』などの記述と合致しない。『江戸幕府日記』と月日の一致する「寛永度御造営之記」を用いる。

（13）『本光国師日記』（有精堂出版部、一九三七年）。

（14）『高野山千百年史』（高野山金剛峰寺記念大法會事務局、一九一四年）二四一頁。

（15）『紀伊続風土記』には「大徳院并聖方の願に應して　台命を下し再建せしめ給ふ、是を拝謝するに依て酒井雅楽頭・酒井讃岐守奉書を賜る（今に存せり）、同十二年五月大塔の柱楹を登するの時五百の人歩を出す」とあり、大塔再建に聖方も関わっていたことがわかる。

（16）同日に、比叡山大塔・金塔・多賀の社（多賀大社）・山崎の社（石清水八幡宮）の造営が命じられた。『江戸幕府日記』（ゆまに書房、二〇〇三年）寛永一〇年七月二一日条。

（17）文政二年「（寛永年中高野山大塔御建立記録写）」（中橋家文書一〇三八）。

（18）「大塔御再建願上一件扣」（中橋家文書二九〇）。

（19）「大塔御再建願上一件扣」（中橋家文書二九〇）。

（20）『和歌山市史』第二巻、七二五頁。

（21）『南紀徳川史』第二冊、六三八頁。

（22）八月には、寺社奉行久世広周から呼出があり、大塔は仮堂のままでも差し支えないか尋ねられている。その際、龍光院は、幕府によって再建されたために崇敬されてきたが、今回再建されなければ高野山は「衰廃法滅」であると述べている。その後、門跡の仁和寺を通じた再建嘆願も行われていた。仁和寺宮は天保一五年一〇月に五三〇名程で高野山を訪れており、その際幕府への嘆願を依頼されたと考えられる。
(23) 本項は、「天保十五甲辰初夏ヨリ壇上伽藍再建御用筋ニ付若府出勤一件留記」（中橋家文書一二二）による。
(24) 文化一二年「系譜」（和歌山県立文書館所蔵六八六五）・文化一二年「親類書」（同六八六四）・弘化三年「親類書」（同六八五九）。文書№は和歌山県立文書館『収蔵史料目録十　紀州家中系譜並に親類書書上げ（上）』による。
(25) おのぶの方は「御部屋様御召遣ひ御取立被成候」人物であった。
(26) 『高野山千百年史』二七七頁。
(27) 弘化二年「御用留」（中橋家文書一二〇）。
(28) 『南紀徳川史』第二冊、六四二頁。
(29) 田谷博吉『近世銀座の研究』（吉川弘文館、一九六三年）。
(30) 柴田淳平は、対馬藩が勘定所へ「朝鮮人来朝御用請ニ付、御金拝借御願筋」の際にも「内々世話」しており（中橋家文書八八の四月一一日条）、中橋以外にも多くの者が柴田家へ出入りしていたと考えられる。
(31) 同時期、中橋は柴田を通じて対馬藩の村倉次郎と知り合い、その伝手を利用して寛永期に大塔造営奉行を勤めた戸川家へ寛永期の記録の有無を照会している。
(32) 和歌山の光明院（和歌山市有田屋町）を訪れ、不正のため閉門を申しつけられた普門院の訴訟について相談している。また同寺で「野山飛行三鈷之秘書写」と「同山雑記」を借用している。
(33) 『伊達自得翁全集』（一九二六年）五〇〇頁。同月に御葬送法会御用を勤め、同年一二月二七日には御法事御用を勤めている。
(34) 『幕末御触書集成』（岩波書店）寺社之部一五七五。

十一章　紀伊藩における修験者の他領宗教者取締

はじめに

文政一〇年（一八二七）一二月一六日、紀伊国海部郡加太浦の淡嶋神社に属する高山源太夫は、勧進のため村々を巡っていた。勧進とは守札などを配って町や村を巡り、寄付を募る行為である。淡嶋神社の社人は各々担当の地域が決まっており、高山は現在の和歌山市南部から海南市や紀美野町西部にかけての地域を担当していた。高山が那賀郡木津村（和歌山県海南市）の庄屋を訪ねた際、多門院の院家と名乗る修験者から呼び止められ、許可書を提示するよう求められた。高山が示した紀伊藩寺社奉行の許可書は本物と確認されたが、古い許可書なので今後は多門院と般若院の許可を取って巡行するよう申し付けられた(1)。なぜこの修験者は別身分である社人を取り締まっていたのだろうか。

近年の近世宗教史研究では、仏教は寺院本末制、神職・陰陽師など仏教以外の宗教はその身分集団ごとに編成の実態解明が進展している(2)。従来の研究で強調されてきた幕府による強制的な編成のみならず、自主的に本山・本所の権威を求め、そのもとで活動する宗教者の姿が明らかにされている。現在は、こうした多様な宗教・

宗派の教団組織や身分集団がどのように併存していたかを解明することが課題となっており、宗教・宗派間の争論やそれらと幕藩権力の関係[3]、都市における併存状況の具体像が明らかにされている[4]。一方、幕藩権力の宗教政策も江戸や大坂では多くの研究蓄積が見られるが[5]、全国的には宗教・宗派ごとに論じられる傾向が強く、その横断的な政策の把握は依然充分になされていない。自治体史等で言及されている地域もあるが、個別領主の宗教政策は水戸藩や岡山藩、会津藩の寺院整理など特異な事例以外に研究蓄積が少ないと言えよう[6]。

そこで本章は、紀伊藩に訪れる多様な宗教者の把握・取締政策を事例として、藩権力による宗教政策の展開を考察する。近世後期には来訪する勧進宗教者の増加とそれに伴う民衆の負担増加が全国各地で社会問題となった。幕府が不法を働く勧進宗教者への対応を取り決めるなど取締を強化する一方、地域社会では特定の宗教者の縄張りとなることで、他の宗教者の排除を図ったり[7]、諸宗教者の対応を郡中議定で定めたりなどの対応が見られた[8]。また、本山・本所は偽物の宗教者の存在を理由に取締強化の必要性を述べ、自らの権限強化を図った[9]。こうした状況下で、藩権力がどのような政策を行ったかを、排除あるいは受容の方針を把握するのみならず、具体的に解明する必要があろう。

本論では、第一に近世後期における他領宗教者への具体的な対策を明らかにする。先行研究では、尾張藩のように本山・本所の介入を拒否し、領内の宗教者を直接に支配する意思を持つ藩の存在が指摘されている[10]。同じ御三家である紀伊藩がどのような意思であったのかにも留意したい。第二に、取締の担い手となった修験者の動向を明らかにし、取締を担うに到るまでの過程を明らかにする。以上から、多様な宗教・宗派の併存する社会で藩権力がどのような政策により諸宗教者を取り締まっていたのかを明らかにしたい。

一　近世後期における取締

一八世紀後期になると、霊場など他領から来訪する勧進宗教者の増加が各地で問題となり、紀伊藩でもその対策が模索された[11]。次頁の表で天保期に名草郡和佐組（和歌山市）へ訪れていた他領の霊場を見ると、全国的に信仰者を獲得していた伊勢神宮を初め、多賀・吉野・牛瀧・金剛山など畿内・近国の霊場や、遠方の雲州大社（島根県）や江ノ島弁財天（神奈川県）の宗教者も訪れていたことがわかる。

宝暦六年（一七五六）、紀伊藩は来訪する六十六部や西国三十三度行者の増加は「在中費多く、其上耕作稼之害」になることから、他国出生者を受け入れないよう命じている[12]。翌年一二月、藩は他国から紀伊へ陰陽師がどの程度入っているのか、またその取締方法を陰陽師触頭の富永信濃へ問い合わせた。触頭レベルでは対応できず、本所の土御門家が返答書を作成し、他領の陰陽師が領内へ入る際には所書と名前を書いた札を作り、触頭間の連絡を取ることを約束した[13]。

勧進はあくまで人々の「志次第」のため、藩が一律に他領の宗教者を排除することはなく、村入用での負担禁止や[14]、期間限定で伊勢神宮と熊野三山を除く全勧進の禁止など限定的な制限を行うにとどまった[15]。しかし、天保三年（一八三二）松坂領の庄屋が由緒ない寺社の勧進制限を求めたように[16]、より厳しい対策を求める者もいた。弘化三年（一八四六）田辺領の大庄屋は、在地の寺社が破損しても他領の寺社の勧進に妨げられて修復が行き届いていないと述べている[17]。また、領内の宗教者も他領の宗教者が訪れることで、加持祈禱が数多くなれば、領内の宗教者はより困窮して本寺への勤めは不可能と述べており[18]、領民だけでなく領内の宗教者を保護するた

表　名草郡和佐組を訪れた他領の霊場

布施屋村	伊勢・江州多賀・和州金剛山・泉州牛瀧山・和州吉野権現・雲州大社・尾州津島牛頭天王・勢州いそ部皇・京都祇園社
関戸村	伊勢・和州吉野・雲州大社・江州多賀・京伊成大権現・山城岩清水八幡宮・相州江の嶋弁財天・尾張津嶋明神
井口村	伊勢・江州多賀・和州山上・雲州大社
禰宜村	伊勢・江州多賀・泉州牛瀧・和州金剛山・和州吉野権現・勢州浅間嶽・雲州大社・尾州津嶋・城州八幡八満
中村	伊勢・江州多賀・和州金剛山・泉州牛瀧・和州吉野権現・勢州浅間嶽・雲州大社
下和佐村	伊勢・泉州牛瀧・江州多賀・和州金剛山・和州吉野権現・勢州浅間嶽・やはた八幡・雲州大社
岩橋村	伊勢・雲州大社・京八幡
栗栖村	伊勢・江州多賀・和州金剛山・和州吉野権現・尾州津嶋明神・勢州浅間嶽・雲州大社
出島村	伊勢・出雲大社・尾州津嶋大明神・相州江ノ嶋弁財天
八軒屋	伊勢・雲州大社・江州多賀・山州石清水・尾州津嶋・相州江之嶋
松島村	勢州太神宮・同朝熊嶽・雲州大社・尾州津嶋明神・江州多賀大社・山州愛宕山・和州吉野権現・同金剛山・泉州牛瀧山・高野山
加納村	伊勢・伊勢浅間嶽・江州多賀・和州金剛山・和州吉野・雲州大社・尾州津嶋明神・泉州牛瀧
松島新田村	伊勢・伊勢浅間嶽・江州多賀・和州金剛山・和州吉野・雲州大社・尾州津嶋明神・泉州牛瀧
新在家村	伊勢・雲州大社・吉野権現・熊野権現・やわた八まん・津嶋さま・御多賀

※天保13年「他所寺社方配札ヶ所調帳」（秦野家文書）より作成。

めにも他領宗教者への対策が必要であった。

天保一一年五月、紀伊藩の勢州奉行は、他領宗教者の勧進取締方法を和歌山へ問い合わせ、紀伊にあわせて伊勢三領でも次のように取り締まるよう命じている。(19)

都而他所他国より　御国へ入込候諸山之出家・社人・配札又ハ風来之修験且虚無僧、其外何ニ不限神仏ニ携り勧事幷修行いたし候者之類ハ、従往古若山山伏頭之支配ニて、真偽を相改候上ニて壱ヶ年切、或ハ月切・日切等之改札相渡させ修行為致候筈、尤若山　御城下幷口四郡之内は若山住之役山伏共ニ相調させ、有田郡より下モ熊野幷勢州御領分ハ、其所々之修験役院共ニ相調させ、且又虚無僧之儀ハ本寺本則相改候上ニて證文為持修行為致候筈、仮令本則所持之者ニても役修験之印鑑所持無之者ハ御領分修行不相成筈候事、右之趣従先年之御定ニ候所、

三領修験共之内心得紛候者も有之哉ニ相聞へ如何之事ニ候、向後心得違無之様可申付事

すなわち、藩領における他領宗教者の配札や修行は、昔から和歌山城下の修験多門院と般若院が真偽を改めた上で、一年限りなど期限付きで改札を与えて許可している。そして、城下および名草郡・海部郡・那賀郡・伊都郡は和歌山在住の修験、有田郡・日高郡・牟婁郡・伊勢三領はその地域の修験に調べさせている。特に、虚無僧には本則（虚無僧寺から与えられた免許）を所持させた上で、さらに多門院・般若院の証文所持を義務づけ、本則を所持していても両院の証文を所持しない者は廻村を禁じた[20]。そして、この取締は以前より定められているが、伊勢三領の修験に改めて遵守を命じるとしている。

紀伊藩では増加する他領宗教者への対策として、その身分に関わらず一律で修験の多門院・般若院およびその配下に勧進取締を担わせていた。取締はその宗教者の真偽を確認して期間を限って許可することで、一律に禁止したわけではない。しかし、偽者の排除などにより一程度の抑制を可能にしたと思われる。真偽の確認方法は明記されていないが、虚無僧に本則の所持を義務づけているように、その宗教者が属する宗教施設（寺社）や本寺・本所の証文などを提示させたのであろう。また、取締対象は他領の勧進宗教者のみだが、他領か否かを外見で判断することは不可能なため、結果として領内の勧進宗教者の取締にも繋がったと思われる。冒頭に述べた淡嶋神社の高山源太夫への詮索もその一例である。

両院の鑑札を現地で確認するのも、基本的に両院配下の修験者に任された。田丸領では、天保一一年七月に田丸町の教蔵院と上地村の観龍院に取締を命じ、九月以降偽りない宗教者には許可書を発給し、各村へはその見本となる木札を一枚ずつ遣わしている[21]。天保一三年には「往古より由緒」と当人の嘆願により、他領の陰陽師に限って松坂領丹生村の賀茂杉太夫が取締の権限を与えられた（松坂領・白子領も任されたのであろう）。賀茂

は伊勢三領の触頭をつとめた陰陽師で、元禄二年（一六八九）に丹生暦の頒布を許可された[22]。賀茂は田丸領の村々へ鑑札の見本二六〇枚を送り（一村一枚）、小俣村の陰陽師・森下久太夫に田丸領の鑑札渡役および真偽相改取締を委任している。

一方、付家老安藤家が治める田辺領では、現地の修験者が許可書を発給する権限は与えられず、多門院・般若院の証文と現地代官の許可が必須であった。文政一〇年正月に、田辺領での勧進は代官の証文携帯を必須とする旨が命じられている（御免勧化は除く）[23]。そのため、田辺領の修験組頭は再三代官へ取締の委任を嘆願した。

天保九年九月には、修験組頭の教学院らが田辺城下で他領修験者の勧進を一律に禁止するよう代官へ願い出て、自らその取締役を志願した[24]。多門院・般若院は代官の許可があれば問題ないと承諾した。しかし、代官は許可せず、組頭は翌年一一月に他領宗教者の宗教行為を配札のみに限定して、祈念・祈禱などを禁止するよう願い、許可された。弘化三年（一八四六）八月には、他領宗教者が代官へ勧進を嘆願する際の取次を志願した[25]。しかし、これも認められず、格別差し支えがあれば、その時に願い出るよう申し渡されている。九月には加持祈禱が多数になっては難渋になるとの理由で、多門院・般若院の許可を得た宗教者のみ取次を行いたいと譲歩して願うが許可されず、その後も取締は委任されなかった。

では、なぜこのような多門院・般若院による取締が行われたのだろうか。藩の意図を明確に示す史料は管見の限り確認できないため、修験者が担い手となった理由は不明である。領内に修験の行場があるため、他領から訪れる修験者が他の宗教者と比べて多かったことが関係しているとの推測はできるが、断定はできない。ただ、天保期以降の状況から、こうした取締を領内の宗教者に任せた藩の意図は明らかにすることが可能である。

幕府の宗教統制は、幕府が直接宗教者を掌握するのではなく、本山・本所に組織編成させ、個々の宗教者を間接的に掌握する方式をとった[26]。僧侶は本山、その他の宗教者は本所に属することで宗教者と認められ、より円滑に勧進活動を行うことができた。しかし、紀伊藩では他領の本山（本寺）・本所が保証したからといって、領内で他領宗教者が勧進することを許可せず、領内の宗教者の許可を必須とする方針を取った。

天保期に両院の取締が始まった伊勢三領では、虚無僧寺の普済寺が近隣であったため、その後も同寺に留場料を払って他の虚無僧の排除を図る地域が多かった[27]。しかし、嘉永六年（一八五三）に勢州奉行は、紀伊藩の「御国柄」として亀山藩領の普済寺に任せるのは、藩の「制道不行届ニも相聞」こえるため「不都合」とし、普済寺の留場札を引かせ、往古の通りに多門院が取り締まるよう代官に命じている。これまで行われてきた普済寺の取締と同じように、村々へ一切不法の者が入り込まないように「山伏頭」に申し付けると藩は述べており、この時点で普済寺の取締自体に問題があったわけではない。他領の普済寺に取締を任せることが、藩の外聞に関わるため問題とされたのである。つまり、藩にとっては取締の担い手が修験者であることより、第一に領内の宗教者であることが重要であったと言えよう。田丸領で陰陽師取締のみは賀茂杉太夫が担うことができたのも、領内に居住する宗教者であったからこそであろう。紀伊藩は、尾張藩と同様に、本山・本所の介入を拒否し[28]、他領宗教者の取締をあくまで領内の宗教者に担わせる方針であったのである。

こうした藩の意思は、領内の寺院支配にも通底しており、他領の本寺の介入を拒否しようと図っている。やや横道に逸れるが、他領宗教者取締との共通性を確認するため、藩の寺院政策について概観してみたい。

寛文一〇～一二年（一六七〇～七二）、紀伊藩は各地の大庄屋へ寺院の本末関係調査を命じ、本寺があればその通りに、本寺がなければ領内で本寺を定めて届け出るよう申し付けた（ただし領内全域で命じられたかは不明[29]）。那賀郡粉河組では、全三六寺院のうち本寺を定めていない寺（無本寺）が二五存在したものの、いずれも本寺を定めて届け出ている[30]。また、牟婁郡新宮城下の宗応寺は領内の無本寺一三、全龍寺は無本寺二三を新たに末寺に加えている[31]。

しかし、その後も無本寺は多数存在しており、宝暦期には無宗旨・無本寺の本末体制への編入を図り（黄檗宗は寺院数が少ないためか、以後も無本寺を許されている）、例外的に他領の寺へ編入させている。

宝暦二年（一七五二）、古義真言宗の無本寺を京都の勧修寺末に編入する旨を通告して、請書を提出させた[32]。勧修寺は新たな末寺へ紀伊藩を経由して「御末寺被召加候寺院御国法ニ付候義幷世用進退之義、是迄之通、元ゟ其御方寺社御奉行所ニて被仰付候事」などを命じている[33]。同時期に、寺社奉行は無宗旨寺院へも本寺を定めるよう命じ、田丸領では希望する本寺または「存寄」の本寺を願うよう申し渡した[34]。同年一一月には、未だに無宗旨や退転同然で宗旨を定め難い寺院、無本寺で勧修寺末を希望する寺院を再調査し、無宗旨・無本寺の把握と本末体制への編入を図っている[35]。

このように無本寺を他領寺院の末寺にしたのは例外で、原則は寛文期のように領内で本寺を選択させている[36]。例えば、宝暦四年一〇月に田丸領勝田村の曹洞宗観音堂が寺号を得て本寺を定める際は、最初に和歌山城下の曹洞宗僧録八ヶ寺から選ぶよう命じられた（結果的に、同領宮古村の広泰寺末となる）。一方、安永八年（一七七九）一二月に田丸領柳原村の観音堂が寺号を得て京都の大覚寺末（古義真言宗）となる際には、住持交代は藩の許可を得た後に本寺へ申し出ること、藩に問題ない限りで本寺から末寺へ「式法」を申し渡す等の三ヶ条を本寺となる大覚寺に誓約させている。そして、新たに他国で本寺を定める場合は、この誓約を本寺に提出させるよう藩は命じ、宝暦期に無本寺の古義真言宗寺院が勧修寺末となった事は「例ニは難用候」とした。大覚寺は寺法よりも藩の都合が優先されることを認める形となり、これまでこのような一札を差し出した例はないと苦言を呈している。

また、寛文期以前に他国で本寺を定めている寺院も少なくないが、その場合は、住職選定などで本寺の指図を受けないことが原則であった。正徳期に東照宮別当の雲蓋院は、「他国本寺居幷他国本寺支配無之との国法之御定之御書付ハ此方ニハ無御座候得共、右之軌則ハ前々ゟ分明ニ相定り有之」と記している[37]。雲蓋院・陽照院の住職選定も、形式上は雲蓋院が藩主へ申し出て、藩主から輪王寺宮へ伝える手順のため（藩主が輪王寺宮に願うのではなく決定を伝えるのみ）、輪王寺宮の「思召次第」で決定されることはなかった。ただし、寛延四年（一七五一）に建立された寂光院の手続きに見られるように[38]、実際には事前に輪王寺宮家の内諾を得ていたと思われる。その後、享保七年（一七二二）三月には他国本寺の指図を受けない原則が触れ出され、安永五年にも再触れされた[39]。紀伊藩は領内寺院の編成を極力領内の寺院に担わせ、他国本寺の介入を拒否する方針であったことが窺える。他領宗教者の取締にも、この方針が適用されたと言えよう。

以上のように、紀伊藩では修験の多門院・般若院が他領宗教者の取締を担っていた。有田郡以南や伊勢三領では、両院の許可を得た上で、代官が許可する地域と修験に取締を任せる地域が存在し、田丸領のように陰陽師に限って現地の陰陽師の許可が必要なこともあった。史料中には、この取締が「往古」より行われているとあるが、天保一一年に伊勢三領で命じられたように、実際には藩領全域で近世を通じて遵守されていたわけではない。次節では、一八世紀に遡って他領宗教者の取締の実態を究明していきたい。

二　一八世紀における勧進宗教者の取締

藩の触頭をつとめ、修験者を支配した多門院（松尾山大讃寺）と般若院（永久山覚林寺）は、ともに和歌山城下の一里山町（和歌山市吹屋町）に所在した。多門院が本山派、般若院が当山派である。九章の表に記したように大広間で藩主の謁見を許されている。『紀伊続風土記』によれば、多門院の祖は清水多門院祐盛であり、軍功によって元和年間に藩へ仕えたが、のちに修験者となり、苗字を根来と改めて藩領の修験支配を命じられた。般若院はもともと駿河で徳川頼宣に仕えたが、転封に伴い和歌山へ訪れ、領内の修験支配を命じられた。なお、多門院と般若院は現存しておらず、その史料の所在も不明である。

明治三年（一八七〇）の時点で、領内には神社三二四七、社家三二六軒、寺院二三〇三、修験一一一軒が存在した[40]。これらに属する五七二一人のうち修験は四六人であり、明治初期に一程度の復飾者がいたことを勘案しても、僧二八九九人や社人一八七人と比べ大幅に少ない。また、軒数よりも修験者が少ないことから、無住の修験寺院が多かったことが推測できる。

『田辺万代記』などを見ると、藩領の修験者は組単位で編成され、組を統括する下役（惣組役）が設けられていたことがわかる。そして、各郡や付家老の知行地、伊勢三領ごとに複数の組を統括する組頭が設けられ、下役を任命した[41]。すなわち、多門院・般若院—組頭—下役—修験者という系統で編成された。寺院の相続も組頭を通じて多門院・般若院へ届け出る必要があった[42]。両院の改札を持つことで修験者は領内での勧進が可能で、天明六年（一七八六）には改札を持たない修験者は追い払うよう命じられた[43]。

多門院・般若院が取締に関わり始めた時期は不明だが、一七世紀末には両院が和歌山城下での勧進許可の一翼を担っていたと思われる。東鍛冶屋町の神明社の中村家は、多門院から証文を申し受けて、貞享三、四年（一六八六、八七）頃より城下で勧進していた[44]。享保五年（一七二〇）には、御供米を取り集めるため城下巡回を町奉行から許可され、多門院・般若院の証文を受け取って巡回するように命じられた。中村一格は両院へ願い出て、次の一札を与えられている。

一、此林茂太夫と申者此方ニ而相改、当所東鍛治屋町神明守中村一格方ゟ出し候御供米取ニ紛無之候ニ付、
当町中旦那廻り相務申候、為其如斯ニ候
此証文一年切ニ書替相渡シ申筈ニ候、以上
享保五年子正月十五日印
根来多門院判
世儀盤若院判

この史料は、中村の配下・林茂太夫の城下巡回許可書である。多門院・般若院が一年限りで城下の勧進を許可したことが記されている。のちに中村は不調法な行いにより罰せられ、両院の預り処分となり、両院が支配する「鈴振頭」の組下に編入されている。鈴振について詳細は不明だが、その姿から神道者を指すと思われる[45]。

その後、年不詳ながら（亥年）虚無僧の取締が次のように命じられた[46]。

惣而虚無僧町在修行ニ出候儀者本則致所持、其上多門院・般若院ゟ之証文無之候而ハ、町在修行不相成筈ニ候処、近キ頃町在江虚無僧致徘徊候処、右証文無之修行ニ相廻し候者茂有之由、且又所々ニ而やからお申かさつ成者茂有之趣粗相聞候条、右躰無法成者も有之候ハヽ、其所ニ指留置、早速可申出候
右之通和哥山町在中江相触候由町奉行中ゟ申来候間、在中ニおゐて茂本文之通相心得候様在々御触可有候

虚無僧は本則を所持したうえで、多門院・般若院の許可を得てから和歌山城下を巡回するよう改めて遵守が命じられ、さらに城下外の村方でも同様に行うよう触れ出されている。虚無僧に限ったことではあるが、当初は和歌山城下に限定されていた修験による取締が城下外へも範囲を広げていることがわかる。

安永九年（一七八〇）一〇月、田辺領修験組頭の観行院と仙良院は、郡奉行へ次のように修験の役儀の承認を求めている[47]。①田辺領の修験は田辺組・富田組・南部組・三栖組の四組に分かれ、下役が田辺組に二人、他組に一人ずつ置かれている。また、多門院・般若院の命じた目代役が田辺領内に一人置かれている。②諸事御用や触書は、郡奉行から大庄屋を経て組頭へ伝えられ、四組の下役へ達している。郡奉行から直接伝達されることもあるが、大半は大庄屋を通じて知らされる。③毎年二、三月に組頭が支配する修験者やその一族の人数増減を大庄屋へ知らせている。④田辺領へ入り込んだ他領の山伏・虚無僧・諸寺諸山の勧進は組頭へ届けさせ、吟味の上で廻らせている。⑤虚無僧は多門院・般若院の改札を持って領内を廻ることが可能なので、当地で組頭が改札を確認し許可している。⑥当地で祭礼の際に警護を行っている。⑦芝居興行には他領の者が多いので支配下の者に取り締らせている。⑧和歌山や伊勢から訪れた神楽・獅子舞は組頭が改めた上で町を廻らせている。

以上の嘆願書の中では「御上ニつと〳〵御承知無御座筋可有」と述べており、すべてが修験者の役儀と藩に認められていたわけではない。勧進に関わる④と⑤を見ると、安永期すでに他領の勧進宗教者を修験者が取り締まっていたことがわかる。虚無僧も本則を所持した上で多門院・般若院の証文を得て廻村するよう命じられている。田辺領では、改札を確認して、京都愛宕山・祇園、伊勢朝熊、江州竹生島などの廻村を許可し[48]、南部川大橋村で偽の修験者や京都から来たと偽る僧を追い払っていた[49]。宝暦期に紀伊藩が陰陽師取締を土御門家へ依頼した際も、民間宗教者の取締は多門院・般若院が担っていると寺社奉行は述べていた(50)。

しかし、この時点で藩は多門院・般若院にすべての宗教者取締を委任していたわけではなく、寛政一二年（一八〇〇）一二月に次のように制限している(51)。

他山之寺社・山伏ゟ札賦等、山伏頭般若院・多門院之切手を持、年々町在へ入込、初穂を受廻り候者共も粗有之哉之趣相聞候ニ付、両院手前相糺候上、此度太神楽幷虚無僧・鈴振り、右三ヶ条之儀ハ両院之支配之儀ニ付、是迄仕来候通改札切手為指遣候、右之外、他山之寺社ハ勿論、御国寺社山伏等へ改札切手指遣候儀急度指留申候間、以後疑敷者相廻り候ハヽ、糺候様、在々村役人共へ心得させ置候様、寺社奉行中ゟ申来候間、右之段村々へ心得させ置候様、御勘定奉行衆ゟ被申越候間、其旨不洩様可被相通候

すなわち、他領の寺社・修験が領内で勧進する際、多門院・般若院の切手を持って巡回しているが、以後両院は太神楽・虚無僧・鈴振り以外に切手を遣わさないよう命じられた。両院は領内の寺社は勿論、修験者にさえ切手を与えることが許されなかった。この時点では、修験者にすべての他領宗教者の取締を任せる方針はなく、原則として寺社奉行が許可を行う方針であったと思われる。

では、こうした状況からどのようにして修験者が担うに至るのだろうか。次節では修験者の動向に注目して考察してみたい。

三　化政期以降の修験の動向

寛政期に修験者による他領宗教者の取締は制限されたが、太神楽・虚無僧・鈴振りについては取締を許され

ていた。修験者はその後も取締が委任されるよう図り、徐々に取締の根拠を形成していった。多門院や般若院の動向を直接記した史料は確認できないため、田辺城下における両院配下の修験者の動向を検討する[52]。

文化七年（一八一〇）三月、占いや祈願を行った片町の者を修験者が取り締まった際に、その根拠として、寛文一二年（一六七二）三月に藩から修験者へ「他国紛者神仏之職事ニ託して御国へ参候ハヾ相改、早々帰国可申付事」など一一条を命じられたと主張した。さらに、文化一四年六月、本町に滞在した易者を呼び出し、糾明した際には、寛文一二年三月に「虚無僧・大神楽・似せ順礼・行人・経読坊主・占算」など「神職・仏職・売僧致候者」の取締を命じられたと主張している。藩の命令を根拠に地域で取締を行おうとする修験者の動向が窺える。

その後、さらに取締の根拠は変わり、藩祖徳川頼宣の命令と主張するようになる。文政三年（一八二〇）四月、袋町の大黒屋来助という者が方位や家相による運勢占いを職業として、災難にあった家々を巡っては祈願すべき寺院を指導していた。これを問題視した修験組頭は、町年寄へ役僧を遣わして糾明した。町年寄は大黒屋へ申し聞かせて、今後は宗教活動を行わせないと返答した。しかし、口約束だけで、その後も大黒屋が誓約書を提出しなかったため、修験組頭は町年寄へ提出を促し、その経緯を町大庄屋へも伝えて大年寄に掛け合うよう求めた。その際に、町大庄屋は修験者が大黒屋を取り締まる理由を尋ねたため、寛文元年に「贋山伏・贋順礼・行人・虚無僧・大神楽・伊勢鈴振・読経坊主・辻談儀・事触・諸神仏建立之勧者・諸山初穂取・占算方・神子職、其外何ニ不寄神仏之職事ニ付、売僧紛敷者修験ゟ可相糺事」との藩命を受けたと述べている。文化一四年と比べ、「贋山伏」「伊勢鈴振」「神子職」という具体的な取締対象が増え、命じられた年も寛文元年に遡っている。寛文一二年ならば二代藩主徳川光貞の命令だが、寛文元年ならば藩祖頼宣の命令となり、祖法としてする。[53]

寛政年間に取締が制限されたことからわかるように、寛文元年に修験者が藩領全域での勧進取締を認められたという事実は確認できない。一七世紀末には和歌山城下の取締に関わっているため、同様の趣旨の命令があった可能性はあるが、範囲はせいぜい城下に限定され、対象の宗教者も限られていたと考えられる。しかし、修験者は実際に命令が存在したと主張して、諸宗教者の取締を担おうと図る。両院の配下は、多門院・般若院が取締を命じられたと主張しているので、両院自身もそのように主張していたと考えられる。本山・本所が偽物の宗教者の存在を理由に取締強化を主張し、自らの権限強化を図ったのと同様に[54]、多門院・般若院とその配下は徳川頼宣の「御国法」を根拠に自らの権限強化を図ったのではないだろうか。

その後、冒頭で述べたように文政一〇年に淡嶋神社の社人が修験者の詮索を受けた。淡嶋神社の神主は寺社奉行へ次のように問い合わせた[55]。

当社之儀者往古ゟ神主之印形ニ而相廻り来り、多門院・般若院へ三拾六枚合判差遣、役山伏中江両院ゟ相廻シ呉候而、檀廻仕来候処、自分判鑑ニ而相廻り候節も御役所之御切手ニ而相廻り候様ニと役山伏中ゟ申出候付、享和元酉年御願申上御役所永代御切手ニ御改被為　成下、口六郡両熊野勢州御領分とも都合御切手拾枚頂戴仕難有社人とも檀廻仕来候、此度より両院之印形無之候而者指支候様ニと右山伏中被申候而者如何之儀と奉存候付、右之段御窺奉申上候

すなわち、もともと淡嶋神社の社人は神主が押印した証文を持参して勧進していた。その際、勧進する旨を事前に多門院や般若院へ知らせ、各地の修験者へ伝達を依頼していた。しかし、その後に「役山伏」が勧進の際

に神社の証文だけでなく寺社奉行の証文を持参するよう求めたため、享和元年（一八〇一）に藩の「永代御切手」を取得していた。ところが、今回多門院下の修験者がこの切手を「古切手」と見なして、多門院・般若院の許可がなくては差し支えると述べた意味を寺社奉行に尋ねている。寺社奉行は淡嶋神社の「古切手」を回収し、新たに一一枚の証文を一〇人の社人へ遣わしている。この証文は一年ごとの更新が必要であった。

この一件と修験者の動向を合わせて検討すると、藩の取締方針の推移を次のように解釈できる。もともと領内寺社は和歌山城下以外では藩の許可書がなくても、その寺社の証明書があれば勧進できたが（実際には、その地域の大庄屋の許可を必要とする場合が多かったと思われる）、自主的に宗教者を取り締まる多門院・般若院へ伝えることでより円滑に廻村できた。しかし、寛政一二年に両院の取締対象が太神楽・虚無僧・鈴振りに限定され、領内寺社の取締も禁止されたため、淡嶋神社は翌年寺社奉行から「永代御切手」を得て勧進するようになった。ところが、文政一〇年頃には多門院・般若院による他領宗教者の取締が再び行われるようになり、見廻っていた修験者は淡嶋神社の社人に証文の提示を求めた。この頃から藩は修験者による取締を容認するようになっていたと思われる。この時、淡嶋神社は寺社奉行へ申し出て一年限りの証文を得ており、領内の寺社はその後も寺社奉行の許可を得て勧進したのであろう。

文政一二年一〇月、田辺領を訪れた多賀成就院の使僧は、次の願書を代官に提出している(56)。

御領分配札廻在之儀者、奉願御聞済之上ニ而御証文頂戴仕候上ならで廻在罷成不申候との御儀不存、先年ゟ若山盤《ママ》若院・多門院之一札を以廻在仕来候由中継を以私義去年ゟ御領分廻在仕候、然処当年も同様ニ相心得、富田組へ罷越、同所ニ而観音院使僧と掛合之儀ニ付、前段御証文之儀大庄屋所ゟ被申聞奉驚入候、御当所へ罷越、配札廻在之儀奉願御証文頂戴可仕筈、其儀無御座候段不調法重々奉恐入候、何卒是迄之儀者

御用捨被為成下候様奉願、猶又配札廻在御慈悲之御憐愍を以て御赦免被為成下候様奉願上候

すなわち、多賀成就院は先年より多門院・般若院の証文を持ち勧進してきたため、当年も同様と考え勧進した。しかし、大庄屋から代官の証文を得なければ勧進できない旨を伝えられたため、代官へ不調法を詫び、改めて勧進許可を求めている。この願書から、文政一二年の時点で田辺領では多門院・般若院の証文が必須であり、その上で代官の許可が必要であったことがわかる。淡嶋神社の事例とともに、文政一〇年頃に藩が両院の他領宗教者の取締を容認していたことが窺えよう。そして、一節で述べたように、天保期には伊勢三領でも修験者の取締が本格的に行われ、藩領全域で修験者による取締が行われるようになったことが想定できよう。

管見の限り、文政一〇年頃に両院の取締を周知した藩の触書は確認できない。紀伊藩はすでに「往古」＝寛文元年に命じたものと判断して、取締を追認したと考えられる。なお、領内の神倉本願妙心寺が天保六年に勧進した際、証拠を持たなかったため、その真偽を疑う村があったように(57)、当時は領内外問わず宗教者が証拠なく廻村すること自体難しくなっていた。

おわりに

本章では、近世後期における紀伊藩の他領宗教者の把握・取締政策を事例に、多様な宗教者が存在する近世社会における藩権力の政策を検討してきた。そこから得られた結論を以下にまとめておきたい。

近世後期には、来訪する他領の勧進宗教者の増加が各地で社会問題となり、その対策が求められた。藩は修験の多門院・般若院に取締を担わせ、両院が訪れた宗教者の真偽を改め、期間を限定して勧進を許可した。他

領の本山（本寺）・本所が保証したからといって領内での他領宗教者の勧進を許可せず、領内の宗教者の許可を必須とする方針を取った。他領の宗教者に任せることは、藩の外聞に関わるため問題とされたのである。

多門院・般若院の取締は、一七世紀末には和歌山城下に限定されていたが徐々に領内各地に広がっていったと思われる。しかし、藩はその取締を公式には認めておらず、寛政一二年に取締の対象は限定されることとなった。だが、修験者はその後も取締が委任されるように、藩祖徳川頼宣の命令の存在を挙げて、その正当性を主張した。文政一〇年頃から藩の容認によって多門院・般若院が取締を担うようになり、実際に両院の許可書を得た宗教者が巡回するようになった。そして、天保期に伊勢三領でも本格的に両院による取締が始まったのである。

前述のように、幕府の宗教統制は、幕府が直接宗教者を掌握するのではなく、本山・本所に組織編成させ、個々の宗教者を間接的に掌握する方式をとった(58)。しかし、本章で明らかにしたように、紀伊藩は本山・本所の介入を拒否し、領内の宗教者に管理させる方針を取った。藩の領内寺院の支配や、九章で検討した和歌山城の儀礼における寺社序列を見ても、藩の論理に基づく政策や編成が存在しており、地域の寺社や宗教者の存在を研究していくうえで、縦割りの宗教・宗派ごとに分析していくだけでは不十分なことは明らかである。

〔註〕

（1）文政一一年「寺社御役所御切手年々御改ニ付留帳扣」（淡嶋神社文書№九八）。

（2）紙幅の都合により逐一挙げられないが、近年の代表的成果として、高埜利彦他編『近世の宗教と社会』一〜三（吉川弘文館、二〇〇八年）やその執筆者による論稿が挙げられる。

（3）澤博勝『近世宗教社会論』（吉川弘文館、二〇〇八年）など。
（4）塚田孝「身分的周縁論」（歴史学研究会等編『日本史講座六　近世社会論』東京大学出版、二〇〇五年）など。
（5）前掲註（4）、坂本忠久『天保改革の法と政策』（創文社、一九九七年）など。
（6）圭室文雄『日本仏教史　近世』（吉川弘文館、一九八七年）、藤田定興『寺社組織の統制と展開』（名著出版、一九九二年）など。
（7）保坂裕興「虚無僧」（高埜利彦編『民間に生きる宗教者』吉川弘文館、二〇〇〇年）。
（8）藪田貫『国訴と百姓一揆の研究』（校倉書房、一九九二年　新版・清文堂出版、二〇一六年）。
（9）林淳「幕府寺社奉行と勧進の宗教者─山伏・虚無僧・陰陽師─」（『民衆仏教の定着』佼成出版社、二〇一〇年）
（10）島薗進他編『勧進・参詣・祝祭』（春秋社、二〇一五年）、石黒智教「尾張藩の宗教行政─修験を事例に─」（『郷土文化』第六三巻二号、二〇〇九年）。
（11）寛政期に、紀伊藩は他国から訪れる旅行者への規制を強化している。柴田純『江戸のパスポート』（吉川弘文館、二〇一六年）参照。
（12）「萬歳留」第二集（『玉城町史』近世史料集第三巻）。
（13）梅田千尋『近世陰陽道組織の研究』（吉川弘文館、二〇〇九年）四六頁。なお、紀伊藩は土御門家の依頼で延享元年に領内の陰陽師調査を実施していた。
（14）『紀州田辺万代記』第一四巻（清文堂出版、一九九一～一九九四年。以下『万代記』と記す）、文政六年七月一一日条。
（15）『紀州田辺御用留』第一三巻（清文堂出版、一九九八～二〇〇二年。以下『御用留』と記す）、文久三年九月六日条。
（16）天保三年「御用留」（『三重県史』資料編近世3（下）№四五九）。

(17)『御用留』第三巻、弘化三年一二月二日条。
(18)『御用留』第三巻、弘化三年九月一三日条。
(19)「萬歳留」第四集(『玉城町史』近世史料集第五巻)。
(20)天保一一年三月には、虚無僧寺の普済寺(伊勢河曲郡岸岡村)の役僧が田辺領へ訪れ「此印持参無之宗門止宿ハ勿論、何事ニ不寄一切御取扱有之間敷候」と述べて、本則に押印される印の周知を図っている。『紀州田辺町大帳』第一六巻(清文堂出版、一九八九年)参照。
(21)「萬歳留」第四集(『玉城町史』近世史料集第五巻)。
(22)「萬歳留」第二集(『玉城町史』近世史料集第三巻)。
(23)『万代記』第一六巻、文政一〇年正月一三日条。
(24)『万代記』第一八巻、天保九年九月一六日条。
(25)『御用留』第三巻、弘化三年八月一二日条。
(26)高埜利彦『近世日本の国家権力と宗教』(東京大学出版会、一九八九年)、高埜利彦編『民間に生きる宗教者』(吉川弘文館、二〇〇〇年)。
(27)「萬歳留」第四集(『玉城町史』近世史料集第五巻)。
(28)前掲註(10)石黒論稿。
(29)「粉河寺雑録写」(『粉河町史』第三巻)。
(30)寛文一二年「粉河組在々寺社御改帳控」(『粉河町史』第三巻)。
(31)「当寺江入末之一札」「諸寺院江入末一札」(薗田香融編著『南紀寺社史料』関西大学出版部、二〇〇八年)。
(32)紀伊では六四寺が勧修寺末となった。村上弘子『高野山信仰の成立と展開』(雄山閣、二〇〇九年)参照。
(33)『万代記』第三巻、宝暦二年六月条。ただし、この時すべてが本寺を定めたわけではなく安永期に勧修寺末となった寺院もあるが、詳細は今後の課題である。

(34)「萬歳留」第一集（『玉城町史』近世史料集第二巻）。
(35)『万代記』第三巻、宝暦二年一一月一九日条。ただし、幕令による寛政期の本末帳などを見ても、無本寺はその後も存在したことがわかる。例えば、牟婁郡本宮村の臨済宗常福寺など六寺院は熊野本宮付の寺であったが、「本宮唯一となりしより諸寺皆村の支配となり」、いずれも無本寺となっている。『紀伊続風土記』巻之八十五参照。
(36)「萬歳留」第二集（『玉城町史』近世史料集第三巻）。
(37)正徳六年「公用別記」（雲蓋院文書）。
(38)「和歌山市寂光院の文化財緊急調査概報」（『和歌山市立博物館研究紀要』第三二号、二〇一七年）。
(39)「萬歳留」第二集（『玉城町史』近世史料集第三巻）。天保三年（一八三二）には、寺院進退を藩に届ける際に、他領本山・本寺の都合は記入しないよう命じている。
(40)『南紀徳川史』巻之百五十五（第一六冊）。
(41)ただし、新宮領については史料的制約から不明である。
(42)『万代記』第三巻、延享五年六月条。
(43)「萬歳留」第二集（『玉城町史』近世史料集第三巻）。
(44)享保一二年頃「願書［山伏支配につき］」（玉津島神社文書）。
(45)「天保年代物貰集」（和歌山県立図書館蔵）には、大きな鈴を持つ神道者が描かれている。
(46)亥年「（虚無僧取締につき触書）」（和歌山市立博物館蔵）。
(47)『万代記』第六巻、安永九年一〇月条。
(48)『万代記』第五巻、安永五年一〇月条。
(49)『万代記』第六巻、安永九年一〇月条。
(50)前掲註(13)。

(51) 寛政六年～「御触留」(『和歌山市史』六巻)。一部、原本をもとに修正。
(52) 『万代記』第一二(文化七年三月条)・一四(文化一四年六月一四日条)・一五巻(文政三年四月晦日条)。
(53) 元治元年(一八六四)二月、田辺領主安藤直裕らに拝謁する際に修験と神職が上座を争い、徳川頼宣の命令として、寛文元年八月に町奉行若尾右衛門四郎・東仁右衛門から多門院へ「贋山伏　贋順礼」など「何ニ不寄神仏之職事ニ携紛敷売僧事致し候者」を取り締まるよう命じられたと述べている。『御用留』第一四巻(元治元年四月七日条)による。
(54) 前掲註(9)。
(55) 前掲註(1)。
(56) 『万代記』第一七巻、文政一二年一〇月条。
(57) 天保六年「奉願口上」(『熊野本願所史料』清文堂出版、二〇〇三年、五二一頁)。
(58) 前掲註(26)。

終章

本書は、紀伊を事例に、霊場とそれを取り巻く社会の様相を考察してきた。ここでは改めて各章の成果を逐一振り返ることは避け、序章で提示した課題についての到達点を確認する。

一つ目は、参詣における信仰の問題である。先行研究で民衆の信仰の分析が参詣対象となる霊場のみで、居住村落の寺社を含めた議論に至っていないことから、民衆の思想や日常生活における信仰的営為を分析し、霊場へ赴く思想的背景や日常的状況を明らかにした。一章で取り上げた湯橋長泰は、もともと儒学のみを重視していたが、神道・儒学・仏教の三教を尊重するようになり、因果応報が適合せず、占いや夢の告げが実現しない現実の中で観音信仰によって現世での開運を熱望するようになった。日常生活で読経を行う一方で、観音霊場にも関心を持っていた。菩提寺に対しても無関心ではなく、家の宗教として真宗を最も尊重し、他の檀家とも争論に及んでいた。二章で取り上げた中橋英元は、共同体で雨乞いなどの読経を居住地の寺社で行い、個人でも様々な経典を修得して最勝王経や光明真言、般若心経などを読誦し、病気回復などを祈願した。葬祭寺院を始め、地域に存在する寺社が信仰的側面でも不可欠な役割を果たしていた。信仰的な役割を果たせないために、民衆が村外の選択可能な寺社を信仰するというよりは、村落内の寺社もそれぞれ役割を果たすが、さらなる祈願や娯楽のために旅へ出ていると理解できる。旅であっても、その日々が極端に信仰的になったり、娯楽的になったりするものではなく、寺社参詣は行為としては日常からの解放であるが、信仰面では日常の延長に位置づけられるものであった。両章の考察から、民衆が日常の信仰的営為も重視しつつ、その最中で霊場へも赴いていることは明らかであり、氏神や菩提寺が信仰的な役割を果たしていないとの評価は必ずしも正しくないと言えよう。

こうした先行研究との評価の違いは、澤博勝が都市部と村落部における信仰受容の相違を指摘したように[1]、江戸などの都市と本書が中心的に扱った村落部による違いに起因している可能性も想定される。一・二章で取り上げた湯橋長泰と中橋英元はともに村落部の者だが、両章で言及した同時代を生きた和歌山城下の大年寄・沼野六兵衛の信仰は大きく異なっていた[2]。六兵衛は菩提寺での報恩講などには全く興味を示さず、神社や祈禱寺院へのみ信仰を寄せている（特に神祇信仰が強い）。共同体的制約を受けず、天候などの祈願を菩提寺でもある地域の寺院で行う必要がない場合は、現世利益の祈禱を行う寺社や霊場にのみ信仰を寄せることもあったと思われる。

このように近世の人々の信仰は多様であるが、個々の事例の蓄積から大勢として信仰の変遷を辿るのは難しく、寺社側からの検討が必要である。そこで、霊場での信仰的営為や、霊場の宗教活動に対する民衆の対応を、高野山高室院を事例に検討した（三～五章）。参詣の大衆化でイメージされる参詣者の増加は、必ずしも適切ではなく、その変化は内容面で顕著であった。近世後期、観音信仰が意識される西国巡礼途中での参詣者が徐々に減少し、遊楽性を有する奈良経由での参詣者が多くなった。化政期には奈良などから案内人を連れてくる者、塔頭へ訪れても宿泊しない者が増加した。塔頭での位牌建立も減少しており、大勢として高野参詣の信仰性は薄れていったと言えよう。あるいは、こうした姿が新たな信仰のかたちと言えるのかもしれない。一八世紀末から一九世紀初め頃、旅の行程が長期化・複合化し、より困難の少ない旅が行われるようになる代わりに、一寺院で行われていた参詣者による信仰的営為は行われなくなったと考えられる。つまり、従来の信仰的営為を伴わない参詣が大衆化したのである。また、信仰的営為を行う参詣者にとって高野山は、近世前期（一七世紀）には自身や直接接触のある親族の逆修・菩提供養の場だったが、中期（一八世紀）には主に近親者や直接接触のない先祖も含めた菩提供養の場となり、後期（一九世紀）には近親者や「先祖」「先祖代々」の供養を主とする場へと変化している。

一方、高野山の勧進では、篤く信仰する者もいれば非協力的な者もいて、その対応は多様である。しかし、真宗や日蓮宗が多い村以外では、非協力的な村でも宗教者が執念深く説得にあたり、時には在地の真言宗寺院の協力を得て、勧進の成功に努めている。霊場の宗教者は、民衆が選択可能であるからといって、その選択を即座に受け入れるものではなく、その関係維持に努めていた。

勿論そうした状況でも信仰する者は存在しているし、その信仰を数量的検討から安易なものと評価することはできない。しかし、その信仰的営為が大勢としてどのような状況で行われたのかを把握することは、参詣での信仰の問題を考察するうえで不可欠である。本書の事例からは、一九世紀にも多くの参詣者が訪れる状況は変わらないものの、全体として信仰性の低下傾向が見て取れることを指摘しておきたい。

二つ目は、参詣者を受け入れる地域や寺社についてである。二部では、旅行者の紀伊での動向を踏まえて、受け入れた地域や寺社の動向を検討した。事例としたのは、旅行者に関わる生業のみでは成り立ちえない道中に位置する地域と、ごく限られた人数で経営された神社である。七章では、高野山麓の慈尊院村で安永期に始まった無銭渡を検討した。その実施には、慈尊院村はもちろん、近郊村落や領主の高野山、西国巡礼四番札所の施福寺も関わっていた。渡船は旅行者の支援としての側面もあるが、近郊村落がより多くの旅行者を渡していた実態を考慮すると、旅行者を村へ誘い賽銭や宿泊料を獲得する目的もあったと考えられる。いずれにせよ、無銭渡の成立によって、旅行者がこの場所で紀ノ川を渡る行程が維持されたと言えよう。旅の行程が旅行者の主体性のみならず、その地域住民の意向の下に成り立っていた事を示す事例である。八章では、紀伊国海士郡加太浦の淡嶋神社の宗教活動を検討した。元禄期から自力での修復を命じられ、宗教活動を活発化させた。淡嶋神社は各地に勧請され、天保期には江戸の紀伊藩蔵屋敷に勧請され、出開帳も実施するなど、その名は徐々に広まっていった。ただし、淡嶋神社の社人が毎年配札する範囲は紀伊が中心であり、紀伊の人々がその経営を支えていた。近世後期に、高野山から四国の金毘羅を目指す加太経由の行程が成立し、淡嶋神社へも多くの参詣者が訪れるようになった。その前提として、このような活発な宗教活動があったことは間違いなかろう。旅行者の主要目的地ではない地域や寺社もその活動によって旅行者を誘っており、六章の分析から紀伊に限定しても、こうした活動が各地で見られたことが明らかになったと言えよう。

三つ目は、霊場を含めた寺社を支配した幕藩権力の動向についてである。三部では紀伊藩を事例に、藩権力の寺社政策と寺社の動向を検討した。紀伊藩は藩の論理に基づいて、寺社を序列化しており、霊場も例外ではなかった。その序列は、紀伊徳川家の菩提所・廟所が最上位で、次に中世以来の有力寺社、第三に藩主の娘や側室を弔う廟所や藩主が特に信仰した寺院であった。巡礼者も多く訪れた道成寺は、寛政期に藩主の意向でその格を上げる一方で、藩に旅行者が見える場所での葵紋の使用を願い出るなど、その保護を積極的に活用した。また、紀伊藩に隣接して二一〇〇〇石の寺領を有した高野山も紀伊藩の寄進や幕府への口添えは不可欠で、その後ろ盾のもとで伽藍の維持を図っていた。しかし、藩の協力による幕府への嘆願が思い通り進まないと、別の方法で幕府へ接触を図っており、完全に紀伊藩に依存するものでもなかった。一方で、紀伊藩は近世後期に領外の勧進宗教者が増加してくると、取締を領内の修験者に任せていた。藩は外聞に関わることから、領外の本寺や本所の介入を避け、領内の宗教者に取締を任せる方針であった。その方針は領内寺院支配にも通底していた。修験者の取締によって、領外の勧進宗教者が減少すれば、領内の霊場は勧進を行いやすくなるため、結果として領内の霊場の保護にも繋がったと考えられる。藩は寺社を支配する一方で、その維持にも関わっており、その具体像を提示した。諸宗教者に対する藩権力の政策は寺院本末制や本所の研究に比べると、依然各地の事例が少ないため、今後もさらなる蓄積や比較検討が必要である。

以上の検討を踏まえて、紀伊の霊場参詣の展開を段階的に示すと、次のようになる。

中世後期、高野山の塔頭は戦国大名に接近を図り、その領域を檀那場とした。各地から訪れた参詣者の宿坊となり、位牌建立による逆修・菩提供養が行われた。当時は塔頭が遠隔地の民衆へ直接接触することは少なく、在地の真言宗寺院や修験などの宗教者を介して接触していた。戦乱が治まり、街道が整備され、暮しが安定したものになると、多くの民衆が旅へ出るようになり、紀伊の霊場へ訪れる者も増加した。高野山の参詣者は慶長・元和期も増加し、寛永期に一つのピークを迎える。特に寛永一五年（一六三八）は最も多く、相模西部だけで月牌が七〇〇程度建立されている。この年は伊勢神宮への参詣者が多く、その後に高野山へも参詣したと考えられる。当時は東国の者が高野山を訪れる契機は西国巡礼が主であり、寛永期も巡礼の途中で高野山へ参詣したのであろう。参詣者により位牌が数多く建立されるが、その供養対象は供養者の近親者に限られており、先祖を供養する意識は皆無だった。

一七世紀後半から一八世紀初期も、恒常的に多くの参詣者が高野山へ訪れ、山上は物を自由に買い求めることができるほどに発展していた。また、紀伊藩によって領内の霊場が再建・修復されるとともに、街道筋の村でも旅行者を受け入れる環境が整い始め、粉河村では『粉河寺縁起幷霊験記』などが出版された。那智山とその山麓、道成寺門前と小松原村などでは、旅行者の宿泊をめぐる争いが繰り広げられていた。

元禄期は、藩による寺社の修復が制限され、淡嶋神社が勧進や開帳を始め、道成寺が縁起の絵解きや開帳を始めたように、地方霊場が宗教活動を活発にする時期であった。淡嶋神社には、享保期以降和歌山城下の講中の者が参詣するようになった。高室院も直接檀那場へ僧侶を遣わすようになり、村民の名前を記した檀回帳を作成するなど、その関係を深めようと活動している。

宝暦～天明期は、参詣者の獲得をめぐる地域間・宗教者間の争いが、さらに頻発するようになった。道成寺門前の茶屋が参詣者を宿泊させたことで、宿駅の小松原村の宿泊者が減少したため、郡奉行から門前での宿泊を禁止する定書が再度申し渡された。高野山麓では、九度山村・入郷村が巡礼者の渡船を行ったため、争論になって慈尊院村が無銭渡を開始して他村の渡船を辞めさせている。高野山や那智山でも、参詣者の受け入れに関する定書が作成されている。こうした旅行者の獲得をめぐる争論の頻発は関東でも確認されており(3)、全国的に発生している可能性があろう。また、道中日記を見る限り、この頃から西国巡礼ではなく、奈良経由での高野参詣者も多数見られるようになっていて、高室院では安永期に過半数を占めるようになった。

文化～天保期は、それまで盛んだった西国巡礼が大幅に衰退する。高野山の参詣者も、伊勢参宮後に奈良や吉野などを経由して訪れる者が多くなった。途中に位置する奈良などから案内人を連れてくる旅行者も増加した。また、街道の村々の宿場化などの影響を受けて、塔頭で宿泊しない者も増加した。旅行者を受け入れる環境が整備されることで選択肢が増え、従来から行われていた一寺社での信仰的営為が減少したと理解できよう。加太から四国へ渡る航路の整備によって淡嶋神社の参詣者が増加したように、交通環境の変化は参詣に大きな影響を与えた。一方、地域社会では来訪する宗教者が増加したため、その選択・拒否が明確化され、各地で様々な議定が作成された。紀伊藩では領外から訪れる宗教者の取締を修験者が担っていた。民衆にとって村外の寺社が一様に歓迎される状況ではなかったが、霊場はその関係の維持を図って活発に活動している。

幕末期は、嘉永六年（一八五三）の黒船来航を契機に全国的に旅行者は減少していった。ただし、常に少ないわけではなく、一定程度の旅行者は存在していた。例えば、武蔵国の慈眼院参詣者数は嘉永五年が二一四人で、六年は四八人、七年は五八人と激減しているが、安政三年には二〇三人に回復している（その後、安政五年から再び激減する）。このように旅行者が減少している状況下で、安政期に高野山領に建つ道標の表記をめぐって争論が起こった。全体的に旅行者が減少する中で、より多くの客を獲得しようと図ったため、激しい争いとなったのであろう。

以上が、本書の検討から明らかになった紀伊の霊場参詣の展開である。関東の展開と相似する点も多いが、文化期以降西国巡礼の衰退などで「寺社参詣の大衆化」の影響は十分に及んでいない印象である。それでも霊場はその個性に応じて、高野山や淡嶋神社のように幕藩権力に依存したり、（本書では十分に扱えなかったが）道成寺のように周辺住民に依存したりして経営を維持していったのである。

最後に、今後の課題について言及して擱筆する。

一つ目は、民衆の信仰に関する研究のさらなる蓄積である。民衆の思想や日常生活についての具体的な検討は、一八世紀の紀伊国の事例のみであったため、さらに多くの地域、階層、時代幅を広げた検討をしなければならない。特に一九世紀において、民衆の思想や日常生活がいかに展開するのかを、具体的に解明する必要があろう。真宗優勢地域を検討した研究では、幕末維新期においても真宗が篤く信仰されている事例が報告されているため[4]、他の地域ではどのような状態だったのか、一八世紀とどのような違いがあるのかなど精緻な検討が必要である[5]。

二つ目は、近代との連続性・断絶性の問題である。本書では維新期以降の状況について全く言及できず、幕末の民衆宗教にも触れられなかった。維新期の宗教については、神仏分離や廃仏毀釈の他、宗教制度の再編過程が明らかにされてきている。しかし、寺社参詣に関しては、幕末期の衰退とその後の回復が指摘されているものの[6]、明治初期の具体的な研究蓄積はほとんど存在しない。森正人は四国遍路が観光・マスメディア・国家戦略などと結びついて近現代に展開していくことを明らかにしているが[7]、近世との関係では霊場と民衆の関係がいかに展開したのかを解明することも重要である。史料的な制約も大きいが、今後の課題として指摘しておきたい。

三つ目は、熊野参詣顕彰の解明である。本論で述べたように、古代・中世に盛んであった熊野詣（これまで述べてきた巡礼途中での熊野三山への参詣ではなく、院政期の上皇・女院・貴族、あるいは中世の武士らが行った熊野三山への参詣を主目的とする旅のことを指す）は衰退し、近世には西国巡礼の途中で熊野三山へ参詣した。一方で、紀伊藩主や文人層が紀伊路を利用して熊野三山へ参詣し、三山や参詣道の王子社を顕彰していた[8]。すでに一九一二年に宮地直一が著した「熊野王子考」の中で「（熊野参詣道）の再興に心を用ゐられしは、実に紀州侯徳川氏なり」と述べている。(9) 初代徳川頼宣が領内の王子を再興したことや、紀伊藩が『紀伊続風土記』の編集の過程で学者にその考証や所在の究明に当たらせたことによって、和歌山県内では王子がよく現存していると高く評価している。しかし、現在に至るまでその具体的な経過についてはほとんど解明されていない。二〇〇四年に世界遺産に登録された「紀伊山地の霊場と参詣道」の歴史を明らかにするためにも、その研究は重要である。紀伊藩などによる熊野参詣道の顕彰がなければ、今日の姿はなかったのであり、古代・中世の熊野詣だけでなく、近世の熊野参詣道の顕彰についても、さらに解明していく必要があろう。

〔註〕

（1）澤博勝『近世宗教社会論』（吉川弘文館、二〇〇八年）。

（2）拙稿「近世都市和歌山における上級商家の信仰と寺社参詣―安永期の沼野六兵衛を事例に―」（『和歌山地方史研究』七七号、二〇一九年）。

（3）原淳一郎『近世寺社参詣の研究』（思文閣出版、二〇〇七年）。

（4）安丸良夫『神々の明治維新』（岩波書店、一九七九年）、奈倉哲三『真宗信仰の思想史的研究―越後蒲原門徒の行動と―』（校倉書房、一九九〇年）、大桑斉「幕末在村知識人と真宗―原稲城における「我」の形成―」（『日本思想史学』二九、一九九七年）など。

（5）近年の代表的な成果として、西聡子「四国遍路の巡礼地域住民に見る旅の文化―阿波商人酒井弥蔵の信心・俳諧を例に―」（『旅の文化研究所研究報告』二四、二〇一四年）、同「民衆の旅と地域文化―阿波商人酒井弥蔵の俳諧と石門心学・信心―」（高橋陽一編著『旅と交流にみる近世社会』清文堂出版、二〇一七年）が挙げられる。

（6）新城常三『新稿社寺参詣の社会経済史的研究』（塙書房、一九八二年）。
（7）森正人『四国遍路の近現代―「モダン遍路」から「癒しの旅」まで―』（創元社、二〇〇五年）。
（8）その概要は、拙稿「江戸時代、紀伊の寺社巡り」（和歌山市立博物館特別展図録『江戸時代を観光しよう―城下町和歌山と寺社参詣―』二〇一四年）。
（9）宮地直一『熊野三山の史的研究』（国民信仰研究所、一九五四年）。

あとがき

本書は、二〇一四年度に明治大学へ提出した学位請求論文「日本近世における寺社参詣の研究―民衆と寺社の関係を中心に―」をもとに作成したものである。出版にあたり、一部構成を変更し、大幅に加除・修正を加えている。史料所蔵者の方々をはじめ、主査を務めていただいた落合弘樹先生、副査の圭室文雄先生、若尾政希先生、野尻泰弘先生、そして二〇一四年九月に急逝されたため審査を務めることはなかったが、博士前期課程二年時から指導教授の平野満先生には、改めて御礼を申し上げたい。平野先生の逝去によって、急遽落合先生が主査となり、野尻先生にも副査に加わっていただいた。

圭室先生は博士前期課程一年時の指導教授で、定年退職された後も石川県輪島市の總持寺祖院や群馬県渋川市の雙林寺の史料調査などを精力的に行っており、引き続き様々な機会でご指導いただいている。寺での一週間ほどの調査は、未熟な私にはさながら修行のように思われたが、調査のノウハウはこの合宿で学ぶことができた。それまで全く縁のなかった和歌山の史料に、初めて関心を持ったのも、先生に高野山高室院文書の研究を勧めていただいたからである。お会いするたびに、その見識の広さと研究への情熱に驚きを隠せない。また、若尾先生には、博士後期課程在学時に「思想史特論」でご指導いただいた。授業は勿論だが、巡見で湯島聖堂やニコライ堂など大学に一〇年通いながら行く機会のなかった場所へ行けたことや、就職が決まった際に送別会を開催していただいたのが良い思い出である。

大学院在学時は、同じゼミの院生が少なかったこともあって、学内で切磋琢磨する機会は少なかったが、関東近世史研究会の常任委員となり、大会運営委員会の論文講読や議論、終わった後の飲み会などを通じて他大の院生・ODとも交流でき、大いに学ばせてもらった。逐一名前を上げるのは控えるが、この出会いはかけがえのない財産である。また、大学の先輩である須田努先生と白井哲哉先生が主催する埼玉県飯能市での史料調査（能仁寺）にも参加させてもらった。やや身に余る立場を任されたが、史料調査の意義や楽しさを知り、多くの仲間と出会えた。両先生には研究面でもたびたび激励をいただき（全く期待に応えられなかったが）、須田先生の博論合宿で構想を報告したことで、とにかく博論を出さなければならないと強く思うようになったことを記憶している。他にも、小田原近世史研究会など学外で学ぶ機会は少なくなかった。

和歌山市で就職が決まり、二〇一一年三月に関東を離れた。東日本大震災もあって、慌ただしい中での移住となったが、いろいろな方に送別会をしてもらった。その時は、和歌山には前から行きたいと思っていたからいいきっかけができたとか、何人かで遊びに行くから案内してとか言われ、しばらくは忙しくなるなと浮かれていた。しかし、その後実際に来てくれた人はわずかで、人生のほろ苦さを味わった。実家に帰る時など自分でも遠いと思うので、やむを得ないのであるが……。仕事の都合もあって、なかなか関東の学会や史料調査に参加できなくなり、多くの方々と会う機会が減ったのは非常に残念である。

和歌山へ来てあっという間に八年が過ぎたが、和歌山の寺社の研究は魅力に溢れているとつくづく思う。ここ数年は、幸運にも宗派を問わず様々な寺院、あるいは神社の調査をする機会を得て、その思いをさらに強くしている。博物館の展示で徳川吉宗を取り上げたり、幕末を取り上げたりすることで、思わぬところに発見があって研究対象も広がった。和歌山の近世史研究者を中心に、二〇一六年から定期的に開催している紀州藩研究会での刺激的な報告から学んだことも少なくない。本書がその魅力をうまく伝え切れたかというと、甚だ心もとないが、和歌山の近世史研究に少しでも関心を持ってもらうきっかけになれば幸いである。

本書の刊行にあたり、紀州藩研究会にも参加している藤本清二郎先生より清文堂出版をご紹介いただいた。藤本先生には和歌山地方史研究会などでご一緒する機会も多いが、研究は勿論、その行動力や関心の広さ、的確な意見にいつも舌を巻いている。まだまだ足元にも及ばないが、少しでも近づけるよう今後も自分なりに努力を重ねていきたい。本書の編集を担当して頂いた前田正道さんには、いろいろと迷惑をかけたが、丁寧に対応いただき大変お世話になった。

最後に、これまで様々な面で迷惑をかけてきた家族に感謝の意を伝えたい。特に、大学卒業後に勤めた旅行会社を退職し、大学院に進学したいと伝えた際も、反対することなく応援してくれた父昭男・母眞里には感謝している。母は私が和歌山へ移住した後に大病を患い、二〇一四年一〇月二三日に亡くなった。実家に帰ると、病床でもいつも無理して気丈に振る舞って、自分より私の身を心配してくれた。学位授与と初めて開催する特別展の観覧を楽しみにしていた母に、直接良い報告ができなかったのは痛恨の極みである。また、マイペースな私を支えてくれた姉の裕子、弟の睦、義兄の鈴木雅、甥の楓人や、母の亡き後に代わりに学位授与を祝ってくれた母の兄弟・姉妹、様々な援助をしてくれた義父母の南方勝幸・由美には心より御礼申し上げたい。そして、いつも私を励まし、元気づけてくれる妻尚子にこれまでの感謝を伝え、本書を捧げたいと思う。

二〇一九年六月二四日

佐藤　顕

佐藤　顕《さとう　あきら》

〔略　歴〕
1979年　神奈川県生まれ
2015年　明治大学大学院文学研究科博士後期課程修了　博士（史学）
現　在　和歌山市立博物館学芸員

〔主要著作〕
「延享期の寺院本末改と教団組織編成—曹洞宗を事例に—」（『日本歴史』759、2011年）
「幕長戦争における紀州藩従軍者の藩意識」（『和歌山市立博物館研究紀要』31、2016年）
など

紀伊の霊場と近世社会

2019年9月20日　初版発行

著　者　佐藤　顕
発行者　前田博雄
発行所　清文堂出版株式会社
〒542-0082 大阪市中央区島之内 2-8-5
電話06-6211-6265　FAX06-6211-6492
http://www.seibundo-pb.co.jp
印刷：亜細亜印刷株式会社　製本：株式会社渋谷文泉閣
ISBN978-4-7924-1444-3　C3021